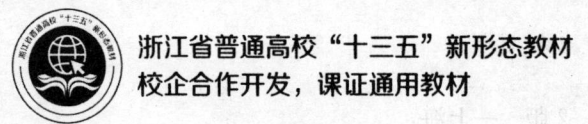

基础会计（第二版）

王立新 万建华 / 主编
王英兰 王淑铃 / 副主编

立信会计出版社
LIXIN ACCOUNTING PUBLISHING HOUSE

图书在版编目(CIP)数据

基础会计 / 王立新,万建华主编. —2 版. —上海：
立信会计出版社,2019.7
ISBN 978-7-5429-6223-2

Ⅰ.①基… Ⅱ.①王…②万… Ⅲ.①会计学-高等
职业教育-教材 Ⅳ.①F230

中国版本图书馆 CIP 数据核字(2019)第 171249 号

策划编辑　赵志梅
责任编辑　赵志梅
封面设计　南房间

基础会计(第二版)

出版发行	立信会计出版社		
地　　址	上海市中山西路 2230 号	邮政编码	200235
电　　话	(021)64411389	传　真	(021)64411325
网　　址	www.lixinaph.com	电子邮箱	lixinaph2019@126.com
网上书店	http://lixin.jd.com		http://lxkjcbs.tmall.com
经　　销	各地新华书店		
印　　刷	常熟市梅李印刷有限公司		
开　　本	787 毫米×1092 毫米　1/16		
印　　张	19		
字　　数	458 千字		
版　　次	2019 年 7 月第 2 版		
印　　次	2019 年 7 月第 1 次		
印　　数	1—3100		
书　　号	ISBN 978-7-5429-6223-2/F		
定　　价	39.00 元		

如有印订差错,请与本社联系调换

第二版前言

"基础会计"是会计学、财务管理、审计等专业的一门专业基础课程,也是会计学知识的入门课程,通过该课程的学习,加强学生在会计基本理论、基本方法和基本技能的训练。学生在领会会计基本概念的同时,还要熟练运用会计的基本方法和基本技术,处理一些常见的经济业务,努力提高自己分析问题和解决问题的能力,为学习后续专业课程打好基础。

本教材体现以下几个方面的特点:

(1) 资源丰富,方便教学。为方便学校进行线上、线下混合教学,教材以二维码形式嵌入视频、课件等丰富的数字资源,配备教学网站:http://zjedu.moocollege.com(基础会计在线平台)。本教材依托浙江省精品在线开放课程,教学课件、教学视频、单元练习、单元测试、习题库、试题库、讨论答疑等信息化教学资源齐全。

(2) 体例科学。对基本理论讲述"必需、够用"的同时,重点突出出纳岗位的实践操作技能的培养和提高,内容编排图文并茂,知识讲解和操作指导相结合,案例解答和即时训练相结合,切合"教学做一体化"教学模式的要求,提高学生学习效率和效果。

(3) 内容新颖。本书紧密对接最新《企业会计准则》,确保内容的新颖性和科学性,本书中涉及的会计核算业务是按最新《企业会计准则》的要求处理,充分体现教材的时效性,确保了教材内容与工作的同步。

(4) 案例真实、资料仿真,步骤清晰,对接实际工作,突出职业能力培养的需要,具有较强的针对性和适用性。

(5) 注重实用性和可操作性。设计了大量例题,与实际业务完全接轨,体现了高职教学的特殊性。

(6) 通俗易懂。内容编写由简到难,结构清楚,层次分明,重点突出。重点、难点内容,多通过符合实务的例题和案例来解释和说明,由浅入深、通俗易懂,简洁明了。

(7) 校企合编、课证合一。我们与多家企业合作,引入企业实际会计资料,开发了能体现校企合作理念的教材。教材每个项目后附有会计初级职称考试考点练习和业务操作题。同时满足会计初级职称考试辅导的需要和会计基本技能训练的需要,是一本校企合编、课证合一的新形态会计基础教材。

  本教材的主要内容包括总论、会计要素与会计等式、会计记账方法、账户和复式记账、会计凭证、主要经济业务的核算、会计账簿、财产清查、财务会计报告、会计核算程序、会计档案共十一个项目,每个项目后附有练习题。

  本教材可供各大专院校会计、财务管理及其他财经类专业作为基础会计课程教材使用,还可以供从事相关工作的人员作为参考用书使用。

  本教材由王立新、万建华两位老师任主编,王英兰、王淑铃任副主编,是各相关院校老师倾力合作与集体智慧的结晶,尽管在教材特色建设方面,我们作出了许多努力,但不足之处仍在所难免,恳请广大读者在教材使用过程中给予关注,并将意见和建议及时反馈给我们,以便修订时完善。

编 者

目 录

第一章 总论 1
　第一节 会计概述 1
　第二节 会计的职能与方法 5
　第三节 会计基本假设与会计基础 10
　第四节 会计信息的使用者及其质量要求 17
　第五节 会计准则体系 20
　练习题 24

第二章 会计要素与会计等式 27
　第一节 会计要素 27
　第二节 会计等式 38
　练习题 46

第三章 会计科目与账户 49
　第一节 会计科目 49
　第二节 账户 54
　练习题 59

第四章 会计记账方法 64
　第一节 会计记账方法的种类 64
　第二节 借贷记账法 65
　练习题 82

第五章 借贷记账法下主要经济业务的账务处理 89
　第一节 企业的主要经济业务 89

第二节　筹集资金过程的核算 ……………………………………………………… 91
　第三节　固定资产的核算 …………………………………………………………… 98
　第四节　供应过程的核算 ………………………………………………………… 103
　第五节　生产过程的核算 ………………………………………………………… 113
　第六节　产品销售过程的核算 …………………………………………………… 119
　第七节　期间费用的核算 ………………………………………………………… 125
　第八节　利润形成及分配的核算 ………………………………………………… 130
　第九节　交易性金融资产与应收票据的核算 …………………………………… 137
　练习题 ……………………………………………………………………………… 140

第六章　会计凭证 ………………………………………………………………………… 147
　第一节　会计凭证概述 …………………………………………………………… 147
　第二节　原始凭证 ………………………………………………………………… 150
　第三节　记账凭证 ………………………………………………………………… 161
　第四节　会计凭证的传递与保管 ………………………………………………… 170
　练习题 ……………………………………………………………………………… 172

第七章　会计账簿 ………………………………………………………………………… 175
　第一节　会计账簿概述 …………………………………………………………… 175
　第二节　会计账簿的启用与登记要求 …………………………………………… 183
　第三节　会计账簿的格式与登记方法 …………………………………………… 188
　第四节　对账与结账 ……………………………………………………………… 196
　第五节　错账查找与更正的方法 ………………………………………………… 200
　第六节　会计账簿的更换与保管 ………………………………………………… 208
　练习题 ……………………………………………………………………………… 209

第八章　账务处理程序 …………………………………………………………………… 215
　第一节　账务处理程序概述 ……………………………………………………… 215
　第二节　记账凭证账务处理程序 ………………………………………………… 217
　第三节　汇总记账凭证账务处理程序 …………………………………………… 219
　第四节　科目汇总表账务处理程序 ……………………………………………… 223
　练习题 ……………………………………………………………………………… 226

第九章　财产清查 ... 229
第一节　财产清查概述 ... 229
第二节　财产清查的方法 ... 234
第三节　财产清查结果的处理 ... 243
练习题 ... 250

第十章　财务报表 ... 254
第一节　财务报表概述 ... 254
第二节　资产负债表 ... 258
第三节　利润表 ... 267
练习题 ... 275

第十一章　会计档案 ... 282
第一节　会计档案概述 ... 282
第二节　会计档案保管 ... 283
练习题 ... 289

第一章 总 论

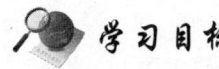

(一) 知识目标

目标1 明确会计是做什么的,会计是如何从事会计核算的
目标2 重点掌握会计的基本前提和会计信息质量要求
目标3 理解并掌握会计的定义、目标与职能、核算程序与方法;理解七种会计核算方法的相互关系
目标4 理解权责发生制与收付实现制的不同含义

(二) 技能目标

目标1 能够解释会计职能在企业管理中的作用
目标2 能够按照权责发生制的要求分清收入与支出的归属期

第一节 会 计 概 述

第一章第一节

一、会计的产生与发展

会计的产生源于生产实践,并随着生产的发展,会计的内容和形式也在不断地变化和逐步完善。会计从产生到现在经历了一个漫长的发展历程。

会计萌芽于公元前11世纪,即国家出现以前。其主要标志是人类已经有了简单的记录、计量行为,如刻石记事、垒石计数和结绳记事等,但还没有专门的会计职业与机构。

会计是随着人类社会生产的发展和经济管理的需要而产生、发展并不断得到完善的。其中,会计的发展可划分为古代会计、近代会计和现代会计三个时期。

1. **古代会计时期**

古代会计时期是指公元前11世纪至15世纪。其主要标志是会计人员和机构的产生、会计名词的出现等。比如,我国的周王朝设立了会计机构和专门人员;"会计"名词产生于那个时期;同时,也产生了一定的会计思想。早期会计被称为簿记(Bookkeeping)。

我国周王朝严密的财计组织(周朝:公元前11世纪至公元前841年)如图1-1所示。

《孟子·万章下》中有:"孔子尝为委吏矣,曰:会计当而已矣。"说明了会计原则:当收则收——即不可少收——(违规、违法);当用则用——即不能少用——(违理、违礼)。《韩非子·解老》中有:"人有欲则会计乱,会计乱则有欲甚。""所谓会计乃计量财物多少,出入不误,含廉洁理财之意。"把官吏的贪欲与会计之间的关系看成是互为因果关系;会计应廉洁理

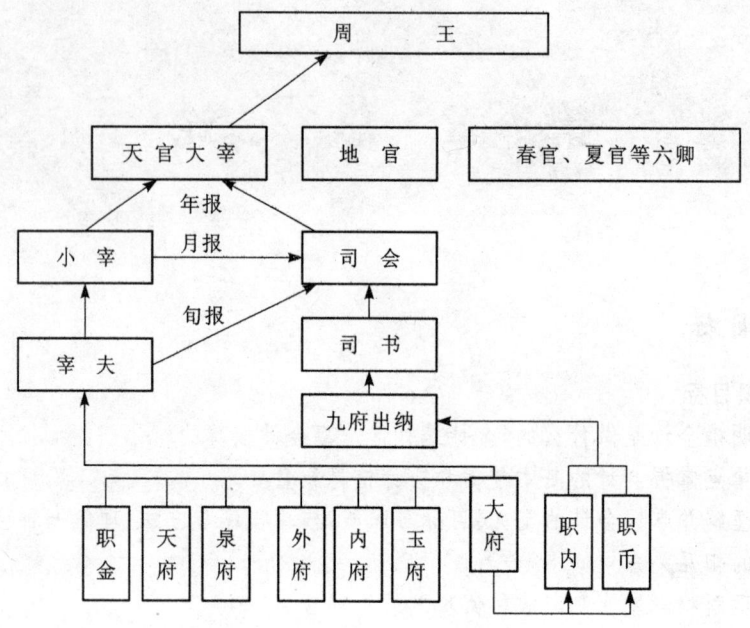

图 1-1 周王朝严密的财计组织

财、记录计算准确,不给贪利人以机会。

2. 近代会计时期

近代会计时期是指 15 世纪至 20 世纪 30 年代。其主要标志是复式记账法(簿记)的诞生、计量单位的演变等。

复式记账法(簿记)的诞生,是对单式记账法(簿记)的重大变革,被称为"会计发展史上的第一个里程碑"。

"近代会计之父"——卢卡·帕乔利(Luca Pacioli):意大利的一位修道士、教授、学者。1494 年,他在专著《算术、几何、比及比例概要》的第二部分"簿记"中系统地总结了当时流行于意大利的威尼斯、佛罗伦萨等地的复式记账法。使其迅速传遍欧洲各国,并陆续传播到世界各地,引起了会计记账方法的变革,也标志着会计理论的初步建立,奠定了现代会计基本理论的基石。

《簿记论》所体现的会计目的、会计假设和会计要素等基本思想仍然是现代会计学者致力于探讨的核心问题。复式记账(簿记)方法诞生 500 余年来一直沿用至今,不能不说是一个伟大的奇迹。

3. 现代会计时期

现代会计时期是指 20 世纪 30 年代至今。其主要标志是:

(1) 会计学基础理论的创立。会计学基础理论是一套以会计目标为中心,相互连贯、协调一致的概念体系。

(2) 企业财务会计目标的重大变化。20 世纪 30 年代起,股份公司新型企业组织出现,会计的服务重心转向企业外部。

(3) 会计理论和方法逐渐分化为两个领域。20 世纪 50 年代,管理会计与财务会计分离,丰富了会计学科的内容,增强了会计的功能。

(4) 会计记账手段的变革。20世纪50年代起,电子计算机、互联网等科学技术成果在会计上的应用,引起了记账手段的伟大变革。

(5) 会计规范的国际趋同。进入21世纪以来,知识经济蓬勃兴起、世界经济融为一体,引起了会计准则的全球趋同。

会计产生和发展的历史表明,会计是适应生产活动发展的需要而产生的,并随着社会生产的发展和经济管理的要求而产生发展的;会计是环境的产物,有什么样的环境就有什么样的会计;经济越发展,会计越重要。

二、会计的概念及基本特征

(一) 会计的概念

会计是以货币为主要计量单位,运用一系列专门方法,核算和监督一个单位经济活动的一种经济管理工作。

在企业,会计主要是反映企业的财务状况、经营成果和现金流量,并对企业的经营活动和收支情况进行监督。会计工作对于加强经营管理,提高经济效益,维护市场经济秩序有着不可缺少的作用。

经济越发展,会计越重要。在市场经济条件下,会计工作已经成为包括投资者、债权人、政府相关机构、企业管理人员、职工和社会公众等各有关方面了解和掌握企业财务状况、经营成果和现金流量等重要信息的来源,成为指导社会资源合理流动,加强经济管理,提高经济效益,保障社会主义市场经济秩序顺利运行的重要保证。

(二) 会计的基本特征

会计同其他经济管理形式相比,具有十分明显的个性与特点。会计的基本特征如下:

第一,会计是一种经济管理活动。

会计的本质就是管理活动。从职能属性看,核算和监督本身就是一种管理活动;从本质属性看,会计本身就是一种管理活动。

第二,会计是一个经济信息系统。

它旨在向利害攸关的各个方面传输会计主体富有意义的经济信息。会计旨在提高微观经济效益,加强经济管理,而在企事业单位内部建立一个信息系统,其主要作用在于向企业内外部的信息使用者提供反映企业财务状况和经营成果的有用信息,以便信息使用者制定各种经济决策时使用。

第三,会计以货币作为主要计量单位。

货币是会计主要的计量单位,但并不是唯一的计量单位,必要时也要辅助以实物单位等进行计量。

第四,会计具有核算和监督的基本职能。

第五,会计采用一系列专门的方法。

会计专门方法包括设置账户、复式记账、填制和审核会计凭证、登记账簿、成本计算、财产清查和编制会计报表七种。

【例1-1·判断题】 会计核算必须而且只能采用货币计量单位对经济活动的数量方面

进行核算。 ( )

【答案】×

【例1-2·判断题】 会计是以货币为唯一计量单位,反映和监督一个单位经济活动的一种经济管理工作。 ( )

【答案】×

三、会计对象与会计目标

(一) 会计对象

会计对象是指会计核算和监督的内容,具体是指社会再生产过程中能以货币表现的经济活动,即资金运动或价值运动。

凡是特定主体能够以货币表现的经济活动,都是会计的对象。以货币表现的经济活动通常又称为资金运动。因此,会计核算和监督的内容即会计对象就是资金运动。

任何单位的资金都要经过资金的投入、资金的循环与周转(即使用)和资金的退出这样一个运动过程。但具体运动形式并不完全相同。通常情况下,资金的投入、退出,基本一致。

投入单位的资金包括:投资者投入的资金和向债权人借入的资金,前者形成所有者权益,后者属于债权人权益(即单位的负债)。资金的投入是单位取得资金的过程,是资金运动的起点。资金的退出指的是资金离开本单位,是资金运动的终点,主要包括偿还各项债务、依法缴纳各种税费,以及向所有者分配利润等。

以制造业(工业企业)为例,资金的循环周转包括:供应过程、生产过程、销售过程三个阶段。资金运动按"货币资金—储备资金—生产资金—成品资金—结算资金—货币资金"的顺序,完成了一次循环。

资金运动是会计核算和监督内容的最高概括,是会计对象的第一层次。会计对象的第二层次是会计要素,第三层次是会计科目。会计要素和会计科目将在第二章详细介绍。

工业企业的会计对象如图1-2所示。

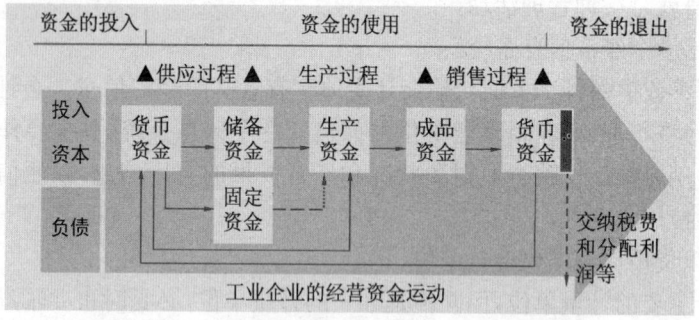

图1-2 工业企业的会计对象示意图

(二) 会计目标

会计目标也称会计目的,是要求会计工作完成的任务或达到的标准,即向财务会计报告使用者提供与企业财务状况、经营成果和现金流量等有关的会计信息,反映企业管理层受托责任履行情况,有助于财务会计报告使用者作出经济决策。会计的最终目标就是向会计信息使用者提供有用的会计信息。即向政府宏观管理部门、投资者、债权人、社会公众等外部利益集团和企业自身经营管理当局提供的经济信息满足政府宏观调控的需要;满足投资者、债权人、社会公众等外部利益集团相关决策的需要;满足企业自身经营管理当局进行经济管理决策的需要。

会计目标是基于特定的会计环境,指导特定会计系统的建立并引导其运行,从而构成会计理论的逻辑起点。当前我国会计的主要目标,应定位在向委托人报告受托责任的履行情况上,围绕这一目标保护投资者利益以及公共利益,其要点如下:

(1) 向信息使用者提供与企业财务状况、经营成果和现金流量有关的会计信息。信息使用者包括投资者、债权人、政府及其有关部门和社会公众等。

(2) 反映企业管理层受托责任的履行情况,有助于使用者作出经济决策。

【例1-3·单项选择题】 会计的对象是特定主体的(　　)。
A. 资金运动　　　　B. 经济活动　　　　C. 财产物资　　　　D. 货币资金
【答案】 A

【例1-4·单项选择题】 下面关于会计对象的说法中,不正确的是(　　)。
A. 会计对象是指会计所要核算与监督的内容
B. 特定主体能够以货币表现的经济活动,都是会计核算和监督的内容
C. 企业日常进行的所有活动都是会计对象
D. 会计对象就是社会再生产过程中的资金运动
【答案】 C

【例1-5·判断题】 企业、行政事业单位会计对象的具体内容不完全相同。　　(　　)
【答案】 √

第二节　会计的职能与方法

会计的职能与方法

第一章第二节

一、会计的职能

会计的职能是指会计在经济管理过程中所具有的功能,我国《会计法》第一章第五条规定:会计机构、会计人员依照本法规定进行会计核算、实行会计监督。会计具有会计核算和会计监督两项基本职能和预测经济前景、参与经济决策、评价经营业绩等拓展职能。

(一) 基本职能

1. 核算职能

会计核算职能又称会计反映职能,是指会计以货币为主要计量单位,对特定主体的经济活动进行确认、计量、记录和报告。

会计以货币为主要计量单位,通过确认、计量、记录和报告等环节,对单位已经发生或完成的经济活动进行记账、算账、报账,为各有关方面提供会计信息的功能。

会计核算职能的显著特征如下:

（1）会计是以货币作为主要计量单位，实物量、劳动量等为辅助计量单位——体现了会计的基本特征。

（2）会计主要是反映过去已经发生的经济业务(交易或事项)。

（3）会计反映具有连续性、系统性和全面性——体现了会计的管理要求。

单位在生产经营和业务活动中，会发生各种各样的经济业务和经济事项。经济业务又称经济交易，是指单位与其他单位和个人之间发生的各种经济利益交换，如销售和购买产品、提供和接受劳务等。经济事项是指单位内部发生的具有经济影响的各类事件，如支付职工工资、报销差旅费、计提折旧、摊销无形资产等。概括地说，会计核算的具体内容就是单位发生的交易或事项。根据我国《会计法》第十条的规定，单位发生的下列交易或事项应当办理会计手续，进行会计核算：

（1）款项和有价证券的收付。款项是作为支付手段的货币资金，主要包括库存现金、银行存款，以及其他视同库存现金和银行存款使用的外埠存款、银行汇票存款、银行本票存款、信用证存款等。有价证券是指表示财产拥有权或支配权的证券，如国库券、股票、公司债券等。款项和有价证券是流动性最强的资产。

（2）财物是财产、物资的简称，是一个单位进行或维持生产经营、业务活动并且具有实物形态的经济资源，一般包括原材料、燃料、周转材料、在产品、库存商品等流动资产和房屋、建筑物、机器、设备、设施、运输工具等固定资产。

（3）债权债务的发生和结算。债权是单位收取款项的权利，一般包括各种应收和预付款项等，如应收账款、应收票据、其他应收款、预付账款等。债务是指企业承担的需要偿付的现时义务，一般包括短期借款、应付账款、应付票据和预收账款、应付职工薪酬、应交税费、应付利润、长期借款、应付债券等。

（4）资本的增减。资本是投资者为开展生产经营活动而投入的资金。会计上的资本专指所有者权益中的投入资本，包括实收资本(股本)和资本公积。资本是企业进行生产经营活动的必要条件，是现代企业明晰产权关系的重要标志。

（5）收入、支出、费用、成本的计算。

收入是指企业在日常活动中形成的、会导致所有者权益增加的、与所有者投入资本无关的经济利益的总流入。

支出是指单位实际发生的各项开支，以及在正常生产经营活动以外的支出和损失。

费用是指企业在日常活动中发生的、会导致所有者权益减少的、与向所有者分配利润无关的经济利益的总流出。

成本是企业为生产产品、提供劳务而发生的各种耗费，是按一定种类和数量的产品和劳务对象所归集的费用，是对象化了的费用。

收入、支出、费用、成本是互相联系、密不可分的，都是计算和判断企业经营成果及其盈利状况的主要依据。取得收入，必然发生一定的成本、费用和支出。

（6）财务成果的计算和处理。财务成果主要是指在一定时期内通过从事生产经营活动而在财务上所取得的结果，具体表现为盈利或者亏损。财务成果的计算和处理一般包括：利润总额的计算、所得税的计算、净利润的计算、利润分配或者亏损弥补等。

（7）需要办理会计手续、进行会计核算的其他事项。

【例1-6·判断题】 会计上的资本专指所有者权益中的投入资本，包括实收资本(股本)和资本公积。   ( )

【答案】 √

【例1-7·判断题】 财务成果的计算和处理一般包括利润的计算、利润分配或亏损的弥补,不包括所得税的计算和缴纳。   ( )

【答案】 ×

【例1-8·判断题】 不论是盈利还是亏损,都是财务成果。   ( )

【答案】 √

【例1-9·多项选择题】 下列各项中,属于会计核算具体内容的有(   )。
A. 债权债务的发生和结算   B. 财物的收发、增减和使用
C. 款项和有价证券的收付   D. 财务成果的计算和处理

【答案】 ABCD

【例1-10·多项选择题】 根据《中华人民共和国会计法》的规定,下列经济业务事项中,应当办理会计手续,进行会计核算的有(   )。
A. 款项和有价证券的收付   B. 财物的收发、增减和使用
C. 财务成果的计算和处理   D. 债权债务的发生和结算

【答案】 ABCD

【例1-11·多项选择题】 款项是作为支付手段的货币资金,主要包括(   )。
A. 银行存款   B. 银行汇票存款   C. 企业债券   D. 库存现金

【答案】 ABD

【例1-12·多项选择题】 不属于会计核算内容的是(   )。
A. 用盈余公积转增实收资本   B. 制定下年度财务预算
C. 将现金存入银行   D. 赊销货物

【答案】 B

2. 监督职能

会计的职能随着经济的发展和会计内容、作用的不断扩大而发展着。传统的会计主要是简单的记账、算账、报账,以反映为主;随着市场经济的发展和生产力水平的提高,记账、算账、报账已不能满足经济管理的需要,发挥会计的经济监督作用便成为会计的一项重要功能。

会计监督职能又称会计控制职能,是指对特定主体经济活动和相关会计核算的真实性、合法性和合理性进行监督检查。会计监督是一个过程,它分为事前监督、事中监督和事后监督。

会计监督要依据会计的监督标准。会计的监督标准有:党和国家的路线、方针、政策和法律;会计法规、准则、制度;企业单位内部控制制度、计划和定额等。会计监督包括对经济活动的合法性、真实性、合理性和有效性进行监督。

(1) 合法性监督。合法性监督是指依据财务收支的监督标准,对企业单位发生经济业务引起的现金、银行存款的收入和支出、应收和应付款项、投资等在进行会计确认、计量、记录和报告的同时,是否符合党和国家有关的法律、法规的监督,会计人员对于违反法律和国家统一的会计标准规定的会计事项,有权拒绝办理或者按照职权予以纠正。合法性监督强调符合国家有关的法律、法规。

(2) 真实性监督。真实性监督是指通过相关的会计法规制度,来规范会计行为,使会计在对经济活动进行确认、计量和报告时所生成的会计资料真实和完整。会计资料作为重要的社会资源和"商业语言",为政府管理部门、投资者、债权人及社会公众进行评价财务状况、防范经营风险提供重要依据。因此,保证会计资料真实、完整是维护社会经济秩序正常运转的客观要求。真实性监督强调"以实际发生的交易或事项为依据"。

(3) 合理性和有效性的监督。合理性和有效性的监督是指依据提高工作效率和经济效益的监督标准,对经济活动进行会计确认、计量和报告的同时,对其是否符合节约和效率原则的监督,从而揭露经济管理中的矛盾,促进企业开展增产节约,挖掘内部潜力,堵塞漏洞,防止损失和浪费,更好地提高经济效益。合理性和有效性的监督强调"符合特定对象的财政收支计划"。

会计监督贯穿于经济活动的全过程。会计监督分为事前监督、事中监督、事后监督。

(1) 事前监督。事前监督是在经济活动过程之初,对原始凭证、计划、合同的真实性,合法性和合理性所做的审查。

(2) 事中监督。事中监督是在经济活动过程之中对计划、预算执行等所做的控制。

(3) 事后监督。事后监督是在经济活动过程之后,对会计资料所做的分析检查。

3. 会计核算与会计监督的关系

会计核算与会计监督两项基本职能关系密切、相辅相成。会计核算职能是会计的首要职能,是会计监督的基础,会计核算工作的好坏,直接影响会计信息质量的高低,并为会计监督提供依据,没有会计核算提供的会计信息,会计监督就没有依据;会计监督是会计核算的保证,只有会计核算而没有严格的会计监督,就难以保证提供会计信息的真实性,就不能在经济管理中发挥应有的作用。

(二) 拓展职能

会计的拓展职能主要有会计预测、会计决策、经营业绩评价。

(1) 会计预测。会计预测作为经济管理的重要手段,其目的是定量或定性地判断、推测和规划经济活动的发展变化规律,并对其作出评价,以指导和调节经济活动,谋求最佳经济效果。会计预测的依据主要是会计资料,它是利用已取得的会计信息产生新的会计信息的过程,所以说会计预测是一个信息处理和信息反馈的过程。

(2) 会计决策。会计人员为了解决企业资金运动过程中所出现的问题并把握机会而制定和选择活动方案的过程。由于企业资金运动的方向、方式、状态与效益等方面都具有多种发展可能性,这就在客观上要求企业在多种发展可能性中作出有利的选择。由于企业资金运动具有可控性,人们就可以通过决策,促使企业的资金运动朝着有利的方向发展。

(3) 经营业绩评价。企业为了实现生产目的,运用特定的会计指标和标准,采用科学的方法,对企业生产经营活动过程作出的一种价值判断。

【例1-13·判断题】 会计监督是会计工作的基础,会计核算是会计工作的质量保证。

( )

【答案】 ×

【例1-14·单项选择题】 会计的基本职能是( )。

A. 预测和决策　　　B. 计量和记录　　　C. 核算和监督　　　D. 分析和考核

【答案】 C

【例1-15·单项选择题】 会计核算主要是利用( )对经济活动的数量方面进行核算。

A. 劳动计量单位　　　　　　B. 实物计量单位
C. 时间计量单位　　　　　　D. 货币计量单位

【答案】 D

【例1-16·判断题】 会计监督职能是指会计人员在进行会计核算之后，对特定的主体经济活动的合法性、合理性进行审查。（　　）

【答案】 ×

二、会计核算方法

会计核算方法是指对会计对象进行连续、系统、全面、综合的确认、计量、记录和报告所采用的各种方法。

(一) 会计核算方法体系

会计核算方法体系由设置会计科目和账户、复式记账、填制(或取得)和审核会计凭证、登记账簿、成本计算、财产清查、编制财务会计报告等专门方法构成。它们相互联系、紧密结合，确保会计工作有序进行。

1. 设置会计科目和账户

设置会计科目和账户是根据会计对象具体内容的特点和经济管理要求，科学地确定其分类项目的过程，是分类核算和监督会计对象的专门方法。

2. 复式记账

复式记账是对发生的每一笔经济业务以相等的金额在相关的两个或两个以上的账户登记的专门方法。

3. 填制(或取得)和审核会计凭证

填制(或取得)和审核会计凭证是保证账簿记录正确、完整的方法，是审查经济业务合理性、合法性的方法。

审核会计凭证是会计人员的职责，也是履行会计监督职能的过程。

4. 登记账簿

登记账簿是按经济业务发生的顺序，分门别类地将其在账户的载体——账簿(账本)中记录的专门方法。

5. 成本计算

成本计算是归集一定计算对象上的全部费用，借以确定其总成本和单位成本的专门方法。

6. 财产清查

财产清查是通过盘点实物等查明财产的实存数与账存数是否相符的方法。

7. 编制财务会计报告

编制财务会计报告是定期反映企业的财务状况、经营成果和现金流量等情况的方法。

以上会计核算的七种专门方法将在以后各章详细讲解。

(二) 会计循环

会计循环是指在各个会计期间,从会计事项的发生开始到编制出一套完整的财务会计报告为止的一系列会计处理程序,也就是通常所说的记账、算账、报账过程。

会计循环是按照一定的步骤反复运行的会计程序。从会计工作流程看,会计循环由确认、计量、记录和报告等环节组成;从会计核算的具体内容看,会计循环由填制和审核会计凭证、设置会计科目和账户、复式记账、登记账簿、成本计算、财产清查、编制财务会计报告等组成。填制(或取得)和审核会计凭证是会计核算的起点如图1-3所示。

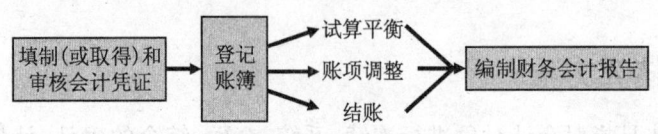

图1-3 会计核算起点示意图

第三节 会计基本假设与会计基础

会计假设　　第一章第三节

一、会计基本假设

会计基本假设又称会计核算基本前提,是为了保证会计工作正常进行和会计信息质量,而对会计核算所处的空间范围、时间范围、基本程序和计量方法所做的基本假定。

会计基本假设是一种对会计活动进行时、空、量限定的理论,具有公理的性质,反映了会计核算的本质规定。为了保证会计工作正常进行和会计信息的质量,需要对会计核算的范围、内容、基本程序和方法进行限定。这种限定之所以称为假设,是由于会计处在一个不断变化的社会经济环境中,有不确定因素的存在,就可能有不完善的认识。因此,在会计实践中就必须对某些未被确切认识的事物,根据客观的、正常的情况或趋势,以合乎事理的判断并规定一个前提条件,即假设会计是在某种特定条件下进行的。

会计核算的基本前提是指为了保证会计工作的正常进行和会计信息的质量,对会计核算的范围、内容、基本程序和方法所做的基本限定。这种限定并不是毫无根据的猜想,而是根据会计的社会经济环境,从已被掌握的事实材料出发,并根据已被证实的理论进行逻辑推理的结果。

会计基本假设是企业会计确认、计量和报告的前提。会计基本假设包括会计主体、持续经营、会计分期和货币计量。

(一) 会计主体

1. 概念

会计主体是指会计信息所反映的特定单位或组织。它明确了会计核算和监督的空间范围和界限,解决了会计为谁工作的问题。它规定了会计工作的空间范围。

会计主体是指会计所服务的特定单位。会计主体又称会计实体,是会计核算服务对象,或者说是会计人员进行核算采取的立场及空间活动的范围的界定。典型的会计主体是企业。在会计主体假设下,企业应当对其自身发生的交易或事项进行会计确认、计量和报告,反映企业本身所从事的各项生产经营活动。

对会计主体的择定,有两个可以依赖的基础:一是根据能控制资源、承担义务并进行经济活动的经济单位来确定;二是根据特定的个人、集团或机构的经济利益的范围来确定。

一般情况下,一个经济单位就是一个会计主体,但在特定情况下,也可将集团或内部机构作为会计主体,如企业内部的责任中心等。

2. 会计主体假设的意义

(1) 明确了会计工作的空间范围,解决了核算谁的经济业务、为谁记账的问题。

明确会计主体,才能划定会计所要处理的各项交易或者事项的范围。只有影响企业本身经济利益的各项交易或事项才能加以确认、计量和报告,通常所说的资产、负债的确认,收入的实现,费用的发生都是针对特定主体而言的。

明确会计主体,才能将会计主体的交易或者事项与会计主体所有者及职工个人的交易或事项区分开;才能将该主体的经济活动与其他单位的经济活动区分开。例如,企业所有者的经济交易或者事项是属于企业所有者主体所发生的,不应纳入企业会计核算的范围,但是企业所有者投入企业的资本或者企业向所有者分配的利润,则属于企业主体所发生的交易或者事项,应当纳入企业会计核算的范围。

(2) 明确会计主体是持续经营、会计分期和货币计量假设以及其他会计核算建立的基础。

3. 会计主体与法律主体的区别

会计主体和法律主体不完全相同。所谓法律主体是指具有民事权利能力和民事行为能力,依法独立享有民事权利和承担民事义务的组织或个人。法律主体的独立责任是指法人在违反义务而对外承担责任时,其责任范围应当以其所拥有或经营管理的财产为限,法律主体的成员和其他人不对此承担责任。

会计主体与法律主体(法人)并非是对等的概念。一般来说,法律主体必然是一个会计主体,但会计主体不一定是法律主体。任何企业,无论是独资、合资还是合伙企业,都是会计主体。在企业规模较大的情况下,还可以将分支机构作为一个会计主体。因此,会计主体可以是独立法人,也可以是非独立法人;可以是一个企业,也可以是企业内部某一单位或企业中的一个特定的部门;可以是单一企业,也可以是由几个企业组成的企业集团。例如,某母公司拥有几家子公司,母公司和所有的子公司均属于不同的法律主体,所以母公司和所有的子公司都是不同的会计主体。在这种情况下,尽管企业集团不属于法人,但它却是会计主体。企业内部的部门,如分公司、营业部、生产车间等,也可以单独进行会计核算,并编制内部会计报表。这些单独核算的部门,也是会计主体,但不是法人。一般而言,法律主体必然是一个会计主体;但有些会计主体不一定是法律主体。即会计主体大于法律主体。

【思考问题】你拥有一家旅行社和一家洗衣店。但这两家独资企业是分开经营的,是两个独立的会计主体。你购买了一辆私人汽车,此项交易是否与两家企业有关?为什么?会计上把企业看成是独立于业主之外的个体,你认为对吗?为什么?

(二) 持续经营

1. 概念

持续经营是指在会计主体可以预见的将来,将会按当前的规模和状态继续经营下去,不会停业,不会发生破产或清算,也不会大规模削减业务。也就是在可预见的未来会计主体不会破产、清算,所持有的资产将正常营运,所负有的债务将正常偿还。

持续经营假设规定了会计的时间范围。一个会计主体(企业)的生产经营过程总是一个再生产过程,所处的社会经济环境总是在不断地变化,也会面临发生破产、清算的可能。是否会破产清算以及何时破产、清算是一个未知数,除非有充分的反证明,都将认为它能连续地经营下去。为了建立会计反映和监督的正常秩序和方法,会计建立了"持续经营"的概念。

2. 持续经营假设的意义

(1) 明确了会计工作的时间范围——企业正常经营期间所发生的交易或事项。

(2) 是合理选择会计程序及方法的基础。比如,跨期费用摊销、固定资产折旧的计提、货款的预收预付等。

(3) 是会计分期假设等的基础。

会计正是在持续经营这一前提条件下,才可能进行会计确认和计量;使会计方法和程序建立在非清算的基础之上,解决了财产计价和收益确认的问题,以保持会计信息处理的一致性和稳定性。只有在持续经营的前提下,区分资产和负债成为必要,企业的资产和负债才可能进行会计分期,区分为流动和长期的,并为采用权责发生制奠定基础。

企业会计确认、计量和报告应当以企业持续经营为前提,不考虑破产、清算的因素。

持续经营只是一个假定,任何企业在经营中都存在破产、清算等不能持续经营的风险。企业一旦进入清算,就应当改按清算会计处理。

(三) 会计分期

1. 概念

会计分期是指将一个企业持续经营的经济活动划分为一个个连续的、长短相同的期间,以便分期结算账目和编制财务会计报告。

会计分期是指在企业持续经营的基础上,人为地规定会计信息的提供期限,将企业持续不断的生产经营活动划分为一个个连续的、时间间隔相等的期间,这些期间被称为会计期间。会计分期为会计核算确定了时间范围。会计期间分为年度和中期。我国会计年度自公历每年的1月1日起至12月31日止。会计中期是指短于一个完整的会计年度的报告期间,包括半年度、季度和月度等。

2. 会计分期的意义

(1) 会计分期假设的意义在于界定了会计信息的时间长度。明确了会计核算的基本程序,明确了何时记账、算账和报账问题。

一个会计主体(企业)的经营成果,从理论上讲只有到经营活动全部停止或企业单位破产、清算时才能最终计算确定并提供财务会计报告。但在现实中这个命题无法成立。这是因为:一方面会计主体的经济活动何时停止是一个不确定因素;另一方面会计信息的使用者不可能等到经营活动全部停止或企业单位破产、清算时才去了解财务会计报告。由此,在会计实践中就需要对连续不断的经营活动过程,人为地划分为较短的、等间距的会计期间,分期结算账目,按期考核并报告其经营活动成果,因此,产生了"会计分期"的概念。

(2) 界定了本期、前期和后期等概念,可以准确提供各期财务状况、经营成果资料,也便于进行各期会计信息的对比。会计分期假设和持续经营假设两者都是对会计主体时间范围的假定,会计分期假设是持续经营假设的补充。有了会计分期,才产生本期与非本期的区别。

(3) 由于有了本期和非本期的区别,才产生了权责发生制和收付实现制,才使不同类型的会计主体有了记账的基准。进而出现了应收、应付、折旧、摊销、递延等会计处理方法。

由于有了会计分期假设,企业才能分期结算盈亏,按期编报财务会计报告,从而及时向财务会计报告使用者提供有关企业财务状况、经营成果和现金流量的信息。

(四) 货币计量

货币计量是指会计主体在会计确认、计量和报告时以货币作为计量尺度,反映会计主体的经济活动。

货币作为价值的尺度,是商品经济发展到一定阶段的产物,货币计量要求会计主体在进行会计核算时,经济业务的处理选择以货币作为量度来加以确认。对会计主体(企业)的经营活动及其成果核算,所采用的具有综合性的货币量度,旨在克服实物量度的差异性和劳动量度的复杂性。虽然货币计量不排除辅助于实物等计量。

货币计量假设要求采用币值稳定的货币为前提。我国《会计法》规定,会计核算以人民币为记账本位币。业务收支以人民币以外的货币为主的单位,也可以选定某种人民币以外的货币作为记账本位币,但向国内报送的财务会计报告应当折算为人民币反映。

货币计量假设的意义在于明确了会计的计量方法。货币是商品的一般等价物,能用于计量所有会计要素,也便于综合。

货币计量假设明确了会计核算的计量尺度和计量条件。这里包含:其一,以货币计量单位对会计主体(企业)的经营活动及其成果进行综合反映,是会计的基本特征之一;其二,当所发生的经济业务存在用两种以上货币单位计量时,为便于会计报表的阅读、汇总,就需要确定以某一种货币作为记账本位币。

但是,统一采用货币计量也存在缺陷,例如,某些影响企业财务状况和经营成果的因素,如企业经营战略、研发能力、市场竞争力、客户资源等,往往无法用货币来计量,但这些信息对于使用者的决策也很重要。为此,企业可以在财务会计报告中补充披露有关非财务信息。

如上所述,会计核算的四个基本假设具有相互依存、相互补充的关系。会计主体确立了会计核算的空间范围;持续经营和会计分期确立了会计核算的时间长度,而货币计量为会计核算提供了必要手段。

【例1-17·判断题】 法人可作为会计主体,但会计主体不一定是法人。( )
【答案】√
【例1-18·单项选择题】 关于会计主体的概念,下列说法中,不正确的是( )。
A. 可以是独立法人,也可以是非法人
B. 可以是一个企业,也可以是企业内部的某一个单位

C. 可以是一个单一的企业，也可以是由几个企业组成的企业集团

D. 当企业与业主有经济往来时，应将企业与业主作为同一个会计主体处理

【答案】 D

二、会计基础

会计基础是指会计确认、计量和报告的基础，包括权责发生制和收付实现制。

会计基础

在实际工作中，收入与费用确认上可能遇到难题，比如，图 1-4 是光明公司在 3 月份发生的经济业务，到底应在什么时候确定收入和费用呢？

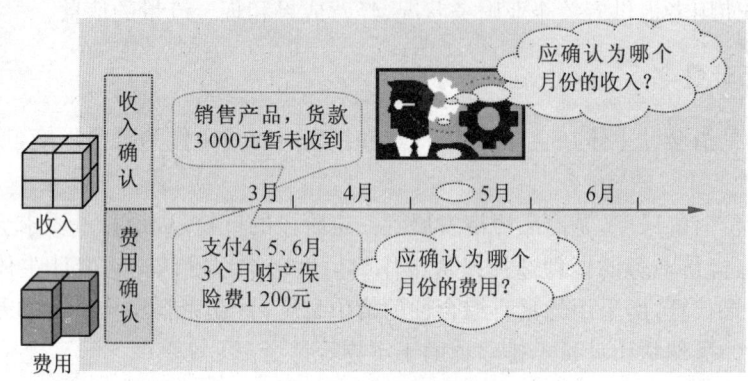

图 1-4　光明公司 3 月份发生的经济业务

如图 1-4 所示的业务如果采用不同的会计基础，就会有不同的结论。

（一）权责发生制

权责发生制也称应计制或应收应付制，是指收入、费用的确认应当以收入和费用的实际发生作为确认的标准，合理确认当期损益的一种会计基础。在我国，企业会计核算采用权责发生制。也就是说，企业应当在收入已经实现和费用已经发生时就进行确认，而不是等到实际收到现金或者支付现金时才确认。

例如，甲企业 2019 年 6 月销售给乙企业一批商品，根据合同规定，乙企业应于当年 9 月付款。乙企业信用良好，财务状况稳定。根据权责发生制要求，此项销售业务，甲企业确认收入的时间是 2019 年 6 月，而不是 2019 年 9 月。

又如，C 公司 2019 年 9 月以银行存款 8 800 元支付某项租入设备 9 月份和 10 月份 2 个月的租金。根据权责发生制要求，此项业务，C 公司应在 2019 年 9 月份和 10 月份分别确认费用 4 400 元，而不应在 9 月份一次确认费用 8 800 元。

权责发生制要求凡是当期已经实现的收入和已经发生或应当负担的费用，不论款项是否收付，都应当作为当期的收入和费用；凡是不属于当期的收入和费用，即使款项已在当期收付，也不应当作为当期的收入和费用。即确认收入和费用的标准为应收应付。以权利已经形成或义务已经发生（责任应当承担）为确认收入和费用的标准。

如图 1-4 所示的业务，如果光明公司采用权责发生制，应在 3 月份确认收入，不确认费用（如图 1-5 所示）。

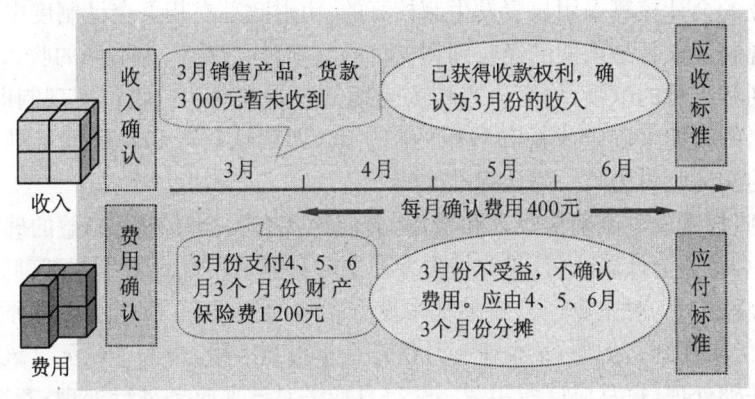

图 1-5　光明公司采用权责发生制的确认收入、费用示意图

(二) 收付实现制

收付实现制也称现金制,是以收到或支付现金作为确认收入和费用的标准,是与权责发生制相对应的一种会计基础。它是以收到或支付现金作为确认收入和费用等的依据。

在这种会计基础下,凡在本期实际收到现金(包括银行存款)的收入,不论其应否归属于本期,均应作为本期的收入处理;凡在本期实际以现金(包括银行存款)付出的费用,不论其应否在本期收入中取得补偿,均应作为本期的费用处理。(两个"凡"要记住)

对于前面例题中,甲企业 2019 年 6 月销售商品,2019 年 9 月才能收到货款的业务,按照收付实现制的要求,甲企业应在 9 月份收到现金时才能确认收入。对于 C 公司,按照收付实现制的要求,9 月所付 8 800 元应全部作为 9 月份的费用。

如图 1-4 所示的业务,如果光明公司采用收付实现制,应在 3 月份确认费用,不确认收入(如图 1-6 所示)。

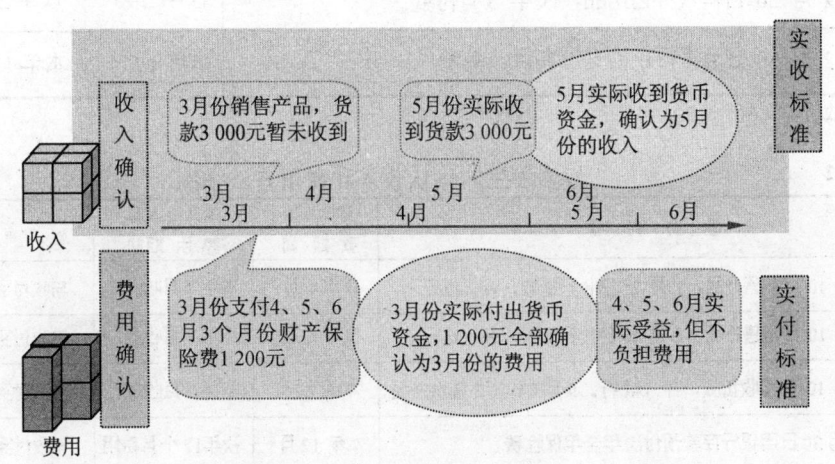

图 1-6　光明公司采用收付实现制时确认收入、费用示意图

我国事业单位会计核算一般采用收付实现制;事业单位会计除经营业务可以采用权责发生制以外,其他大部分业务采用收付实现制。事业单位部分经济业务或者事项,以及部分

行政事业单位的会计核算采用权责发生制核算的,由财政部在相关会计制度中具体规定。

收付实现制要求凡是当期已经收到和支付的款项,均应确认为本期的收入和费用;凡是当期没有收到和支付的款项,均不应当作为当期的收入和费用。收付实现制即按照款项实际收到或付出的时期来确定收益和费用的归属期,即确认收入和费用的标准是实收实付。以货币资金的实际收付为唯一确认标准。

显然,按照权责发生制确认收入和费用,会使得各有关会计期间损益的确定更为合理。在实际工作中,企业会计确认、计量和报告并非绝对只能采用权责发生制基础。当某项经济业务的发生金额很小,对企业经营成果基本没有影响的情况下,根据重要性原则,为简化核算,可采用收付实现制。例如,某企业1月份订全年报刊一份,金额360元。该项业务,按照权责发生制基础处理,每月应计费用30元,每月均需对该项业务进行处理;若按收付实现制基础处理,支付报刊费当月,即可将360元全部计入费用,其他月份不再需要对该项业务进行处理。由于费用金额小,采用收付实现制对企业盈亏没有实质性影响,而且会计处理简化,节约了核算成本。因此,可以选择使用收付实现制基础。

收付实现制和权责发生制确认收入和费用方法举例分别如表1-1和1-2所示。

表1-1　　　　　　收付实现制确认收入和费用方法举例

业务序号	业　务　内　容	实际收付款期间	确认收入和费用期间
1	7月10日销售产品,7月25日收到货款,存入银行	本年7月	本年7月收入
2	7月10日销售产品,8月10日收到货款,存入银行	本年8月	本年8月收入
3	7月10日预收货款,存入银行。9月向购货方提供产品	本年7月	本年7月收入
4	12月30日用银行存款预付次年全年保险费	本年12月	本年12月费用
5	12月30日购入办公用品,次年3月付款	次年3月	次年3月费用
6	12月30日用银行存款支付本月水电费	本年12月	本年12月费用

注:收付实现制确认收入和费用的期间与收付款的期间一致。

表1-2　　　　　　权责发生制确认收入和费用方法举例

业务序号	业　务　内　容	实际收付款期间	确认收入和费用期间	备　注
1	7月10日销售产品,7月25日收到货款,存入银行	本年7月	本年7月收入	与收付实现制相同
2	7月10日销售产品,8月10日收到货款,存入银行	本年8月	本年7月收入	与收付实现制不同
3	7月10日预收货款,存入银行。9月向购货方提供产品	本年7月	本年9月收入	与收付实现制不同
4	12月30日用银行存款预付次年全年保险费	本年12月	次年12个月费用	与收付实现制不同
5	12月30日购入办公用品,次年3月付款	次年3月	本年12月费用	与收付实现制不同
6	12月30日用银行存款支付本月水电费	本年12月	本年12月费用	与收付实现制相同

注:权责发生制与收付实现制确认收入与费用的方法相比较,当实际收付款期与其收入实现期或费用发生期一致时,确认的方法相同;当实际收付款期与其收入实现期或费用发生期不一致时,确认的方法不同。

【例1-19·判断题】 在我国,各单位会计的确认、计量和报告应当以权责发生制为基础。（ ）

【答案】 ×

【例1-20·单项选择题】 某企业1月份发生下列支出：

(1) 预付全年仓库租金36 000元。
(2) 支付上年第4季度银行借款利息16 200元。
(3) 以现金520元购买行政管理部门使用的办公用品。
(4) 预提本月应负担的银行借款利息4 500元。

按权责发生制确认的本月费用为（ ）元。

A. 57 220　　B. 8 020　　C. 24 220　　D. 19 720

【答案】 B

【解析】 本月费用＝36 000÷12＋520＋4 500＝8 020（元）

【例1-21·单项选择题】 甲公司2019年3月1日销售商品一批,增值税专用发票注明价款100 000元,货款于2019年4月30日收到并存入银行;2019年3月10日预收销货款200 000元存入银行,该批货物于2019年5月20日发出;2019年3月20日收到上月销货款50 000元。根据权责发生制原则,该企业2019年3月份应确认的收入为（ ）元。

A. 350 000　　B. 200 000　　C. 150 000　　D. 100 000

【答案】 D

【解析】 预收的销货款应确认为银行存款和预收账款的增加,应于发出货物时确认收入,所以不能确认为3月份的收入。3月份收到上月的销货款应反映银行存款的增加,应收账款的减少,不确认为3月份的收入。3月份销售的商品,虽然没有收到货款,依然要确认为3月份的收入。

第四节　会计信息的使用者及其质量要求

会计信息
质量要求　　第一章第四节

一、会计信息的使用者

会计信息的使用者主要包括投资者、债权人、企业管理者、政府及其相关部门和社会公众等。

二、会计信息的质量要求

会计信息的质量要求是对企业财务会计报告中所提供高质量会计信息的基本规范,是使财务会计报告中所提供会计信息对投资者等使用者决策有用应具备的基本特征,主要包括可靠性、相关性、可理解性、可比性、实质重于形式、重要性、谨慎性和及时性等。

（一）可靠性

可靠性又称客观性或真实性,要求企业应当以实际发生的交易或者事项为依据进行确认、计量和报告,如实反映符合确认和计量要求的各项会计要素及其他相关信息,保证会计

信息真实可靠、内容完整。

可靠性要求会计核算应当以实际发生的经济业务及证明经济业务发生的合法凭证为依据,如实反映财务状况和经营成果,做到内容真实、数字准确、资料可靠。

可靠性是对会计工作的基本要求。在会计核算工作中坚持可靠性原则,就要求所有经济业务必须是实际已发生的,而不是预计未来可能发生的。所有的财务报表必须以企业的总账、明细账、记账凭证为依据,而记账凭证,又必须以原始凭证为依据,如实地反映企业的财务状况、经营成果和现金流量,保证会计信息的真实性。会计工作应当正确运用会计原则和方法,准确反映企业的实际情况。会计信息应当能够经受验证,以核实其是否真实。如果企业的会计核算不是以实际发生的交易或事项为依据,没有如实地反映企业的财务状况、经营成果和现金流量,会计工作就失去了存在的意义,甚至会误导会计信息使用者作出错误的决策。

(二) 相关性

相关性又称有用性,要求企业提供的会计信息应当与财务会计报告使用者的经济决策需要相关,有助于财务会计报告使用者对企业过去和现在的情况作出评价,对未来的情况作出预测。

相关性要求会计主体提供的会计信息必须符合国家有关部门进行宏观经济管理的要求,满足投资者、债权人了解企业的财务状况、经营成果和现金流量信息的要求,并有助于他们作出正确的投资决策和信贷决策,满足企业内部经营管理当局加强内部经营管理的需要。

会计的目标是为有关方面提供决策有用的会计信息,因此要求会计主体提供的会计信息必须是与决策相关的,有助于财务会计报告使用者对企业过去、现在或将来的情况作出评价或者预测。

在会计核算工作中坚持相关性原则,就要求在收集、加工、处理和提供会计信息过程中,充分考虑会计信息使用者的需求。对于特定用途的会计信息,不一定都要通过财务会计报告来提供,也可以采用其他形式加以提供。

(三) 可理解性

可理解性又称明晰性,要求企业提供的会计信息应当清晰明了,便于财务会计报告使用者理解和使用,即企业的会计核算和编制的财务会计报告应当清晰明了,便于理解和利用。

会计信息提供的主要目的就是便于信息使用者使用信息作出决策,会计信息使用者首先必须了解会计信息的内涵,弄懂会计信息的内容,这就要求会计核算和财务会计报告必须清晰明了,使信息使用者只需具备一定知识且愿意花费一定时间与精力就可以对会计信息进行分析,就能够了解企业的财务状况、经营成果和现金流量等情况。在会计核算中坚持可理解性原则,就能保证会计信息使用者能够准确、及时、完整地使用会计信息,从而作出有关决策。若企业的会计核算和编制的财务会计报告不能做到清晰明了、便于理解和使用,就不符合明晰性原则的要求,就不能满足会计信息使用者的决策需要。

(四) 可比性

可比性要求不同会计主体在同一会计期间所提供的会计信息应当可以进行相互之间的

比较（横向可比）；一个会计主体所使用的会计处理程序和方法应当尽可能前后各期保持一致，不得随意变更（纵向可比）。即可比性要求企业提供的会计信息应当相互可比，保证同一企业不同时期可比、不同企业相同会计期间可比。

1. 纵向可比

纵向可比要求同一企业的会计核算方法前后各期应当保持一致，不得随意变更。如有必要变更，应当将变更的内容和理由、变更的影响等，在会计报表附注中予以说明。

企业发生的交易或事项具有复杂性和多样性，对于某些交易或事项可以有多种会计核算方法。比如，固定资产折旧的方法可以采用年限平均法、工作量法、年数总和法、双倍余额递减法等；存货的领用和发出可以采用先进先出法、加权平均法、个别计价法、销售毛利法等确定其实际成本。为保证会计信息一贯性的前提是企业在各个会计期间应尽可能采用相同的会计处理方法。若企业在不同的会计期间采用不同的会计处理方法，将不利于会计信息使用者对会计信息的使用和理解，不利于发挥会计信息的作用。

各个会计期间应尽可能采用相同的会计处理方法有利于提高会计信息的使用价值；同时由于限制了会计程序与会计处理方法在前后会计期间的随意变更，可以防止会计主体通过人为变更会计程序与会计处理方法来对会计报表进行粉饰从而损害会计信息使用者的利益。

2. 横向可比

横向可比要求不同企业的会计核算应当按照规定的会计处理方法进行，会计指标应当口径一致、相互可比。

只有当一个会计主体的前后各个会计期间的会计信息一致，才能够使不同会计主体之间的比较有意义；只有各个会计主体的会计信息是真实可靠的，进行比较才有必要。只有遵循了这一原则，才使不同企业的会计报表之间具有可比性，可以解释它们之间相同与差异的原因，使得会计报表使用者进行投资决策时有据可依，使国家可以据以进行有关的宏观经济决策，使投资者和债权人可以进行有关的投资与信贷决策，使企业内部管理者可以进行有关的经营管理决策等。

（五）实质重于形式

实质重于形式要求企业应当按照交易或者事项的经济实质进行会计确认、计量和报告，不应仅以交易或者事项的法律形式为依据。

在实际工作中，交易或事项的外在法律形式并不一定完全反映其实质内容。所以，会计信息要想反映其交易或事项的实质，就必须根据交易或事项的实质进行核算和反映，而不能仅仅根据它们的法律形式进行核算和反映。比如，以融资租赁方式租入的固定资产，虽然从法律形式来讲，承租企业并不拥有该资产的所有权，但由于租赁合同中规定的租赁期相当长，几乎等于该资产的使用寿命且租赁期满后承租企业有优先购买该固定资产的选择权；在租赁期内承租企业有权支配该固定资产并从中受益，从其经济实质来看，企业能够控制该固定资产并使其为企业创造未来的经济利益。所以，在会计核算上应将融资租赁方式租入的固定资产作为承租企业的资产进行管理。

（六）重要性

重要性要求在会计核算过程中对交易或事项应当区别其重要程度，采用不同的核算方式。

重要性要求企业提供的会计信息应当反映与企业财务状况、经营成果和现金流量有关的所有重要交易或者事项。对资产、负债、经营成果等有较大影响的,对财务会计报告使用者作出合理判断的重要会计事项等,必须按照规定的会计方法和程序进行处理,并在财务会计报告中予以充分、准确披露;而对于次要的会计事项,在不影响会计信息真实性和不至于误导财务会计报告使用者作出正确判断的前提下,可适当简化处理。

需要注意的是,在评价某些项目的重要性时,很大程度上取决于会计人员的职业判断。一般来说,应从质和量两个方面综合进行分析。从性质来看,当某一事项有可能对决策产生一定影响时,就属于重要项目;从数量来看,当某一项目的数量达到一定规模时,就可能对决策产生影响。

(七) 谨慎性

谨慎性又称稳健性,要求企业对交易或者事项进行会计确认、计量和报告时保持应有的谨慎,不应高估资产或者收益、低估负债或者费用。

在资产计价及损益确定时,如果有两种或两种以上的方法或金额可供选择时,应选择使本期净资产和利润较低的方法或金额。即不得多计资产或收益、少计负债或费用,也不得计提秘密准备。

从谨慎性的运用来看,会计在一定程度上核算经营风险,提供反映经营风险的信息,有利于企业作出准确的经营决策,有利于保护债权人权益,有利于提高企业在市场上的竞争能力。因此,将谨慎性原则规定为会计核算一般原则具有现实的意义。比如,要求企业定期或者至少于每年年度终了时,对可能发生的各项资产损失计提资产减值准备,就充分体现了谨慎性原则。

需要注意的是,谨慎性原则并不意味着企业可以任意设置各种秘密准备。因此在规定谨慎性原则的同时,还需对谨慎性原则的具体运用作出规定,而不能由企业任意使用或歪曲使用谨慎性原则,否则将会影响会计核算信息的客观性,造成会计核算信息的混乱。

(八) 及时性

及时性要求企业对于已经发生的交易或者事项,应当及时进行确认、计量和报告,不得提前或者延后。

会计信息除了保证其真实性、有用性之外,还要保证其信息的时效性。不及时的信息将使有用性大打折扣,甚至毫无价值。因此在会计核算过程中要坚持及时性原则时应注意:一是要求及时收集会计信息,即在经济业务发生后,及时收集整理各种原始单据;二是及时处理会计信息,即在国家统一的会计制度规定的时限内,及时编制出财务会计报告;三是及时传递会计信息,即在国家统一的会计制度规定的时限内,及时将编制出的财务会计报告传递给财务会计报告使用者。

第五节 会计准则体系

一、会计准则的构成

会计准则是反映经济活动、确认产权关系、规范收益分配的会计技术标

第一章第五节

准,是生成和提供会计信息的重要依据,也是政府调控经济活动、规范经济秩序和开展国际经济交往等的重要手段。

会计准则按其使用单位的经营性质,可分为营利组织的会计准则和非营利组织的会计准则。

会计准则按其所起的作用,可分为基本准则和具体准则。

我国会计准则从纵向上分为两个层次,即基本准则(企业会计准则)和具体会计准则(应用准则),具体会计准则又分为:

(1) 通用业务会计准则,主要解决各行业共同性业务,如货币性资产、应收账款等业务的处理。

(2) 特殊业务会计准则,主要解决如外币业务、租赁业务等特殊业务的会计处理。

(3) 财务报表会计准则,规范企业主要会计报表编制方法和信息披露。

从横向上,每一具体会计准则一般包括引言(准则范围)、定义(某准则涉及的概念)、一般确认原则、一般计量方法、一般报告原则、一般提示事项、附则(解释权和生效日期)七个部分。

会计准则具有严密和完整的体系。我国已颁布的会计准则有《企业会计准则》《小企业会计准则》和《政府会计准则》。

二、企业会计准则

我国会计准则是在全面改革开放的基础上开始起步建立的。1987年,我国在中国会计学会年会上成立研究组,于1989年起开始研究和探索会计准则的制定工作。财政部会计事务管理司也于1988年10月建立了会计准则课题组,开始了会计准则的探索与制定。1991年11月26日,财政部下发了《关于印发(企业会计准则第1号——基本准则)(草案)的通知》,向全国广泛征求意见;在1992年7月的全国财政工作会议上讨论后,1992年11月30日以部长令形式正式发布了新中国成立以来中国第1号会计准则《企业会计准则》,并决定自1993年7月1日起在全国正式实施。

从1992年《企业会计准则》发布以后,财政部即着手草拟制定具体会计准则,到2001年先后修订、颁发了16项具体会计准则。2006年,我国对企业会计准则进行了重新修订。2006年2月15日,财政部颁发了38项具体准则。至此,我国建成了与国际财务报告准则趋同的企业会计准则体系。

2010年4月,财政部发布了《中国企业会计准则与国际财务报告准则持续趋同路线图》,承诺我国企业会计准则的修订与制定将与国际财务报告准则项目保持同步。2014—2017年期间,我国新制定或修订了14项企业会计准则,与国际财务报告准则实现了实质性的持续趋同。

我国的企业会计准则体系包括基本准则、具体准则和应用指南等。

1. 《企业会计准则》——基本准则

基本准则是对企业财务会计的一般要求和主要方面作出原则性的规定,为制定具体准则和会计制度提供依据。其主要作用是:

(1) 统驭具体准则的制定。基本准则规范了包括财务报告目标、会计基本假设、会计信息质量要求、会计要素的定义及其确认、计量原则、财务报告等在内的基本问题,是制定具体准则的基础,对各具体准则的制定起着统驭作用,可以确保各具体准则的内在一致性。我国基本准则第三条明确规定,"企业会计准则包括基本准则和具体准则,具体准则的制定应当遵循本准则(即基本准则)"。在企业会计准则体系的建设中,各项具体准则也都明确规定按照基本准则的要求进行制定和完善。

(2)为会计实务中出现的、具体准则尚未规范的新问题提供会计处理依据。在会计实务中,由于经济交易事项的不断发展、创新,一些新的交易或者事项在具体准则中尚未规范但又急需处理,这时,企业不仅应当对这些新的交易或者事项及时进行会计处理,而且在处理时应当严格遵循基本准则的要求,尤其是基本准则关于会计要素的定义及其确认与计量等方面的规定。因此,基本准则不仅扮演着具体准则制定依据的角色,也为会计实务中出现的、具体准则尚未作出规范的新问题提供了会计处理依据,从而确保了企业会计准则体系对所有会计实务问题的规范作用。

基本准则是纲,是企业会计准则体系的概念基础,是具体准则、应用指南和解释等的制定依据,我国现行企业会计基本准则由财政部 2006 年 2 月 15 日颁布,自 2007 年 1 月 1 日起施行,2014 年重新进行了修订,包括总则、会计信息质量要求、资产、负债、所有者权益、收入、费用、利润、会计计量、财务会计报告和附则共 11 章 50 条。

2.《企业会计准则》——具体准则

具体准则是在基本准则的指导下,处理会计具体业务标准的规范。其具体内容可分为一般业务准则、特殊行业和特殊业务准则、财务报告准则三大类。

一般业务准则是规范普遍适用的一般经济业务的确认、计量要求,如存货、固定资产、无形资产、职工薪酬、所得税等。

特殊行业和特殊业务准则是对特殊行业的特定业务的会计问题作出的处理规范,如生物资产、金融资产转移、套期保值、原保险合同、合并会计报表等。

财务会计报告准则主要规范各类企业通用的报告类准则,如财务报表列报、现金流量表、合并财务报表、中期财务报告、分部报告等。

我国现行企业会计具体准则共 42 项,分别是:

企业会计准则第 1 号——存货(2006)

企业会计准则第 2 号——长期股权投资(2014 修订)

企业会计准则第 3 号——投资性房地产(2006)

企业会计准则第 4 号——固定资产(2006)

企业会计准则第 5 号——生物资产(2006)

企业会计准则第 6 号——无形资产(2006)

企业会计准则第 7 号——非货币性资产交换(2006)

企业会计准则第 8 号——资产减值(2006)

企业会计准则第 9 号——职工薪酬(2014 修订)

企业会计准则第 10 号——企业年金基金(2006)

企业会计准则第 11 号——股份支付(2006)

企业会计准则第 12 号——债务重组(2006)

企业会计准则第 13 号——或有事项(2006)

企业会计准则第 14 号——收入(2017 年修订)

企业会计准则第 15 号——建造合同(2006)
企业会计准则第 16 号——政府补助(2017 年修订)
企业会计准则第 17 号——借款费用(2006)
企业会计准则第 18 号——所得税(2006)
企业会计准则第 19 号——外币折算(2006)
企业会计准则第 20 号——企业合并(2006)
企业会计准则第 21 号——租赁(2006)
企业会计准则第 22 号——金融工具确认和计量(2017 年修订)
企业会计准则第 23 号——金融资产转移(2017 年修订)
企业会计准则第 24 号——套期会计(2017 年修订)
企业会计准则第 25 号——原保险合同(2006)
企业会计准则第 26 号——再保险合同(2006)
企业会计准则第 27 号——石油天然气开采(2006)
企业会计准则第 28 号——会计政策、会计估计变更和差错更正(2006)
企业会计准则第 29 号——资产负债表日后事项(2006)
企业会计准则第 30 号——财务报表列报(2014 年修订)
企业会计准则第 31 号——现金流量表(2006)
企业会计准则第 32 号——中期财务报告(2006)
企业会计准则第 33 号——合并财务报表(2014 年修订)
企业会计准则第 34 号——每股收益(2006)
企业会计准则第 35 号——分部报告(2006)
企业会计准则第 36 号——关联方披露(2006)
企业会计准则第 37 号——金融工具列报(2017 年修订)
业会计准则第 38 号——首次执行企业会计准则(2006)
企业会计准则第 39 号——公允价值计量(2014 年修订)
企业会计准则第 40 号——合营安排(2014 年修订)
企业会计准则第 41 号——在其他主体中权益的披露
企业会计准则第 42 号——持有待售的非流动资产、处置组和终止经营

3.《企业会计准则》——应用指南

企业会计准则应用指南从不同角度对企业具体准则进行强化,解决实务操作,包括具体准则解释部分、会计科目和财务报表部分。

我国企业会计准则应用指南由两部分组成:第一部分为会计准则解释;第二部分为会计科目和主要账务处理。

企业会计准则解释主要对具体准则中的重点、难点和关键点作出解释性规定。

会计科目和主要账务处理,主要根据具体准则中涉及确认和计量的要求,规定了 162 个会计科目及其主要账务处理,基本涵盖了所有企业的各类交易或事项,是以会计准则中确认、计量原则及其解释为依据所做的规定,其中对涉及商业银行、保险公司和证券公司的专用科目作了特别注明。会计科目和主要账务处理规定了会计的确认、计量、记录和报告中记录的规定。这部分规定赋予企业一定的灵活性,即在不违反准则及其解释的前提下,企业可

以根据实际需要设置会计科目及明细科目。

三、小企业会计准则

2011年10月18日,财政部发布了《小企业会计准则》,要求符合适用条件的小企业自2013年1月1日起执行,并鼓励提前执行。《小企业会计准则》一般适用于在我国境内依法设立、经济规模较小的企业,具体标准参考《小企业会计准则》和《中小企业划型标准规定》。

《小企业会计准则》分总则、资产、负债、所有者权益、收入、费用、利润及利润分配、外币业务、财务报表、附则10章90条。总体特点是:

(1) 简化核算要求:在会计计量方面,要求小企业采用历史成本计量;在财务会计报告方面,不要求提供所有者权益变动表。

(2) 满足税收征管信息需求与有助于银行提供信贷相结合:以税务部门和银行作为小企业外部财务会计报告信息的主要使用者,基于这两者的信息需求确定会计核算的基本原则;减少了职业判断的内容,消除了小企业会计与税法的大部分差异。

(3) 和企业会计准则合理分工与有序衔接相结合:对于小企业非经常性发生的,甚至基本不可能发生的交易或事项,一旦发生,可以参照企业会计准则的规定执行;规定了转为执行《企业会计准则》应满足的条件和基本衔接原则。

四、政府会计准则

2015年10月23日,中华人民共和国财政部令第78号公布《政府会计准则——基本准则》,至此,我国政府会计准则体系建设走上了快车道。《政府会计准则——基本准则》分总则、政府会计信息质量要求、政府预算会计要素、政府财务会计要素、政府决算报告和财务报告、附则6章62条,自2017年1月1日起施行。截止到2019年5月,财政部陆续颁布了《政府会计准则第1号——存货》《政府会计准则第2号——投资》《政府会计准则第3号——固定资产》《政府会计准则第4号——无形资产》《政府会计准则第5号——公共基础设施》《政府会计准则第6号——政府储备物资》《政府会计准则第7号——会计调整》等政府会计具体准则。

 练习题

一、单项选择题

1. 会计的基本职能是( )。
   A. 反映和考核　　B. 核算和监督　　C. 预测和决策　　D. 分析和管理
2. 会计以( )为基本计量形式。
   A. 实物计量　　B. 货币计量　　C. 时间计量　　D. 劳动计量
3. 只有在( )的前提下,企业的资产和负债才区分为流动的和长期的。
   A. 会计主体　　B. 持续经营　　C. 会计分期　　D. 货币计量
4. 企业提取坏账准备,是依据( )原则计提的。
   A. 相关性　　B. 真实性　　C. 谨慎性　　D. 重要性
5. 下面适用于对财产物资计价的原则是( )。
   A. 历史成本原则　　　　　　　B. 配比原则

C. 谨慎性原则　　　　　　　　D. 真实性原则
6. 在编制资产负债表时,把公司经理的个人财产与企业财产放在一起,违背了(　　)。
   A. 真实性原则　　　　　　　　B. 相关性原则
   C. 重要性原则　　　　　　　　D. 会计主体假设
7. 企业"每两年改变一次折旧方法和存货计价方法"违背了(　　)。
   A. 真实性原则　　　　　　　　B. 合法性原则
   C. 可比性原则　　　　　　　　D. 实质重于形式原则
8. (　　)要求对会计事项的处理必须于当期内及时完成,不得推后和提前办理。
   A. 会计期间　　B. 相关性　　C. 历史成本　　D. 及时性
9. 《会计法》规定对本单位会计的真实性和完整性负责的是(　　)。
   A. 会计人员　　　　　　　　　B. 总会计师
   C. 单位负责人　　　　　　　　D. 会计主管人员
10. 会计内部监督的主体是(　　)。
    A. 会计机构和会计人员　　　　B. 经济活动
    C. 会计机构和业务人员　　　　D. 会计机构
11. 会计对经济活动的反映主要是从(　　)方面进行的。
    A. 实物　　B. 价值　　C. 数量　　D. 劳动
12. (　　)是将一个会计主体持续经营的生产经营活动人为地划分成若干个相等的会计期间。
    A. 会计时段　　B. 会计分期　　C. 会计区间　　D. 会计年度
13. 会计是以(　　)为主要计量单位,反映与监督一个单位的经济活动的一种经济管理工作。
    A. 实物　　B. 货币　　C. 工时　　D. 劳动耗费
14. 下列各项中,(　　)不是财务会计信息质量要求应满足的标准要求。
    A. 真实性　　B. 重要性　　C. 权责发生制　　D. 实质重于形式

二、多项选择题
1. 在会计核算中,谨慎性原则的典型运用有(　　)。
   A. 计提坏账准备　　　　　　　B. 加速折旧
   C. 后进先出法的采用　　　　　D. 历史成本计价
2. (　　)是以企业的持续经营为前提的。
   A. 会计期间假定　　　　　　　B. 历史成本原则
   C. 权责发生制原则　　　　　　D. 会计主体假定
3. 下列各项中,属于会计信息质量要求方面的原则有(　　)。
   A. 相关性　　B. 可比性　　C. 及时性　　D. 重要性
4. 下列各项中,属于会计核算方法的有(　　)。
   A. 复式记账　　　　　　　　　B. 填制和审核会计凭证
   C. 成本计算　　　　　　　　　D. 财产清查和编制会计报表
5. 会计的基本职能有(　　)。
   A. 反映职能　　B. 分析职能　　C. 监督职能　　D. 决策职能

6. 会计核算的四个基本假设是(　　)。
   A. 会计分期　　B. 货币计量　　C. 会计主体　　D. 持续经营
7. 会计核算的内容是指特定主体的资金运动,包括(　　)。
   A. 资金的投入　　　　　　　B. 资金的循环与周转
   C. 资金的退出　　　　　　　D. 资金的消耗
8. 下列各项中,属于企业会计核算内容的有(　　)。
   A. 投资者投入货币资金　　　B. 企业购入原材料
   C. 以银行存款偿还货款　　　D. 支付职工工资

三、判断题

1. 会计核算必须而且只能采用价值的形式。(　　)
2. 法律主体可以是会计主体,会计主体也一定是法律主体。(　　)
3. 会计只能核算已发生或完成的交易或事项。(　　)
4. 作为会计对象的交易或事项是指企业、单位所发生的全部经济活动。(　　)
5. 会计核算的方法是一个完整的体系,不能打乱顺序,要相互配合地使用。(　　)
6. 设置和登记账簿是编制会计报表的基础,是连接会计凭证和会计报表的中间环节。(　　)
7. 会计产生于生产实践之中,又在社会生产实践中得到发展。(　　)
8. 会计任务是对会计对象进行核算和监督所要达到的目的和要求,是会计职能的具体化。(　　)
9. 会计的方法包括会计核算方法、会计预测方法、会计控制方法、会计分析方法和会计检查方法等,会计核算方法是会计方法的基础。(　　)

第二章 会计要素与会计等式

 **学习目标**

(一) 知识目标

目标1 理解和掌握会计要素的内容及每个会计要素的特征

目标2 掌握会计要素的确认条件与构成

目标3 掌握常用的会计计量属性

目标4 掌握会计等式的表现形式

(二) 技能目标

目标1 能够列举会计的六大要素及其关系式

目标2 能够说出六大要素的特征

目标3 能够解释基本经济业务的类型及其对会计等式的影响

第一节 会计要素

第二章第一节

一、会计要素的含义与分类

(一) 会计要素的含义

会计要素是指根据交易或者事项的经济特征所确定的财务会计对象的基本分类。

会计的对象可以概括为社会再生产过程中的资金运动。其具体内容就是会计要素。会计要素是对会计核算和监督的内容按照一定标准所进行的概括和分类,是会计对象的具体化,是对资金运动所做的第二层次划分。对资金运动所划分的大类,就是会计要素。

会计要素既是会计确认和计量的依据,也是确定会计报表结构和内容的基础。

(二) 会计要素的分类

会计要素是构成会计报表的基本组件,同时也是设置账户的依据。根据我国《企业会计准则——基本准则》的规定,资产、负债、所有者权益、收入、费用和利润是企业会计的六大会计要素。其中,资产、负债和所有者权益反映企业在一定日期的财务状况,是对企业资金运动的静态反映,属于静态要素,是资产负债表的构成要素,在资产负债表中列示;收入、费用和利润反映企业在一定时期内的经营成果,是对企业资金运动的动态反映,属于动态要素,是利润表的构成要素,在利润表中列示。

【例2-1·单项选择题】 下列属于反映企业财务状况的会计要素是( )。
A. 收入　　　　B. 所有者权益　　　C. 费用　　　　D. 利润
【答案】 B

二、会计要素的确认

会计要素——
资产负债表要素

（一）资产

1. 资产的含义与特征

资产是指企业过去的交易或者事项形成的、由企业拥有或控制的、预期会给企业带来经济利益的资源。

根据资产的定义,资产具有以下几个方面的特征:

第一,资产是由企业过去的交易或者事项形成的。

资产是企业过去的交易或事项形成的。企业过去的交易或者事项包括购买、生产、企业建造行为或其他交易或者事项。

预期在未来发生的交易或者事项不形成资产。比如,企业在未来某一时点将要购买的设备,此设备就不是企业现有的资产。

第二,资产是企业拥有或者控制的资源。

资产为企业拥有或者控制是指企业享有某项资源的所有权,或者虽然不享有某项资源的所有权,但该资源能被企业所控制。

企业拥有资产的所有权通常表明企业拥有从资产中获取预期经济利益的权利。在有些情况下,虽然企业不享有一些资源的所有权,但能实际控制这些资源,同样也能够从这些资源中获取经济利益,根据实质重于形式的原则,这部分经济资源也应作为企业的资产,如融资租赁固定资产。

第三,资产预期会给企业带来经济利益。

资产预期会给企业带来经济利益是指直接或者间接导致现金和现金等价物流入企业的潜力。这种潜力既可以来源于企业的日常经营活动,也可以来源于非日常经营活动。带来的经济利益,既可以是现金和现金等价物的直接流入,也可以是转化为现金和现金等价物的间接流入,还可以是现金和现金等价物流出的减少。

资产预期会给企业带来经济利益是资产最重要的特征。凡预期不能给企业带来经济利益的,均不能作为企业的资产确认。前期已确认的资产项目,如果预期不再为企业带来经济利益的,也不能再作为企业的资产。

只有同时具备上述特征,才能确认为企业的资产。

2. 资产的确认条件

将一项资源确认为资产,需要符合资产的定义,还应同时满足以下两个条件:①与该资源有关的经济利益很可能流入企业;②该资源的成本或者价值能够可靠地计量。

符合资产定义和资产确认条件的项目,应当列入资产负债表;符合资产定义、但不符合资产确认条件的项目,不应当列入资产负债表。

3. 资产的分类

资产按流动性进行分类,可以分为流动资产和非流动资产。

流动资产是指预计在一个正常营业周期中变现、出售或耗用,或者主要为交易目的而持有,或者预计在资产负债表日起1年内(含1年)变现的资产,以及自资产负债表日起1年内交换其他资产或清偿负债的能力不受限制的现金或现金等价物。

流动资产主要有:

(1) 库存现金,即企业存放在财会部门的库存现金。

(2) 银行存款,即企业存放在银行或其他金融机构的各种存款。

(3) 交易性金融资产,即企业为了近期内出售而持有的、以赚取差价为目的所购的有活跃市场报价的股票、债券、基金投资等。

(4) 应收及预付款,包括应收票据、应收账款、预付账款、应收股利、应收利息、其他应收款等。

(5) 存货,即企业在生产经营过程中为销售或者耗用而储存的各种资产,包括库存商品、半成品、在产品、各类原材料,以及周转材料等。

一个正常营业周期是指企业从购买用于加工的资产起至实现现金或现金等价物的期间。正常营业周期通常短于1年,在1年内有几个营业周期。但是,也存在正常营业周期长于1年的情况,在这种情况下,与生产循环相关的产成品、应收账款、原材料尽管是超过1年才变现、出售或耗用,仍应作为流动资产。当正常营业周期不能确定时,应当以1年(12个月)作为正常营业周期。

非流动资产是指流动资产以外的资产,主要有:

(1) 持有至到期投资,即到期日固定、回收金额固定或可确定,且企业有明确意图和能力持有至到期的非衍生金融资产。

(2) 可供出售金融资产,即初始确认时即被指定为可供出售的非衍生金融资产,以及除以公允价值计量且其变动计入当期损益的金融资产、持有至到期投资、贷款和应收款项以外的金融资产。

(3) 投资性房地产,即为赚取租金或资本增值,或两者兼有而持有的房地产。

(4) 固定资产,即为生产商品、提供劳务、出租或经营管理而持有的,使用寿命超过一个会计期间的有形资产,包括房屋及建筑物、机器设备、运输设备、工具器具等。

(5) 无形资产,即企业拥有或者控制的,没有实物形态的可辨认非货币性资产,包括专利权、非专利技术、商标权、著作权、土地使用权等。

【例2-2·多项选择题】 资产的特征有(   )。

A. 过去的交易或事项形成　　B. 企业日常活动形成的经济利益总流入

C. 企业拥有或者控制的　　　D. 能够给企业带来未来的经济利益

【答案】 ACD

【例2-3·判断题】 资产是企业拥有或控制的具有实物形态的经济资源,该资源预期会给企业带来未来经济利益。(   )

【答案】 ×

(二) 负债

1. 负债的含义与特征

负债是指企业过去的交易或者事项形成的,预期会导致经济利益流出企业的现时义务。

根据负债的定义,负债具有以下几个方面的特征:

(1) 负债是由企业过去的交易或者事项形成的。

负债是企业过去的交易或者事项所形成的结果。过去的交易或者事项包括购买商品、使用劳务、接受贷款等。预期在未来发生的交易或者事项不形成负债。比如,企业将在未来发生的承诺、签订的合同等交易或者事项,不形成负债。

(2) 负债是企业承担的现时义务。

负债是企业目前承担的现时义务。现时义务是指企业在现行条件下已承担的义务。未来发生的交易或者事项形成的义务不属于现时义务,不应当确认为负债。

(3) 负债预期会导致经济利益流出企业。

负债是企业所承担的现时义务,履行义务时必然会引起企业经济利益的流出。否则,就不能作为企业的负债来处理。

2. 负债的确认条件

将一项现时义务确认为负债,需要符合负债的定义,还应当同时满足以下两个条件:① 与该义务有关的经济利益很可能流出企业;② 未来流出的经济利益的金额能够可靠地计量。

符合负债定义和负债确认条件的项目,应当列入资产负债表;符合负债定义但不符合负债确认条件的项目,不应当列入资产负债表。

3. 负债的分类

按偿还期限的长短,负债一般分为流动负债和非流动负债。

流动负债是指预计在一个正常营业周期中偿还,或者主要为交易目的而持有,或者自资产负债表日起1年内(含1年)到期应予以清偿,或者企业无权自主地将清偿推迟至资产负债表日以后1年以上的负债,包括短期借款、应付票据、应付账款、预收账款、应付职工薪酬、应交税费、应付利息、应付股利、其他应付款等。

非流动负债是指流动负债以外的负债,即偿还期在1年或超过1年的一个营业周期以上的债务,包括长期借款、应付债券、长期应付款等。

【例2-4·多项选择题】 负债的特征有( )。

A. 企业拥有或控制的　　　　　B. 企业将来要清偿的义务

C. 由过去的交易或事项所引起的　D. 能够给企业带来未来的经济利益

【答案】 BC

【解析】 AD是资产的特征。

(三) 所有者权益

1. 所有者权益的含义及特征

所有者权益也称为净资产,是指企业资产扣除负债后由所有者享有的剩余权益。公司的所有者权益又称为股东权益。

所有者权益具有以下特征:①除非发生减资、清算或分派现金股利,企业不需要偿还所有者权益;②企业清算时,只有在清偿所有的负债后,所有者权益才返还给所有者;③所有者凭借所有者权益能够参与企业利润的分配。

2. 所有者权益的确认条件

所有者权益的确认、计量主要取决于资产、负债、收入、费用等其他会计要素的确认和计量。所有者权益在数量上等于企业资产总额扣除债权人权益后的净额,即为企业的净资产,反映所有者(股东)在企业资产中享有的经济利益。

3. 所有者权益的来源

所有者权益的来源包括所有者投入的资本、直接计入所有者权益的利得和损失、留存收益等,具体表现为实收资本(或股本)、资本公积(含资本溢价或股本溢价、其他资本公积)、盈余公积和未分配利润。

(1) 所有者投入的资本,即所有者投入企业的资本部分,它既包括构成企业注册资本(实收资本)或者股本部分的金额,也包括投入资本超过注册资本或者股本部分的金额,即资本溢价或者股本溢价,这部分投入资本在我国企业会计准则体系中被计入了资本公积,并在资产负债表中的"资本公积"项目反映。

(2) 直接计入所有者权益的利得和损失,即不应计入当期损益、会导致所有者权益发生增减变动的、与所有者投入资本或者向所有者分配利润无关的利得或者损失。其中:利得是指由企业非日常活动所形成的、会导致所有者权益增加的、与所有者投入资本无关的经济利益的流入。损失是指由企业非日常活动所发生的、会导致所有者权益减少的、与向所有者分配利润无关的经济利益的流出。

(3) 留存收益,即企业历年实现的净利润中留存于企业的部分,主要包括盈余公积和未分配利润。留存收益是盈余公积和未分配利润的统称。

4. 所有者权益的分类

所有者权益按永久性递减程度,可以分为以下四个项目:

(1) 实收资本(或股本),即投资者实际投入企业的各项财产物资,构成注册资本或股本的部分。非股份制企业称为"实收资本",股份制企业称为"股本",包括国家投入资本、法人投入资本和个人投入资本、外商投入资本。

(2) 资本公积,即企业取得的,但不是由于生产经营活动本身带来的,而为投资者共同拥有的各种资本增值,包括资本溢价、股本溢价等。

(3) 盈余公积,即按国家有关规定从税后利润中提取的公积金等,包括法定盈余公积金和任意盈余公积金等。

(4) 未分配利润,即企业留待以后年度分配的利润或待分配利润。

通过对资产、负债和所有者权益三个静态会计要素的核算和分析,可以说明企业的财务状况。

5. 负债和所有者权益的比较

负债和所有者权益统称为权益,是企业资金来源的两个不同渠道。两者性质、权利和偿还的法律责任不同:

(1) 负债需要偿还,所有者权益一般不需要归还。

(2) 负债只有按期收回本息权,所有者权益具有参与利润分配和企业经营管理双重权利。

(3) 负债拥有优先求偿权,所有者权益则没有。

(四) 收入

1. 收入的含义与特征

收入是指企业在日常活动中形成的、会导致所有者权益增加的、与所有者

会计要素——利润表要素

投入资本无关的经济利益的总流入。

日常活动是指企业为完成其经营目标所从事的经常性活动以及与之相关的活动,如销售商品、提供劳务及让渡资产使用权等。

明确界定日常活动是为了将收入与利得相区分,因为企业非日常活动所形成的经济利益的流入不能确认为收入,而应当计入利得。

例如,某工业企业将制造的产品售出,获得20万元。由于产品销售是该企业的日常活动,该收入应确认为企业的收入。如果该企业拥有一项专利技术,出租给另一企业使用,收取的租金也应确认为企业的收入,因为这是与日常活动相关的其他经营活动取得的收入;但是若把该项专利技术出售给另一企业,该项活动与企业日常经营活动无关,则出售净收益不能作为企业的收入,而应作为企业的利得。一般来说,出售非流动资产取得的收益不属于收入范畴。

又如,企业收到捐赠,也不能作为企业的收入,而应作为企业的利得。

收入不包括为第三方或者客户代收的款项,如企业销售产品收到的增值税销项税额。

根据收入的定义,收入具有以下几个方面的特征:

(1) 收入是企业在日常活动中形成的。

(2) 收入会导致所有者权益的增加。因收入所引起的经济利益流入,表现为企业资产的增加或者负债的减少,最终会导致所有者权益增加。

(3) 收入是与所有者投入资本无关的经济利益的总流入。收入使企业资产增加或者负债减少,但这种经济利益的流入不包括由所有者投入资本的增加所引起的经济利益流入。所有者投入的资本增加不应当确认收入,应当直接确认为所有者权益。

2. 收入的确认条件

收入的确认除了应当符合定义外,至少应当符合以下条件:①与收入相关的经济利益应当很可能流入企业;②经济利益流入企业的结果会导致资产的增加或者负债的减少;③经济利益的流入额能够可靠地计量。

符合收入定义和收入确认条件的项目,应当列入利润表。

3. 收入的分类

(1) 根据重要性原则,企业的收入可以分为主营业务收入和其他业务收入。主营业务收入是由企业的主营业务所带来的收入,主要指企业销售商品、提供劳务等主营业务所实现的收入;其他业务收入是指企业除主营业务活动以外的其他经营活动实现的收入,如工业企业出租固定资产、出租无形资产、出租包装物和商品、销售材料等实现的收入。

(2) 收入按性质不同或企业所从事的日常活动的内容不同,可分为销售商品收入、提供劳务收入、让渡资产使用权收入等。

【例2-5·单项选择题】 下列项目中,不构成企业收入的是(　　)。

　A. 销售商品一批,价款80万元

　B. 出租包装物,租金收入1 000元

　C. 接受所有者投资100 000元

　D. 销售低值易耗品收入500元

【答案】C
【解析】ABD均符合收入的定义。

(五) 费用

1. 费用的含义与特征

费用是指企业在日常活动中发生的、会导致所有者权益减少的、与向所有者分配利润无关的经济利益的总流出。

根据费用的定义,费用具有以下特征:

(1) 费用是企业在日常活动中发生的。将费用界定为"日常活动"发生的总流出,是为了将其与损失相区分。企业非日常活动所形成的经济利益流出不能确认为费用,而应当计入损失。例如,企业进行产品广告宣传,花费10万元,这10万元广告费应该确认为企业的费用。但是,企业处置固定资产发生净损失5万元,这5万元净损失与企业日常经营活动无关,不能作为企业的费用,只能作为损失确认为营业外支出。

(2) 费用会导致所有者权益的减少。因费用所引起的经济利益流出表现为企业资产减少或者负债增加,最终会导致所有者权益减少。费用会导致所有者权益的减少,不导致所有者权益减少的经济利益流出不应确认为费用。例如,企业用银行存款300万元购买生产用原材料,尽管使企业经济利益流出了300万元,但不会导致企业所有者权益的减少,它使企业增加了另外一项资产(存货),在这种情况下,不能将该经济利益的流出确认为费用。

(3) 费用是与向所有者分配利润无关的经济利益的总流出。费用使企业资产减少或者负债增加,但这种经济利益的流出不包括向所有者分配利润引起的经济利益流出。

2. 费用的确认条件

费用的确认除了应当符合定义外,至少应当符合以下条件:①与费用相关的经济利益应当很可能流出企业;②经济利益流出企业的结果会导致资产的减少或者负债的增加;③经济利益的流出额能够可靠地计量。

符合费用定义和费用确认条件的项目,应当列入利润表。

费用的确认应当注意:

(1) 企业为生产产品、提供劳务等发生的可归属于产品成本、劳务成本等的费用,应当在确认产品销售收入、劳务收入等时,将已销售产品、已提供劳务的成本等计入当期损益。

(2) 企业发生的支出不产生经济利益的,或者即使能够产生经济利益但不符合或者不再符合资产确认条件的,应当在发生时确认为费用,计入当期损益。

(3) 企业发生的交易或者事项导致其承担了一项负债而又不确认为一项资产的,应当在发生时确认为费用,计入当期损益。

3. 费用的分类

第一,费用按其用途和得到补偿的时间不同分为形成产品成本的生产费用和不形成产品成本的期间费用。

生产费用是指与企业日常生产经营活动有关的费用,按其经济用途可分为直接材料、直接人工和制造费用。生产费用应按其实际发生情况计入产品的生产成本;对于生产几种产品共同发生的生产费用,应当按照受益原则,采用适当的方法和程序分配计入相关产品的生产成本。

生产费用按照计入产品成本的方式可分为:

(1) 直接费用。它是指为生产产品或提供劳务所发生的费用,包括直接人工、直接材料和其他直接费用。直接费用与营业收入有明确的因果关系,应直接计入生产经营成本,与营业收入进行配比。

(2) 间接费用。它是指为生产商品、提供劳务而发生的共同性费用。这些费用同提供的商品与劳务也具有一定的因果关系,但需要采用一定的标准分配计入生产经营成本,并与营业收入相配比。

期间费用是指企业本期发生的、不能直接或间接归入产品生产成本,而应直接计入当期损益的各项费用,包括管理费用、销售费用和财务费用。

第二,费用按照与收入的配比关系不同,可以分为营业成本和期间费用两大部分。

营业成本包括主营业务成本、其他业务成本等。

第三,费用按经济内容又分为主营业务成本、税金及附加、其他业务成本、期间费用、投资损失、所得税费用等。

(六) 利润

1. 利润的含义与特征

利润是指企业在一定会计期间的经营成果。通常情况下,如果企业实现了利润,表明企业的所有者权益将增加,业绩得到了提升;反之,如果企业发生了亏损(即利润为负数),表明企业的所有者权益将减少,业绩下降。利润是评价企业管理层业绩的指标之一,也是投资者等财务会计报告使用者进行决策时的重要参考依据。

2. 利润的确认条件

利润反映收入减去费用、直接计入当期利润的利得减去损失后的净额。利润的确认主要依赖于收入和费用,以及直接计入当期利润的利得和损失的确认,其金额的确定也主要取决于收入、费用、利得、损失金额的计量。

3. 利润的分类

利润包括收入减去费用后的净额、直接计入当期损益的利得和损失等。其中,收入减去费用后的净额反映企业日常活动的经营业绩;直接计入当期损益的利得和损失反映企业非日常活动的业绩。

直接计入当期损益的利得和损失,是指应当计入当期损益、最终会引起所有者权益发生增减变动的、与所有者投入资本或者向所有者分配利润无关的利得或者损失。企业应当严格区分收入和利得、费用和损失,以便全面反映企业的经营业绩。

利润是应当列入利润表的项目。利润通常包括以下项目:

(1) 营业利润,即营业收入减去营业成本、税金及附加、期间费用和资产减值损失,加上公允价值变动收益(减损失)和投资收益(减损失)后的余额。

(2) 利润总额,即营业利润加营业外收支差额后的余额。

(3) 净利润,即利润总额减去所得税费用后的差额。

其关系表现为:

营业收入
　　减：营业成本
　　　　税金及附加
　　　　销售费用
　　　　管理费用
　　　　财务费用
　　　　资产减值损失
　　加：公允价值变动收益
　　　　投资收益
营业利润
　　加：营业外收入
　　减：营业外支出
利润总额
　　减：所得税费用
净利润

以上六大会计要素，在《企业会计准则》中分别作了详细说明。会计要素的划分是设置会计科目和账户、构筑基本会计报表框架的依据，在会计核算上具有重要的意义。

三、会计要素的计量

会计要素的计量是为了将符合确认条件的会计要素登记入账并列报于财务报表而确定其金额的过程。企业应当按照规定的会计计量属性进行计量，确定相关金额。

（一）会计计量属性及其构成

会计计量属性是指会计要素的数量特征或外在表现形式，反映了会计要素金额的确定基础，主要包括历史成本、重置成本、可变现净值、现值和公允价值等。

1. 历史成本

历史成本又称为实际成本，是指为取得或制造某项财产物资实际支付的现金或其他等价物。

在历史成本计量下，资产按照购置时支付的现金或者现金等价物的金额，或者按照购置资产时所付出的对价的公允价值计量；负债按照因承担现时义务而实际收到的款项或者资产的金额，或者承担现时义务的合同金额，或者按照日常活动中为偿还负债预期需要支付的现金或者现金等价物的金额计量。

历史成本计量要求对企业资产、负债和所有者权益等项目的计量，应当基于经济业务的实际交易成本，而不考虑随后市场价格变动的影响。例如，在企业外购固定资产的计量中，外购固定资产的成本包括购买价款、进口关税等相关税费以及使固定资产达到预定可使用状态前发生的可归属于该项资产的包装费、运输费、装卸费、安装费等。假定某企业购买不需要安装的设备一台，价款200万元，增值税额26万元，另支付运输费0.3万元（不考虑增值税因素），包装费0.1万元，款项以银行存款支付。则该固定资产按历史成本计价，其金额为200.4万元。

历史成本具有可靠性，而且其计量的实践经验和理论很丰富。但是，成本属性只能反映资源的存在,反映资源过去和现在用到何处,不能代表可能产生的未来经济利益对资源委托者的报酬。尤其是在物价变动明显时,其可比性、相关性下降,经营业绩和持有收益不能分清,非货币性资产和负债出现会低估,难以真实揭示企业的财务状况。

2. 重置成本

重置成本又称现行成本,是指按照当前市场条件,重新取得同样一项资产所需要支付的现金或者现金等价物的金额。

在重置成本计量下,资产按照现在购买相同或者相似资产所需支付的现金或者现金等价物的金额计量。负债按照现在偿付该项债务所需支付的现金或者现金等价物的金额计量。

如企业进行财产清查时发现盘盈固定资产一项,此时对于该盘盈的固定资产则采用重置成本进行计量,即以该盘盈固定资产相同规格型号、相同新旧程度的固定资产的价值作为其重置成本,对其进行计量入账。

重置成本这种计量属性能够避免因价格变动的收益虚计,较为客观地评价企业的管理业绩。但重置成本确定较为困难,无法与原持有资产完全吻合,从而影响信息的可靠性;其次,重置成本仍然不能消除货币购买力变动的影响,也无法以持有资本的形式解决资本保值问题,使以后的生产能力难以得到补偿。

3. 可变现净值

可变现净值是指在正常的生产经营过程中,以预计售价减去进一步加工成本和预计销售费用以及相关税费后的净值。

在可变现净值计量下,资产按照其正常对外销售所能收到现金或者现金等价物的金额扣减该资产至完工时估计将要发生的成本、估计的销售费用以及相关税费后的金额计量。

可变现净值又称预期脱手价格。这种计量属性能反映预期变现能力,评价企业的财务应变能力,消除费用分摊的主观随意性。可变现净值作为资产的现实价值与决策的相关性较强,但不适用于所有资产,因为它无法反映企业预期使用资产的价值,因而并非所有资产、负债都有变现价值。同时,可变现净值计量属性的缺陷在于违背了持续经营假设,即假设企业资源随时处于清算状态。

4. 现值

现值是指对未来现金流量以恰当的折现率进行折现后的价值,是考虑货币时间价值的一种计量属性。

在现值计量下,资产按照预计从其持续使用和最终处置中所产生的未来净现金流入量的折现金额计量。负债按照预计期限内需要偿还的未来净现金流出量的折现金额计量。

现值计量属性考虑了货币时间价值,与决策的相关性最强,现值计量属性能够体现经管责任的全部要求。然而,由于现值计量基于一系列假设与判断,难以实现"硬"计量,其未来现金流入量现值是不确定的,与决策的可靠性较差。

决策者的决策模式和信息要求决定了会计信息的内容、种类和披露的深浅程度。随着我国在更大范围和更深程度上参与国际经济合作与竞争,现值计量属性必将发挥越来越大的作用。

5. 公允价值

公允价值是指市场参与者在计量日发生的有序交易中,出售一项资产所能收到或者转移一项负债所需支付的价格。

在公允价值计量下,资产和负债按照在公平交易中,熟悉情况的交易双方自愿进行资产交换或者债务清偿的金额计量。

在存在市场交易价格的情况下,交换价格即为公允价值。因此,市价是所有市场参与者充分考虑了某项资产或负债未来现金流量及其不确定性风险之后所形成的共识,若没有相反的证据表明所进行的交易是不公正的或非出于自愿的,市场交易价格即为资产或负债的公允价值。

公允价值计量具有较强的相关性。用户通过公允价值信息可以了解企业当前所持有的资产负债的真实价值,从而作出对企业风险及管理业绩的评价。公允价值对于资产,尤其是虚拟资产和软性资产的计量,具有较强的适应性。比如,"期货""期权""远期合约""互换"等,这些衍生金融工具只产生合约的权利或义务,而交易或事项并未发生。从法律的角度看,由于签约双方之间的报酬与风险已开始转移,为了使会计信息使用者了解正在发生的业务的现时信息以及其对企业未来财务状况和经济活动影响的可能程度,企业运用公允价值能够很好地解决会计对该业务进行确认、计量方面的问题。因为公允价值是理智双方在无干扰情况下,自愿进行交换的价值,其价值的确定并不取决于业务是否发生。因此,会计在任何时候都可以按公允价值对衍生金融工具产生的权利、义务进行计量和反映,并向信息使用者提供信息。

(二) 计量属性的运用原则

在各种会计要素计量属性中,历史成本通常反映的是资产或负债过去的价值,而重置成本、可变现净值、现值以及公允价值通常反映资产或负债的现时成本或者现时价值。企业在对会计要素进行计量时,一般应当采用历史成本。采用重置成本、可变现净值、现值、公允价值计量的,应当保证所确定的会计要素金额能够持续取得并可靠地计量。

【例2-6·单项选择题】 企业在对会计要素进行计量时,一般应当采用(   )。
A. 现值   B. 重置成本   C. 历史成本   D. 公允价值
【答案】 C

【例2-7·单项选择题】 在(   )计量下,资产按照购置时支付的现金的金额计量。
A. 重置成本   B. 历史成本
C. 可变现净值   D. 现值
【答案】 B
【解析】 历史成本计量下资产按照购置时支付的现金的金额计量。

【例2-8·单项选择题】 在各种会计要素计量属性中,(   )通常反映的是资产或负债过去的价值。
A. 重置成本   B. 历史成本   C. 可变现净值   D. 现值
【答案】 B

【例2-9·多项选择题】 会计计量属性包括(   )等。
A. 权责发生制   B. 历史成本
C. 现值   D. 公允价值
【答案】 BCD

【解析】会计计量属性包括历史成本;重置成本;可变现净值;现值;公允价值。

第二节 会计等式

会计等式又称会计恒等式、会计方程式或会计平衡公式,它是表明各会计要素之间基本关系的等式。会计等式揭示了会计要素之间的内在联系,是制定各项会计核算方法的理论基础。

任何一个企业要维持正常运转,就必须有现金、固定资产等资产;而这些资产的形成都必须有合法的来源,这些资金可以通过吸收别人投资获得,也可以通过负债方式取得。由于这是一个事物从两方面看待的结果,即作为表现形态的资产,作为取得来源的负债和所有者权益,所以两者总是相等的。即资产=权益或资产=负债+所有者权益。

人们创办企业的目的在于尽可能地追求利润。企业在其经营过程中,通过生产、交付商品或提供劳务等方式,赚取收入;企业为了取得收入,就必然会发生一定的支出,这些资源流出企业,就构成了费用。收入与费用相比较,收入大于费用,就形成利润;收入小于费用,就是企业发生的亏损。即收入-费用=利润。

一、会计等式的表现形式

(一)财务状况等式

财务状况等式亦称基本会计等式和静态会计等式,是用于反映企业某一特定时点资产、负债和所有者权益三者之间平衡关系的会计等式。即:

$$资产=负债+所有者权益$$

该等式体现了同一资金的两个不同侧面:资金存在形态与资金来源渠道。

这一等式是复式记账法的理论基础,也是编制资产负债表的依据。

一个企业要开展生产经营活动,首先必须拥有一定数量的资产,如库存现金、银行存款等货币资金,或是材料、机器设备等实物资产等。资产是企业正常经营的物质基础。通常,企业的资产主要依托投资者的原始投入。此外,企业还可以通过向债权人举债的方式获取资产。显而易见,企业资产的来源无外乎投资者和债权人这两大途径。

权益是指资产的提供者对企业资产所拥有的权利。权益和资产密切相连,是对同一个企业的经济资源从两个不同的角度所进行的表述。资产表明的是企业经济资源存在的形式及分布情况。而权益则表明的是企业经济资源所产生的利益的归属。因此资产与权益从数量上总是相等的,有多少资产就应有多少权益,用公式表示即为:

$$资产 = 权益$$

由于企业资产的出资人包括投资者和债权人,因而对资产的要求权自然分为投资者权益和债权人权益。债权人权益,即负债,要求企业到期还本付息的权利。投资者权益或所有者权益,是指所有者对企业资产抵减负债后的净资产所享有的权利。所有者与债权人享有的索偿权从性质上完全不同,债权人对企业资产有索偿权,投资者提供的资产一般不规定偿还期限,也不规定企业应定期偿付的资产报酬。但享有在金额上等于投入资本加上企业自创立以来所累计的资本增值。因此,所有者权益又称净权益,权益由负债和所有者权益组成,用公式表示即为:

$$权益 = 负债 + 所有者权益$$

基于法律上债权人权益优于所有者权益,则上述会计恒等式表达为:

$$资产 = 负债 + 所有者权益$$

不论在什么时候去观察资金运动的相对静止状态,资产、负债和所有者权益的数量总是保持平衡关系。

【案例分析】 王雯同学毕业后开办企业,发生了一系列经济活动,试从会计等式的角度分析会计要素之间的关系。

【假设1】 王雯同学毕业后开办了一家洗衣店,自己投入用于经营的财产包括:洗衣设备一套,价值50 000元,必需的耗材(如洗涤用品等)5 000元,周转用现金5 000元。

【分析】 洗衣设备、必需的耗材、周转用现金这些都是洗衣店的资产,共计60 000元。从两方面看待这些资产:

(1) 任何资产只不过是经济资源的一种存在形式,或表现为机器设备,或表现为现金、材料等。

(2) 这些资产总是有一定来源的,王雯同学开办洗衣店的资金是投资者投入的,属于所有者权益。

$$资产(60\ 000) = 负债(0) + 所有者权益(60\ 000)$$

【假设2】 洗衣店开业不久,急需增加一套高档熨烫设备,但是,王雯已无力自己投资购买这套设备,于是,她向银行借款40 000元,用于购买熨烫设备。

【分析】 洗衣店的资产增加到了100 000元,同时,对资产的求偿权也相应地增加了。不同的是,这次增加的资产是通过借款形成的,有固定的偿还期限。

$$资产(40\ 000 + 60\ 000) = 负债(40\ 000) + 所有者权益(60\ 000)$$

(二) 经营成果等式

经营成果等式亦称动态会计等式,是用于反映企业一定时期收入、费用和利润之间恒等关系的会计等式。即:

$$收入 - 费用 = 利润$$

这一等式反映了利润的实现过程,是编制利润表的依据。

企业运用债权人和投资者所提供的资产,经其经营运作后获得收入,同时以发生相关费用为代价。收入与费用相比较,收入大于费用,就形成利润;收入小于费用,就是企业发生的亏损。

【假设3】 洗衣店开业的第一个月,营业收入为12 000元,费用共计9 000元。

【分析】 洗衣店的收入为12 000元,费用共计9 000元,则利润额如下:

$$利润(3\ 000) = 收入(12\ 000) - 费用(9\ 000)$$

(三) 资产、负债、所有者权益、收入、费用和利润之间的数量关系

一般来说,收入总会导致资产的增加(或负债的减少),费用的发生会相应消耗企业的资产(或增加企业的负债);收入和费用抵减的净结果,都应归所有者来承担。而无论是盈利还是亏损。即凡是收入,会引起资产的增加或是负债的减少,进而使所有者权益增加;凡是费用,会引起资产的减少或是负债的增加,进而使所有者权益减少。因此在会计期中,会计恒等式又有如下的转化形式:

$$资产 = 负债 + 所有者权益 + (收入 - 费用)$$
$$资产 = 负债 + 所有者权益 + 利润$$

由两个会计等式综合而成的该等式表明会计主体的财务状况与经营成果之间的相互关系,全面完整地反映企业财务状况和经营成果,是设置账户、复式记账的理论基础。

收入与费用两大会计要素记载的经济业务事项,依据配比原则并通过结账形成利润,利润应归属于所有者,是所有者权益的一部分,最终转化为所有者权益。因此,在会计期末,会计恒等关系又恢复至其基本形式,即为:

$$资产 = 负债 + 所有者权益$$

【假设 4】 洗衣店开业当月所发生的全部收入 12 000 元都已收到现金,而费用也都是资产的耗费 9 000 元,如现金的支出、洗涤用品的消耗等。

【分析】 洗衣店的收入为 12 000 元,导致资产增加 12 000 元;费用共计发生 9 000 元,导致资产减少 9 000 元,因此资产变成 103 000 元(100 000 + 12 000 - 9 000)。

根据等式"资产 + 费用 = 负债 + 所有者权益 + 收入":

$$100\ 000 + (12\ 000 - 9\ 000) + 9\ 000 = 40\ 000 + 60\ 000 + 12\ 000$$

由于企业实现的利润归所有者,因此资产增加 3 000 元最终导致所有者权益增加了 3 000 元。

根据变化后的等式"资产 = 负债 + 所有者权益":

$$100\ 000 + 3\ 000 = 40\ 000 + (60\ 000 + 3\ 000)$$

【例 2-10·单项选择题】 某企业资产总额为 100 万元,负债为 20 万元,在以银行存款 30 万元购进材料,并以银行存款 10 万元偿还借款后,资产总额为( )万元。

A. 60 B. 90 C. 50 D. 40

【答案】 B

【解析】 以银行存款 30 万元购进材料,不影响资产总额,以银行存款 10 万元偿还借款,导致资产减少 10 万元,负债增加 10 万元,所以资产总额为 90 万元(100 - 10)。

【例 2-11·多项选择题】 企业向银行借款 10 万元,存入银行,这项业务引起( )的增减变化。

A. 资产 B. 负债
C. 所有者权益 D. 收入

【答案】 AB

【解析】 向银行借款 10 万元,存入银行,导致银行存款增加 10 万元,银行借款增加 10 万元,即资产增加 10 万元,负债增加 10 万元。

【例 2-12·多项选择题】 能够引起资产与权益同时增加的经济业务有( )。
A. 投资者追加投入机器设备一台
B. 用银行存款支付应付账款
C. 向银行借入一笔款项存入银行
D. 预收客户定金存入银行

【答案】 ACD

【解析】 投资者追加投入机器设备一台导致企业资产增加,所有者权益增加,符合题目要求。用银行存款支付应付账款导致资产减少,负债减少,不符合题目要求。向银行借款导致资产增加,负债增加,符合题目要求。预收客户定金存入银行,导致资产增加,负债增加,符合题目要求。

【例 2-13·判断题】 经济业务的发生,可能对会计等式的平衡产生影响。 ( )

【答案】 ×

【解析】 企业经济活动的发生,只是表现在数量上影响企业资产总额与权益总额的同时增减变化,并不会破坏这一基本的恒等关系。

二、经济业务对会计等式的影响

(一) 经济业务的概念

经济业务又称会计事项,是指在经济活动中使会计要素发生增减变动的交易或者事项。

交易是指会计主体与外界一切单位或个人发生的经济活动。例如,购买材料、销售产品、向银行借款、吸收投资等。

事项是指会计主体内部各部门之间发生的资金活动。例如,领用材料、固定资产计提折旧、分配费用等。

(二) 经济业务发生对会计等式的影响

1. 经济业务所引起的资产与权益变化的四种情况

任何企业经济业务的发生,都会引起资产、负债和所有者权益发生变化,但这种变化不会破坏"资产=负债+所有者权益"这一会计等式的平衡关系。企业发生的任何经济业务所引起的资产与权益的变化无非是以下四种情况(见图2-1):①资产与权益同时增加;②资产与权益同时减少;③资产之间有增有减;④权益之间有增有减。

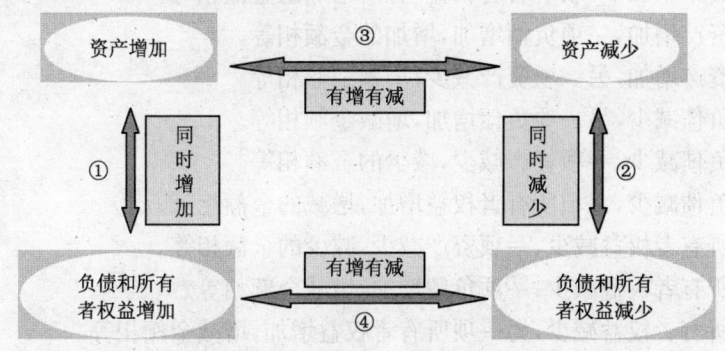

图2-1 经济业务所引起的资产与权益变化的四种情况

资产与权益的恒等关系,是复式记账法的理论基础,也是编制资产负债表的依据。

(1) 资产与权益同时等额增加。等式两边同增,增加金额相等,不破坏会计基本等式。

【例2-14】 甲企业收到投资者追加的投资100 000元,款项存入银行。

该经济业务的发生使企业的资产方(银行存款)增加100 000元,即等式左边的资产增加了100 000元,同时使等式右边的权益方(实收资本)也增加100 000元。由于资产与权益同时等额增加,没有改变会计基本等式的平衡关系。

(2) 资产方等额有增有减,权益不变。资产方项目之间此增彼减,但资产总额与权益总额都不会发生变化(即等式左边此增彼减,增加减少金额相等),不破坏会计基本等式。

【例2-15】 1月15日,甲企业用银行存款20 000元购入一批原材料。

该经济业务的发生,使企业的资产方一项资产(原材料)增加20 000元,而另一项资产(银行存款)减少了20 000元,等式左边一增一减,且增减金额相等。资产内部发生增减变动,但资产总额不变,权益总额也不变,会计等式仍然保持平衡。

(3) 资产与权益同时等额减少。资产与权益(负债或所有者权益)同时等额减少(即等式两边同减,减少金额相等),不破坏会计基本等式。

【例2-16】 甲企业用银行存款归还所欠乙企业的货款10 000元。

该经济业务的发生,使企业资产方(银行存款)减少了10 000元,使权益方(应付账款)减少了10 000元。等式两边资产与权益等额减少10 000元,等式仍然成立。

(4) 权益方等额有增有减,资产不变。等式右边不同项目之间此增彼减,但权益总额和资产总额都不会发生变化(即等式右边此增彼减,增加减少金额相等),不破坏会计基本等式。

【例2-17】 甲企业经批准同意以资本公积20 000 000元转增实收资本。

该经济业务的发生,使权益方(资本公积)减少了20 000 000元,而实收资本增加了20 000 000元,权益方一个项目增加,另一个项目减少,增加和减少金额相等,权益总额不变,不破坏会计基本等式。

2. 企业经济业务对财务状况等式影响的九种基本类型

拓展开来,就"资产=负债+所有者权益"等式而言,经济业务的发生引起会计要素的变动同样不改变该等式的恒等性。

企业发生的所有经济业务对资产、负债和所有者权益的影响,都可概括为以下九种类型:

(1) 一项资产增加,一项所有者权益增加,增加的金额相等。
(2) 一项资产增加,一项负债增加,增加的金额相等。
(3) 一项资产增加,另一项资产减少,增减金额相等。
(4) 一项负债减少,另一项负债增加,增减金额相等。
(5) 一项负债减少,一项资产减少,减少的金额相等。
(6) 一项负债减少,一项所有者权益增加,增减的金额相等。
(7) 一项所有者权益减少,一项资产减少,减少的金额相等。
(8) 一项所有者权益减少,一项负债增加,增减金额相等。
(9) 一项所有者权益减少,另一项所有者权益增加,增减金额相等。

这九种类型的经济业务都会直接影响到资产、负债和所有者权益数量上的增减变化,但始终不会破坏会计等式的平衡关系。

现以企业2019年1月份发生的部分经济业务事项为例，对上述九类基本业务事项作出具体说明。

（1）资产项目此增彼减。

【例2-18】 企业以银行存款30 000元购入设备一台。

这笔业务使该企业资产中的固定资产增加30 000元，该企业因这一项投资使资产中的银行存款减少，两者金额均为30 000元。这笔业务对会计等式的影响如表2-1所示。

表2-1　　　　　　　　　　　　　　　　　　　　　　　　　　　　　　　　　　　单位:元

项　目	资产	=	负债	+	所有者权益
经济业务事项发生前	10 000 000		1 500 000		8 500 000
经济业务事项引起的变动	+30 000				
	−30 000				
经济业务事项发生后	10 000 000		1 500 000		8 500 000

（2）资产和负债同时增加。

【例2-19】 企业赊购材料10 000元。

这笔业务增加了材料，即存货资产。同时，也使企业的负债中的应付账款增加，两者的金额均为10 000元。这笔业务对会计等式的影响如表2-2所示。

表2-2　　　　　　　　　　　　　　　　　　　　　　　　　　　　　　　　　　　单位:元

项　目	资产	=	负债	+	所有者权益
经济业务事项发生前	10 000 000		1 500 000		8 500 000
经济业务事项引起的变动	+10 000		+10 000		
经济业务事项发生后	10 010 000		1 510 000		8 500 000

（3）资产和所有者权益同时增加。

【例2-20】 企业收到投资者投入资金1 000 000元。

这笔业务使企业资产中的银行存款增加，同时也使得所有者权益中的实收资本增加，两者金额均为1 000 000元。这笔业务对会计等式的影响如表2-3所示。

表2-3　　　　　　　　　　　　　　　　　　　　　　　　　　　　　　　　　　　单位:元

项　目	资产	=	负债	+	所有者权益
经济业务事项发生前	10 010 000		1 510 000		8 500 000
经济业务事项引起的变动	+1 000 000				+1 000 000
经济业务事项发生后	11 010 000		1 510 000		9 500 000

（4）资产和负债同时减少。

【例2-21】 企业以银行存款40 000元偿还前欠的材料购货款。

这笔业务使企业资产中的银行存款减少，而这一减少的存款正好予以弥补应付账款，使负债也发生减少，两者金额均为40 000元。这笔业务对会计等式的影响如表2-4所示。

表 2-4　　　　　　　　　　　　　　　　　　　　　　　　　　　　单位:元

项　目	资产	=	负债	+	所有者权益
经济业务事项发生前	11 010 000		1 510 000		9 500 000
经济业务事项引起的变动	−40 000		−40 000		
经济业务事项发生后	10 970 000		1 470 000		9 500 000

(5) 资产和所有者权益同时减少。

【例 2-22】 企业以银行存款 20 000 元分配股利。

这笔业务使企业资产中的银行存款减少,同时利润分配导致所有者权益减少,两者金额均为 20 000 元。这笔业务对会计等式的影响如表 2-5 所示。

表 2-5　　　　　　　　　　　　　　　　　　　　　　　　　　　　单位:元

项　目	资产	=	负债	+	所有者权益
经济业务事项发生前	10 970 000		1 470 000		9 500 000
经济业务事项引起的变动	−20 000				−20 000
经济业务事项发生后	10 950 000		1 470 000		9 480 000

(6) 负债增加,所有者权益减少。

【例 2-23】 企业宣告分派股利 25 000 元。

这笔业务由于股利未付,使企业负债中的应付股利增加,同时通过利润分配导致所有者权益减少,两者金额均为 25 000 元。这笔业务对会计等式的影响如表 2-6 所示。

表 2-6　　　　　　　　　　　　　　　　　　　　　　　　　　　　单位:元

项　目	资产	=	负债	+	所有者权益
经济业务事项发生前	10 950 000		1 470 000		9 480 000
经济业务事项引起的变动			+25 000		−25 000
经济业务事项发生后	10 950 000		1 495 000		9 455 000

(7) 负债减少,所有者权益增加。

【例 2-24】 企业与某债权人达成协议,将其 100 000 元应付账款转为对本企业的投资。

这笔业务使企业负债中的应付账款减少,同时所有者权益中的实收资本增加,两者金额均为 100 000 元。这笔业务对会计等式的影响如表 2-7 所示。

表 2-7　　　　　　　　　　　　　　　　　　　　　　　　　　　　单位:元

项　目	资产	=	负债	+	所有者权益
经济业务事项发生前	10 950 000		1 495 000		9 455 000
经济业务事项引起的变动			−100 000		+100 000
经济业务事项发生后	10 950 000		1 395 000		9 555 000

(8) 负债项目此增彼减。

【例 2-25】 企业向银行取得短期借款,直接偿还应付账款 80 000 元。

这笔业务使企业增加了负债项目的短期借款,同时取得的短期借款直接用于冲减短期借款,使应付账款金额减少,两者金额均为 80 000 元。这笔业务对会计等式的影响如表 2-8 所示。

表 2-8   单位:元

项目	资产	=	负债	+	所有者权益
经济业务事项发生前	10 950 000		1 395 000		9 555 000
经济业务事项引起的变动			+80 000		
			−80 000		
经济业务事项发生后	10 950 000		1 395 000		9 555 000

(9) 所有者权益项目此增彼减。

【例 2-26】 企业以盈余公积 300 000 元转增资本。

这笔业务一方面使企业所有者权益中的盈余公积减少,另一方面使企业所有者权益中的另一个项目实收资本增加,两者金额均为 300 000 元。这笔业务对会计等式的影响如表 2-9 所示。

表 2-9   单位:元

项目	资产	=	负债	+	所有者权益
经济业务事项发生前	10 950 000		1 395 000		9 555 000
经济业务事项引起的变动					+300 000
					−300 000
经济业务事项发生后	10 950 000		1 395 000		9 555 000

上述九类基本经济业务的发生均不影响财务状况等式的平衡关系,具体分为三种情形:基本经济业务(1)、(6)、(7)、(8)、(9)使财务状况等式左右两边的金额保持不变;基本经济业务(2)、(3)使财务状况等式左右两边的金额等额增加;基本经济业务(4)、(5)使财务状况等式左右两边的金额等额减少。但无论是上述哪一种情况,均不会破坏资产、负债和所有者权益之间的数量恒等关系。

实际中,还可能涉及一些更为复杂的情形。

【例 2-27】 企业购买机器设备一台,价值 50 500 元,其中 50 000 元以转账支票支付,余款以库存现金付讫。

这笔经济使企业资产项目中的固定资产增加 50 500 元,银行存款减少 50 000 元,库存现金减少 500 元。这笔业务对会计等式的影响如表 2-10 所示。

表 2-10   单位:元

项目	资产	=	负债	+	所有者权益
经济业务事项发生前	10 950 000		1 395 000		9 555 000
经济业务事项引起的变动	+50 500				
	−50 000				
	−500				
经济业务事项发生后	10 950 000		1 395 000		9 555 000

虽然这笔业务涉及两个以上的项目,但总体上仍属于资产项目此增彼减的基本业务类型,对会计等式的数量平衡关系没有任何影响。

【例2-28】 企业向银行取得600 000元的长期借款,其中500 000元直接用于偿还短期借款,余款存入银行。

这笔经济使企业负债中的长期借款增加600 000元,短期借款减少500 000元,资产项目中的银行存款增加100 000元。这笔业务对会计等式的影响如表2-11所示。

表2-11   单位:元

项目	资产	=	负债	+	所有者权益
经济业务事项发生前	10 950 000		1 395 000		9 555 000
经济业务事项引起的变动	+100 000		+600 000		
			−500 000		
经济业务事项发生后	11 050 000		1 495 000		9 555 000

这笔业务同时包含了负债项目此增彼减和资产与负债同时增加两种基本业务类型。这一类会计事项称为复合业务。同时,正如上述分析所示,复合业务同样不对会计恒等关系产生任何影响。

通过以上分析,可以总结出,这九种类型的经济业务归纳起来有两大规律:

第一,经济业务发生,影响会计恒等式等号两边会计要素发生的增减变化。其规律是:同时等额增加或同时等额减少。

第二,经济业务发生,只影响会计恒等式一边会计要素发生增减变化。其规律是:等额的有增有减。

总之,明确会计事项的类型,对于会计核算,尤其是复式记账的运用具有重要的意义。

一、单项选择题

1. 利润是企业在一定时期的(   )。
   A. 财务状况   B. 经营成果   C. 营业利润   D. 营业收入
2. 经济业务发生仅涉及负债这一会计要素时,只引起该要素中某些项目发生(   )的变动。
   A. 同增   B. 同减   C. 一增一减   D. 不增不减
3. 某企业资产总额为100万元,当发生下列三笔经济业务后:
   (1)向银行借款10万元存入银行;(2)用银行存款偿还应付账款5万元;(3)收回应收账款2万元存入银行,其负债和所有者权益总计为(   )万元。
   A. 107   B. 105   C. 117   D. 112
4. 以银行存款交纳所得税,所引起的变化为(   )。
   A. 一项资产减少,一项所有者权益减少
   B. 一项资产减少,一项负债减少
   C. 一项负债减少,一项负债增加
   D. 一项资产减少,一项资产增加

5. 下列各项中,引起资产和负债同时增加的经济业务是( )。
   A. 用银行存款购买电视机一台　　B. 以现金支付前欠货款
   C. 收回应收账款存入银行　　　　D. 购买材料一批,货款尚未支付
6. 负债是指企业由于过去的交易或事项形成的( )。
   A. 过去义务　　B. 现时义务　　C. 将来义务　　D. 永久义务

二、多项选择题

1. 根据我国《企业会计准则》的规定,会计要素包括( )。
   A. 资产和费用　　B. 负债和收入　　C. 所有者权益　　D. 利润
2. 资产可以( )。
   A. 是货币性的　　B. 是非货币性的　　C. 具有实物形态　　D. 没有实物形态
3. 下列各项中,属于流动负债的有( )。
   A. 短期借款　　B. 应付账款　　C. 预收账款　　D. 应交税费
4. 所有者权益包括( )。
   A. 投入资本　　B. 资本公积　　C. 盈余公积　　D. 未分配利润
5. 企业的投入资本包括( )。
   A. 国家资本　　B. 法人资本　　C. 个人资本　　D. 外商资本
6. 若一项经济业务发生后引起银行存款减少10 000元,那么相应地有可能引起( )。
   A. 无形资产增加10 000元　　　　B. 短期借款增加10 000元
   C. 长期应付款减少10 000元　　　D. 应付账款减少10 000元
7. 经济业务的类型可以有( )。
   A. 引起资产要素或负债要素或所有者权益要素中某些对应项目发生有增有减变化
   B. 同时涉及资产和负债要素或资产和所有者权益要素对应项目发生同增或同减变化
   C. 同时涉及负债或所有者权益要素对应项目发生增(减)或减(增)变化
   D. 引起资产和负债要素或资产和所有者要素对应项目发生有增有减变化
8. 下列经济业务中,会引起会计恒等式两边同时发生增减变动的有( )。
   A. 用银行存款偿还前欠应付账款　　B. 购进机器设备,款项暂欠
   C. 投资人以一项专利权投资企业　　D. 向银行取得借款,存入银行
9. 每一个账户都可以登记的金额要素有( )。
   A. 期初余额　　　　　　　　　　B. 期末余额
   C. 本期借方发生额　　　　　　　D. 本期贷方发生额

三、判断题

1. 预收账款是资产,预付账款是负债。　　　　　　　　　　　　　　　　　　( )
2. 资产包括固定资产和流动资产两部分。　　　　　　　　　　　　　　　　　( )
3. 资产和权益在数量上始终是相等的。　　　　　　　　　　　　　　　　　　( )
4. 无形资产是指没有实物形态的资产。　　　　　　　　　　　　　　　　　　( )

四、业务题

某工贸有限公司2019年5月发生的经济业务如下:
1. 用银行存款购买材料1 000元。
2. 用银行存款支付前欠A单位货款4 000元。

3. 用盈余公积弥补职工福利费 800 元。
4. 从银行借入长期借款,存入银行 40 000 元。
5. 收到所有者投入的设备 400 000 元。
6. 向国外进口设备 100 000 元款未付。
7. 用银行存款归还长期借款 40 000 元。
8. 企业以固定资产向外单位投资 30 000 元。
9. 用银行借款归还前欠 B 单位货款 10 000 元。
10. 将盈余公积 8 000 元转作资本。
11. 企业所有者甲代企业归还银行借款 40 000 元,并将其转为投入资本。

要求:分析上列各项经济业务的类型后,填入表 2-12。

表 2-12　　　　　　　　　经济业务类型

类　型	经济业务序号
1. 一项资产增加,另一项资产减少	
2. 一项负债增加,另一项负债减少	
3. 一项所有者权益增加,另一项所有者权益减少	
4. 一项资产增加,一项负债增加	
5. 一项资产增加,一项所有者权益增加	
6. 一项资产减少,一项负债减少	
7. 一项资产减少,一项所有者权益减少	
8. 一项负债减少,一项所有者权益增加	
9. 一项负债增加,一项所有者权益减少	

第三章 会计科目与账户

 学习目标

(一) 知识目标

目标1 理解和掌握会计科目与账户的概念
目标2 掌握会计科目与账户的分类
目标3 熟悉会计科目设置的原则
目标4 掌握账户与会计科目的关系

(二) 技能目标

目标1 能够列举会计的六大要素及其关系式
目标2 能够说出常用的会计科目名称
目标3 能够解释每类会计账户的基本结构

第一节 会 计 科 目

会计科目　　第三章第一节

一、会计科目的概念与分类

(一) 会计科目的概念

会计核算的主要对象是企业发生的各项经济业务事项,虽然通过会计要素的设置,可以使这些经济业务事项按资产、负债、所有者权益、收入、费用和利润进行分类的归纳与整理,但由于会计要素本身所涉及的内容较为复杂,因此,所提供的分类信息仍不能满足企业日常管理的需要。如果要再对会计对象的具体内容进行分类该如何分?为了能提供更为详细的分类信息,设置会计科目则成为会计核算中连续、系统、分类地对会计对象进行确认、计量、记录和报告的基础方法。

会计科目简称科目,是对会计要素的具体内容进行分类核算的项目。

设置会计科目是会计核算的一种专门方法。会计科目是复式记账的基础,会计科目是编制记账凭证的基础,会计科目为成本计算与财产清查提供了前提条件,会计科目为编制财务报表提供方便。在实际工作中,通常是先设置会计科目再依据会计科目设置账户。

(二) 会计科目的分类

会计科目可按其反映的经济内容(即所属会计要素)、所提供信息的详细程度及其统驭关系分类。

1. 按反映的经济内容分类

会计科目按其反映的经济内容不同,可分为资产类科目、负债类科目、共同类科目、所有者权益类科目、成本类科目和损益类科目。

(1) 资产类科目,是对资产要素的具体内容进行分类核算的项目,按资产的流动性分为反映流动资产的科目和反映非流动资产的科目。比如,"库存现金""银行存款""应收账款"等为流动资产科目;"固定资产""无形资产""长期股权投资"等为非流动资产科目。

(2) 负债类科目,是对负债要素的具体内容进行分类核算的项目,按负债的偿还期限分为反映流动负债的科目和反映非流动负债的科目。比如,"短期借款""应付账款""应付职工薪酬""应交税费"等为流动负债科目;"长期借款""应付债券""长期应付款"等为非流动负债的科目。

(3) 共同类科目,是既有资产性质又有负债性质的科目,主要有"清算资金往来""外汇买卖""衍生工具""套期工具""被套期项目"等科目。

(4) 所有者权益类科目,是对所有者权益要素的具体内容进行分类核算的项目,按所有者权益的形成和性质可分为反映资本的科目和反映留存收益的科目。比如,"实收资本""资本公积""盈余公积""利润分配"等科目。

(5) 成本类科目,是对可归属于产品生产成本、劳务成本等的具体内容进行分类核算的项目,按成本的内容和性质的不同可分为反映制造成本的科目、反映劳务成本的科目等。比如,"生产成本""制造费用""劳务成本"等科目。

(6) 损益类科目,是对收入、费用等的具体内容进行分类核算的项目。比如,收入类:"主营业务收入""其他业务收入";费用类:"主营业务成本""销售费用""管理费用""财务费用"等科目。

注意:会计要素分为六大类,收入和费用要素的大部分内容属于损益类,费用要素中的成本要单分为一类——成本类。而利润要素内容属于所有者权益类科目。

【例 3-1·多项选择题】 下列各项中,属于资产类科目的有(   )。

A."库存商品"　　　B."应收票据"　　　C."累计折旧"　　　D."管理费用"

【答案】 ABC

【例 3-2·多项选择题】 下列各项中,不属于负债类科目的有(   )。

A."短期借款"　　　B."应付账款"　　　C."实收资本"　　　D."预付账款"

【答案】 CD

【例 3-3·多项选择题】 下列各项中,属于所有者权益类科目的有(   )。

A."实收资本"　　　B."本年利润"　　　C."长期股权投资"　D."主营业务收入"

【答案】 AB

【例 3-4·多项选择题】 下列各项中,属于成本类科目的有(   )。

A."生产成本"　　　B."主营业务成本"　C."制造费用"　　　D."销售费用"

【答案】 AC

【例 3-5·单项选择题】 账户按经济内容分类,属于损益类科目的是(   )。

A."生产成本"　　　B."未分配利润"　　C."盈余公积"　　　D."所得税费用"

【答案】 D

【例3-6·判断题】 制造费用、税金及附加、销售费用、管理费用、财务费用均属于期间费用。（　　）

【答案】 ×

【例3-7·单项选择题】 下列各项中,属于总分类科目的是(　　)。
A."应交增值税"　　B."应付账款"　　C."专利权"　　D."专用设备"

【答案】 B

2. 按提供信息的详细程度及其统驭关系分类

会计科目按其提供信息的详细程度及其统驭关系,分为总分类科目和明细分类科目。

（1）总分类科目又称总账科目或一级科目,是对会计要素的具体内容进行总括分类,提供总括信息的会计科目。总分类科目总括反映会计要素具体内容。比如,"银行存款""固定资产""应付账款"等。总分类科目一般由国家统一规定。

（2）明细分类科目又称明细科目或细目,是对总分类科目作进一步分类,提供更为详细和具体会计信息的科目。

明细科目是详细、具体地反映会计要素具体内容的科目,它是在某一总账科目下,企业按照经济管理的需要灵活设置的,是设置明细分类账户的依据,用来辅助总账科目反映详细、具体的经济内容。

如果某一总分类科目所属的明细分类科目较多,可在总分类科目下设置二级明细科目,在二级明细科目下设置三级明细科目,如表3-1所示。

表3-1　　　　　　　　　总分类科目下设明细科目举例

总分类科目 （一级科目）	明细分类科目	
	二级科目（子目）	三级科目（细目）
原材料	原料及主要材料	钢材
		木材
	辅助材料	钉子
	燃料	汽油
		柴油

二、会计科目的设置

（一）会计科目设置的原则

设置会计科目,就是根据会计对象的具体内容和管理要求,事先规定分类核算的项目和标志的一种专门方法。总分类科目一般是在国家统一会计制度中统一规定的。明细分类科目除国家统一会计制度规定设置的以外,各单位可根据实际需要自行设置。值得一提的是,随着会计核算制度改革的进一步深化,会计核算工作将逐步实行在会计准则统一规范下由各单位自行组织的模式,企业对会计科目的选择和使用有较大的自主权和灵活性。但是,这并不是说企业可以随意使用甚至滥用会计科目。各单位由于经济业务活动的具体内容、规模大小与业务繁简程度等情况不尽相同,在具体设置会计科目时,应考虑其自身特点和具体情况,遵循以下原则：

(1) 合法性原则是指所设置的会计科目应当符合国家统一会计制度的规定。在我国,总分类科目原则上由财政部统一制定。企业可根据自身的生产经营特点,在不影响会计核算要求以及对外提供统一财务会计报告的前提下,自行增设、减少或合并某些会计科目。

(2) 相关性原则是指所设置的会计科目应该提供有关各方所需要的会计信息服务,满足对外报告与对内管理的要求。

企业必须考虑会计信息使用者对本企业会计信息的需要,考虑会计信息相关性的要求。设置会计科目应为提供有关各方所需要的会计信息服务。既要满足国家政府部门进行宏观经济管理的要求,又要满足企业加强内部经济管理的要求,以帮助企业内部管理当局作出正确的经济决策,还要满足包括投资者、债权人等在内的有关方面了解企业生产经营情况的要求。

(3) 实用性原则是指所设置的会计科目应当在符合合法性原则的前提下符合单位自身特点,满足单位实际需要。不同性质的会计主体,其会计核算对象具有不同的特点,如工业企业是以制造产品为主,为了核算和监督生产消费,就应设置"生产成本""制造费用"等科目;而施工企业主要从事工程的建造业务,则应设置"工程施工"等科目。

另外,会计科目要简明、适用,并要合理分类、科学编号,每个会计科目的核算内容应保持相对稳定。

【例3-8·多项选择题】 会计科目设置应遵循的原则有( )。
A. 合法性原则　　B. 合理性原则　　C. 实用性原则　　D. 可比性原则
【答案】 AC

(二) 会计科目的编号

会计科目的编号由国家财政部颁布的《企业会计准则——应用指南》统一规定,其目的是为了表明会计科目的性质及其所属的类别和关系,并方便会计电算化。会计科目编号的常用方法是数字编号法,总分类科目编号由四位数构成,每一位数字都有其特定的含义。从左至右的第一位数字表示会计科目的主要大类。例如,"1"为资产类,"2"为负债类,"3"为共同类,"4"为所有者权益类,"5"为成本类,"6"为损益类;第二位数字表示每一大类内部的顺序编号,表示每大类会计科目下较详细的类别;第三位和第四位数字表示具体科目名称,代表会计科目的顺序号。例如,用1001表示库存现金,用1002表示银行存款等。

(三) 常用会计科目

在我国《企业会计准则——应用指南》中,规定了企业的会计科目如表3-2所示。

表3-2　　　　　　　企业常用会计科目表

序号	编号	名称	序号	编号	名称
		(一) 资产类	5	1121	应收票据
1	1001	库存现金	6	1122	应收账款
2	1002	银行存款	7	1123	预付账款
3	1012	其他货币资金	8	1131	应收股利
4	1101	交易性金融资产	9	1132	应收利息

(续表)

序号	编号	名称	序号	编号	名称
10	1221	其他应收款	39	2501	长期借款
11	1231	坏账准备	40	2701	长期应付款
12	1401	材料采购			（三）共同类
13	1402	在途物资			（略）
14	1403	原材料			（四）所有者权益类
15	1405	库存商品	41	4001	实收资本
16	1407	商品进销差价	42	4002	资本公积
17	1408	委托加工物资	43	4101	盈余公积
18	1411	周转材料	44	4103	本年利润
19	1471	存货跌价准备	45	4104	利润分配
20	1501	持有至到期投资			（五）成本类
21	1511	长期股权投资	46	5001	生产成本
22	1601	固定资产	47	5101	制造费用
23	1602	累计折旧	48	5201	劳务成本
24	1604	在建工程			（六）损益类
25	1605	工程物资	49	6001	主营业务收入
26	1606	固定资产清理	50	6051	其他业务收入
27	1701	无形资产	51	6101	公允价值变动损益
28	1702	累计摊销	52	6111	投资收益
29	1801	长期待摊费用	53	6301	营业外收入
		（二）负债类	54	6401	主营业务成本
30	2001	短期借款	55	6402	其他业务成本
31	2201	应付票据	56	6403	税金及附加
32	2202	应付账款	57	6601	销售费用
33	2203	预收账款	58	6602	管理费用
34	2211	应付职工薪酬	59	6603	财务费用
35	2221	应交税费	60	6701	资产减值损失
36	2231	应付利息	61	6711	营业外支出
37	2232	应付股利	62	6801	所得税费用
38	2241	其他应付款			

注意：这些常用会计科目同学们要反复看，记全称，必须记住，为以后的学习打好基础。

【例3-9·判断题】 企业只能使用国家统一的会计制度规定的会计科目，不得自行增减或合并。（　　）

【答案】 ×

【解析】 企业应在合法性的基础上，根据自身的特点，设置符合企业需要的会计科目。

【例3-10·单项选择题】 下列各项中，属于明细分类科目的是（　　）。

A. "销售费用"   B. "其他应收款"   C. "盈余公积"   D. "差旅费"

【答案】 D

【例 3-11·多项选择题】 下列各项中,属于明细分类科目的有(   )。

A. "原料及辅助材料"   B. "短期借款"

C. "长期股权投资"   D. "应交增值税"

【答案】 AD

第二节 账 户

账户

第三章第二节

一、账户的概念与分类

(一) 账户的概念

设置会计科目只是对会计要素进行了分类。会计科目只是规定了会计对象具体内容的类别名称,还不能进行具体的会计核算。会计科目的内容会有增加、减少等的变化,为了连续、系统、全面地记录由于经济业务的发生而引起的会计要素的增减变动,提供各种会计信息,必须根据规定的会计科目在账簿中开设账户。

账户是按照会计科目在账簿中开设的,具有一定的格式和结构,用来全面、系统、连续记录经济业务活动,分类反映会计要素增减变动情况及其结果的载体。

账户就像每个家庭户口簿中的一页页卡片,每个家庭成员有一页卡片,每页卡片按规定的格式记录每个人的基本情况及其变动情况。

设置账户是会计核算的重要方法之一。

(二) 账户的分类

每一个账户只能记录企业经济活动的某一方面,不可能对企业的全部经济业务加以记录。而企业的经济活动作为一个整体,是需要一个相互联系的账户体系加以反映的。

账户分类就是研究这个账户体系中各账户之间存在的共性,寻求其规律,探明每一账户在账户体系中的地位和作用,以便加深对账户的认识,更好地运用账户对企业的经济业务进行反映。

按不同的标准对账户分类,可以从不同的角度认识账户,并把全部账户划分为各种类别。

账户可根据其核算的经济内容、提供信息的详细程度及其统驭关系以及按用途和结构进行分类。

第一,按经济内容分类,账户分为资产类账户、负债类账户、共同类账户、所有者权益类账户、成本类账户和损益类账户六类。

账户按经济内容分类的实质是按照会计对象的具体内容进行的分类。如前所述,经济组织的会计对象就其具体内容而言,可以归结为资产、负债、所有者权益、收入、费用和利润六个会计要素。由于利润一般隐含在收入与费用的配比中,因此,从满足管理和会计信息使用者需要的角度考虑。

（1）资产类账户按照反映流动性快慢的不同可以再分为流动资产类账户和非流动资产类账户。流动资产类账户主要有"库存现金""银行存款""交易性金融资产""应收账款""原材料""库存商品"等；非流动资产类账户主要有"长期股权投资""在建工程""固定资产""累计折旧""无形资产""长期待摊费用"等。

（2）负债类账户按照反映流动性强弱的不同可以再分为流动负债类账户和长期负债类账户。流动负债类账户主要有"短期借款""应付账款""应付职工薪酬""应交税费""其他应付款""应付利息"等；长期负债类账户主要有"长期借款""应付债券""长期应付款"等。

（3）共同类账户，是既有资产性质又有负债性质的账户，主要有"清算资金往来""外汇买卖""衍生工具""套期工具""被套期项目"等账户。

（4）所有者权益类账户按照来源和构成的不同可以再分为投入资本类所有者权益账户和资本积累类所有者权益账户。投入资本类所有者权益账户主要有"实收资本""资本公积"等；资本积累类所有者权益账户主要有"盈余公积""本年利润""利润分配"等。

（5）成本类账户按照是否需要分配可以再分为直接计入类成本账户和分配计入类成本账户。直接计入类成本账户主要有"生产成本""劳务成本""工程施工"等；分配计入类成本账户主要有"制造费用"等。

（6）损益类账户是指按照损益类会计科目开设的，用于具体核算和监督企业生产经营过程中的收益和费用、损失，以便计算确定损益的账户，主要有"主营业务收入""其他业务收入""公允价值变动损益""投资收益""营业外收入""主营业务成本""税金及附加""其他业务成本""销售费用""管理费用""财务费用""资产减值损失""营业外支出""所得税费用""以前年度损益调整"等。

第二，根据提供信息的详细程度及其统驭关系，账户分为总分类账户和明细分类账户。

企业经营管理所需要的会计核算资料是多方面的，不仅要求会计核算能够提供一些总括的指标，如通过"原材料"账户核算，提供有关材料增减变动及结构情况的总括资料；利用"应收账款"账户核算，提供企业全部应收款项的形成、收回及结果的总括资料，而且要求会计核算能够提供一些详细的指标，如通过对材料的核算，要提供某一类材料、某一种材料的增减变动及结存情况；通过对应收账款的核算，要提供具体应收账款的单位或个人及应收金额。

由于账户是根据会计科目开设的，同会计科目的分类相对应，账户按提供指标的详细程度可分为总分类账户和明细分类账户。

总分类账户是根据总分类科目设置的、用于对会计要素具体内容进行总括分类核算的账户，能够提供某一具体内容的总括核算指标，简称总账账户或总账，也称为一级账户。

明细分类账户是根据明细分类科目设置的、用于对会计要素具体内容进行明细分类核算的账户。

明细分类账户是对企业某一经济业务进行明细核算的账户，能够提供某一具体经济业务的明细核算指标，简称明细账户或明细账。对于明细项目较多的账户，可在总分类账户与明细分类账户之间设置二级或多级账户。

总账账户称为一级账户，总账账户以下的账户均称为明细账户。

总分类账户提供会计要素具体内容的总括核算指标，一般只用货币计量；明细分类账户提供会计要素具体内容的详细核算指标,除用货币计量外,有的还要用实物量度(件、千克、立方米等)进行辅助计量。

总分类账户和所属明细分类账户核算的内容相同,只是反映内容的详细程度有所不同,两种相互补充,相互制约,相互核对。总分类账户统驭和控制所属明细分类账户,明细分类账户从属于总分类账户。

第三,账户按照用途和结构可以分为盘存类账户、结算类账户、跨期摊提类账户、资本类账户、调整类账户、集合分配类账户、成本计算类账户、集合配比类账户和财务成果类账户等九类。

账户按用途和结构分类的实质是账户在会计核算中所起的作用和账户在使用中能够反映的经济指标进行的分类。

(1) 盘存类账户是指可以通过实物盘点进行核算和监督的各种资产类账户,主要有"库存现金""银行存款""原材料""库存商品""固定资产"等。

(2) 结算类账户是指用来核算和监督一个经济组织与其他经济组织或个人以及经济组织内部各单位之间债权债务往来结算关系的账户。按照结算性质的不同,它可以分为债权结算账户、债务结算账户和债权债务结算账户等三种。

债权结算账户主要有"应收账款""应收票据""预付账款""其他应收款"等。

债务结算账户主要有"应付账款""应付票据""预收账款""其他应付款""应交税费"等。

债权债务结算账户是一类比较特殊的结算类账户,它是对经济组织在与其他经济组织或个人之间同时具有债权又有债务结算情况需要在同一账户进行核算与监督而运用的一种账户。

(3) 跨期摊提类账户是指用来核算和监督应由若干个会计期间共同负担而又在某个会计期间一次支付费用的账户,主要有"长期待摊费用"等。

(4) 资本类账户是指用来核算和监督经济组织从外部取得的或内部形成的资本金增减变动情况及其实有数的账户,主要有"实收资本(或股本)""资本公积""盈余公积""利润分配"等。

(5) 调整类账户是指用来调节和整理相关账户的账面金额并表示被调整账户的实际余额数的账户。它既是经济管理和会计控制的需要,又体现了会计谨慎原则的要求。调整类账户按照调整方式的不同可以分为备抵调整账户、附加调整账户和备抵附加调整账户等三类。备抵调整账户是指用来抵减被调整账户余额,以取得被调整账户余额的账户。在会计实务中,备抵调整账户运用最为广泛。属于抵减调整账户的有:"坏账准备"账户(用于调整"应收账款"账户)等各种资产减值准备账户(用于调整资产账户);"累计折旧"账户(用于调整"固定资产"账户);"累计摊销"账户(用于调整"无形资产"账户);"利润分配"账户(用于调整"本年利润"账户)等。

备抵调整账户按照被调整账户性质的不同,又可以分为资产类备抵调整账户和权益类备抵调整账户。

附加调整账户是指用来增加被调整账户余额的账户。附加调整账户在现实中很少使用,一般"商品进销差价"账户(用于调整"库存商品"账户)属于附加调整账户。

备抵附加调整账户是指既具有备抵又具有附加调整功能的账户。比较典型的备抵附加账户是"材料成本差异"账户。

(6) 集合分配类账户是指用来归集和分配经济组织经营过程中某个阶段所发生的相关费用的账户,主要有"制造费用"账户等。

(7) 成本计算类账户是指用来归集经营过程中某个阶段所发生的全部费用,并据以计算和确定各个对象成本的账户,主要有"生产成本""在建工程"账户等。

(8) 集合配比类账户是指用来核算和监督经营过程中发生的损益,并借以在期末计算和确定其财务成果的账户。集合配比类账户按其性质不同,又可以分为收入类账户和成本费用类账户。

收入类账户主要有"主营业务收入""其他业务收入""营业外收入""投资收益"等。

成本费用类账户主要有"主营业务成本""其他业务成本""营业外支出""销售费用""管理费用""财务费用""所得税费用"等。

(9) 财务成果类账户是指用来核算和监督经济组织在一定时期内财务成果的形成,并确定最终成果的账户。典型的财务成果类账户是"本年利润"账户。

二、账户的功能与结构

(一) 账户的功能

账户的功能在于连续、系统、完整地提供企业经济活动中各会计要素增减变动及其结果的具体信息。其中,会计要素在特定会计期间增加和减少的金额,分别称为账户的"本期增加发生额"和"本期减少发生额",两者统称为账户的"本期发生额";会计要素在会计期末的增减变动结果,称为账户的"余额",具体表现为期初余额和期末余额,账户上期的期末余额转入本期,即为本期的期初余额;账户本期的期末余额转入下期,即为下期的期初余额。

账户的期初余额、期末余额、本期增加发生额和本期减少发生额统称为账户的四个金额要素。对于同一账户而言,它们之间的基本关系为:

期末余额 = 期初余额 + 本期增加发生额 - 本期减少发生额

(二) 账户的结构

账户的结构是指账户的组成部分及其相互关系。即账户应由哪几部分组成,以及如何在账户中记录会计要素的增加、减少和余额情况等。

账户通常由以下内容组成:①账户名称,即会计科目;②日期,即所依据记账凭证中注明的日期;③凭证字号,即所依据记账凭证的编号;④摘要,即经济业务的简要说明;⑤金额,即增加额、减少额和余额。

账户的基本结构由三部分组成:账户名称、账户方向和账户余额。账户名称就是会计科目,规定账户的核算内容;账户的方向是指在账户的什么地方记录经济业务内容的增加和减少;账户余额是指本期增加发生额和本期减少发生额相抵后的余额。

账户分为左方、右方两个方向,一方登记增加,另一方登记减少。至于哪一方登记增加,哪一方登记减少,既取决于所记录的交易或事项,也取决于账户的性质。

(1) 资产类及成本类账户左方登记本期增加额,右方登记本期减少额,期初期末余额一般在左方——增加额方。

(2) 负债和所有者权益类账户左方登记本期减少额,右方登记本期增加额,期初期末余额一般在右方——增加额方。

（3）损益类账户的收入类账户左方登记本期减少额，右方登记本期增加额，一般无余额；损益类账户的费用类账户左方登记本期增加额，右方登记本期减少额，一般无余额。

登记本期增加的金额称为本期增加发生额；登记本期减少的金额，称为本期减少发生额；增减相抵后的差额，称为余额。余额按照表示的时间不同，分为期初余额和期末余额。本期增加额、本期减少额、期初余额和期末余额这四个部分称为账户的四个金额要素。

从账户名称、记录增加额和减少额的左右两方来看，账户结构在整体上类似于汉字"丁"和大写的英文字母"T"，因此，账户的基本结构在实务中被形象地称为"丁"字账户或者"T"形账户。

"银行存款"账户的基本结构如图3-1所示。

银 行 存 款

期初余额	100 000		
本期增加额	50 000		
	40 000	本期减少额	60 000
本期增加发生额合计	90 000	本期减少发生额合计	60 000
期末余额	130 000		

期末余额是期末结余的金额
期末余额=期初余额+本期增加额-本期减少额

图3-1 "银行存款"账户基本结构图

三、账户与会计科目的关系

从理论上讲，会计科目与账户是两个不同的概念，两者既有联系，又有区别。

1. 联系

账户是根据会计科目设置的，会计科目对会计对象的分类也就是账户对会计对象的分类，即会计科目与账户都是对会计对象具体内容的分类，两者核算内容一致，性质相同。会计科目是账户的名称，也是设置账户的依据；账户是会计科目的具体运用。没有会计科目，账户便失去了设置的依据；没有账户，会计科目就无法发挥作用。

2. 区别

会计科目仅仅是账户的名称，不存在结构，无法反映会计要素具体内容的增减变动及其结果；而账户则具有一定的格式和结构，能够用于反映会计要素具体内容的增减变动情况和结果。

在实际工作中，对会计科目和账户一般并不严格区分，而是相互通用。

【例3-12·判断题】 账户按其所反映的经济内容分类，可分为总分类账户和明细分类账户。（   ）

【答案】 ×

【例3-13·多项选择题】 账户中各项金额的关系可用（   ）公式表示。

A. 本期期末余额＝期初余额＋本期增加发生额－本期减少发生额

B. 期初余额＋本期增加发生额＝本期期末余额＋本期减少发生额

C. 本期期末余额＝本期增加发生额＋本期减少发生额

D. 本期期初余额＝上期期末余额

【答案】 ABD

【例3-14·多项选择题】 下列说法中,正确的有( )。

A. 账户的期末余额等于期初余额

B. 余额一般与增加额在同一方向

C. 账户的借方发生额等于贷方发生额

D. 如果一个账户的左方记增加额,右方就一定记减少额

【答案】 BD

【例3-15·判断题】 会计科目不能记录经济业务的增减变化及其结果。 ( )

【答案】 √

【例3-16·多项选择题】 关于账户与会计科目的联系和区别,下列表述中,正确的有( )。

A. 会计科目是账户的名称,账户是会计科目的具体运用

B. 会计科目与账户两者口径一致,性质相同

C. 会计科目不存在结构,账户则具有一定的格式和结构

D. 会计科目可以记录经济业务的增减变化及其结果

【答案】 ABC

【例3-17·单项选择题】 会计科目与账户的区别在于( )。

A. 名称不同　　　　　　　　　B. 反映经济内容不同

C. 有无结构　　　　　　　　　D. 性质不同

【答案】 C

【例3-18·单项选择题】 下列账户中,不属于成本类账户的是( )。

A. "主营业务成本"　　　　　　B. "生产成本"

C. "劳务成本"　　　　　　　　D. "制造费用"

【答案】 A

练习题

一、单项选择题

1. 会计科目是对( )的具体内容进行分类核算的项目。

　　A. 会计对象　　　B. 会计要素　　　C. 资金运动　　　D. 会计账户

2. 设置账户是( )的重要方法之一。

　　A. 会计监督　　　B. 会计决策　　　C. 会计分析　　　D. 会计核算

3. 账户是根据( )设置的,具有一定的格式和结构,用于分类反映会计要素增减变动情况及其结果的载体。

　　A. 会计对象　　　B. 会计要素　　　C. 会计科目　　　D. 会计账簿

4. 账户分为左方、右方两个方向,当某一账户左方登记增加时,则该账户的右方( )。

A. 登记增加数 B. 登记减少数
C. 登记增加数或减少数 D. 不登记任何数

5. 会计账户四个金额要素是( )。
   A. 期末余额、本期发生额、期初余额、本期余额
   B. 期初余额、本期增加发生额、本期减少发生额、期末余额
   C. 期初余额、期末余额、本期借方增加额、本期借方减少额
   D. 期初余额、本期增加发生额、本期减少发生额、本期发生额

6. 账户的"期末余额"一般在( )。
   A. 账户的左方 B. 账户的右方 C. 增加方 D. 减少方

7. 下列对会计账户的四个金额要素之间基本关系的表述中,正确的是( )。
   A. 期末余额＝期末余额＋本期增加发生额－本期减少发生额
   B. 期末余额＝期初余额＋本期增加发生额－本期减少发生额
   C. 期初余额＝本期增加发生额－本期减少发生额－期末余额
   D. 期末余额＝本期增加额－本期减少发生额－期初余额

8. 下列会计科目中,属于成本类科目的是( )。
   A. "原材料" B. "库存商品"
   C. "财务费用" D. "生产成本"

9. 下列各项中,与"管理费用"属于同一类会计科目的是( )。
   A. "固定资产" B. "利润分配"
   C. "应付账款" D. "投资收益"

10. 账户的基本结构是由会计要素的( )变化情况决定的。
    A. 数量 B. 质量 C. 数量和质量 D. 总量

11. 会计科目与会计账户的根本区别是( )。
    A. 名称不同 B. 反映经济内容不同
    C. 有无结构 D. 有无格式

二、多项选择题

1. 下列项目中,属于资产类科目的有( )。
   A. "库存现金" B. "预付账款" C. "预收账款" D. "应收账款"

2. 会计科目按其所提供信息的详细程度及其统驭的关系不同,可以分为( )。
   A. 总分类科目 B. 明细分类科目
   C. 权益类科目 D. 利润类科目

3. 账户一般应包括下列内容中的( )。
   A. 账户名称 B. 日期和摘要
   C. 增加和减少的金额及余额 D. 证号数

4. 下列对会计科目和会计账户之间关系的表述中,正确的是( )。
   A. 两者都是对会计对象具体内容的科学分类
   B. 两者口径一致,性质相同
   C. 会计科目是会计账户的名称
   D. 会计账户具有一定的格式和结构,而会计科目不具有格式和结构

5. 总分类账户与明细分类账户的区别在于( )。
   A. 反映经济业务内容的详细程度不同　　B. 反映的经济业务内容不同
   C. 登记账簿的依据不同　　D. 作用不同
6. 每一个账户都可以登记的金额要素为( )。
   A. 期初余额　　B. 期末余额
   C. 本期借方发生额　　D. 本期贷方发生额
7. 下列各项中,属于期间费用的有( )。
   A. 制造费用　　B. 销售费用
   C. 管理费用　　D. 财务费用
8. 下列各项中,属于流动负债的有( )。
   A. 应付债券　　B. 预付账款
   C. 应付账款　　D. 预收账款
9. 下列项目中,属于所有者权益项目的有( )。
   A. "股本"　　B. "资本溢价"
   C. "未分配利润"　　D. "应付股利"
10. 会计科目的数量和明细程度应根据( )而定。
    A. 单位规模大小　　B. 管理的需要
    C. 业务的繁简　　D. 利税的多少
11. 账户哪一方记增加,哪一方记减少,取决于( )。
    A. 业务的性质　　B. 所采用的记账方法
    C. 账户反映的内容　　D. 会计平衡等式
12. 下列会计科目中,属于资产类科目的有( )。
    A. "预付账款"　　B. "应收账款"
    C. "预收账款"　　D. "其他应收款"
13. 下列会计科目中,属于负债类科目的有( )。
    A. "短期借款"　　B. "预付账款"
    C. "应付账款"　　D. "应交税费"
14. 下列会计科目中,属于损益类科目的有( )。
    A. "盈余公积"　　B. "投资收益"
    C. "本年利润"　　D. "管理费用"
15. 下列各项中,增加用"贷"表示的会计要素为( )。
    A. 资产　　B. 负债
    C. 所有者权益　　D. 收入
16. 会计账户一般应包括的内容有( )。
    A. 账户名称　　B. 日期、摘要
    C. 凭证编号　　D. 增加、减少金额及余额
17. 下列表示会计账户中记录的各项金额之间的关系的等式中,正确的有( )。
    A. 本期期末余额＝期初余额＋本期增加发生额－本期减少发生额
    B. 本期期末余额＝本期增加发生额－本期减少发生额

C. 本期期末余额＋本期减少发生额＝期初余额＋本期增加发生额
D. 本期期末余额＝本期减少发生额

18. 会计科目与会计账户的相同点是( )。
   A. 结构相同　　　　　　　　　B. 名称相同
   C. 作用相同　　　　　　　　　D. 反映经济内容相同

三、判断题

1. 工业企业所设的会计科目有"固定资产"和"货币资金"。（ ）
2. 所有账户都是依据会计科目开设的。（ ）
3. 所有账户都分为左右两方，左边是增加方，右边是减少方。（ ）
4. 总账和明细账除用货币计量外，必要时均可采用实物计量。（ ）
5. 对所有总分类科目设置明细分类科目符合管理的需要。（ ）
6. 按照是否构成产品成本，费用可划分为制造费用和期间费用。（ ）
7. 会计科目是按照会计要素的具体内容进行进一步科学分类而确定的会计核算项目。（ ）
8. 会计科目既是复式记账的基础又是编制记账凭证的基础。（ ）
9. 会计科目表中的会计科目与会计账户均相互独立，毫无联系。（ ）
10. 会计科目是由国家统一的会计制度规定的，各单位必须严格执行，不能增设或减并。（ ）
11. 会计账户的设置与会计科目的分类密切相关，即根据总分类会计科目和明细分类科目分别设置总分类账户和明细分类账户。（ ）
12. 总分类科目统驭下的二级科目和三级科目等均称为明细分类科目。（ ）
13. 会计账户是用来分类连续地记录交易或事项，反映各会计要素增减变化情况和结果的一种工具。（ ）
14. 总分类账户提供总括的核算指标，因此，不仅要用货币量度，还要辅以实物量度。（ ）
15. 为了保证核算资料完整和便于利用，各总分类账户下面都必须设置明细分类账户。（ ）

四、综合题

（一）某工贸有限公司2019年5月部分会计项目如下：

1. 原材料　　　2. 短期借款　　　3. B产品生产成本　　　4. 应收H公司货款
5. 主要材料　　6. 辅助材料　　　7. 应付甲工厂货款　　　8. 应付账款
9. 临时借款　　10. 固定资产　　　11. 甲材料　　　　　　12. 乙材料
13. 生产成本　　14. 基本生产成本　15. 润滑油　　　　　　16. 运输工具
17. 生产用房　　18. 生产用固定资产 19. A产品生产成本　　20. 机器设备
21. 应收账款　　22. 辅助生产成本　23. 应收A单位货款　　24. 应付子公司货款
25. 库存商品　　26. A种产品　　　27. 材料采购　　　　　28. B种产品
29. 财务费用　　30. 利息

在上列项目中，分析哪些属于一级科目？哪些属于二级科目？哪些属于明细科目？

（二）请将某工贸有限公司2019年5月的部分会计项目在表3-3中分别归类（用"√"表示）。

表 3-3　　　　　　　　　　　　　会计项目归类表

会计科目	资产类	负债类	所有者权益类	成本类	损益类
库存现金					
银行存款					
实收资本					
材料采购					
原材料					
制造费用					
应付账款					
应收账款					
生产成本					
库存商品					
主营业务收入					
主营业务成本					
短期借款					
固定资产					
累计折旧					
利润分配					
盈余公积					
销售费用					
管理费用					
财务费用					

第四章　会计记账方法

 **学习目标**

(一) 知识目标

目标1　了解复式记账法的概念与种类
目标2　熟悉借贷记账法的原理
目标3　掌握借贷记账法下的账户结构
目标4　了解会计分录的分类
目标5　掌握基本经济业务的类型及其对会计等式的影响

(二) 技能目标

目标1　能够写出经济业务的会计分录
目标2　能够进行借贷记账法下的试算平衡

第一节　会计记账方法的种类

第四章第一节

在设置了会计科目与账户以后,就有了记录经济业务事项的信息载体。在账户中进行登记,则涉及记账方法的选用。记账方法,简单来说,就是在账簿中登记经济业务的方法,即按照一定的规则,使用一定的符号,在账中登记各项经济业务的技术方法。记账方法按记录经济业务的方式不同可分为单式记账法和复式记账法。

一、单式记账法

单式记账法是指对发生的每一项经济业务,只在一个账户中加以登记的记账方法。

单式记账法对发生经济业务一般只登记现金和银行存款的收付金额以及债权债务的结算金额,不登记实物的收付金额。比如,以银行存款购买机器设备,账簿记录中一般只反映银行存款的减少,而不反映机器设备的增加。

单式记账法的优点是手续简单。单式记账法的缺点是账户的设置不完整,而且无法反映发生经济业务涉及的账户之间的关系,无法反映经济业务的来龙去脉,缺乏平衡关系,因而不能全面、系统地反映经济业务,也不便于检查账户记录的正确性和完整性。

单式记账法下设置的账户是不完整的,无法进行账户记录的综合试算。在现代会计中,单式记账法一般运用在不需全面提供会计信息,只需要自己了解情况的个体经营,或经济业务非常简单的家庭作坊式的会计主体中,在一般企业中已被淘汰。

二、复式记账法

(一)复式记账法的概念

复式记账法是指对于每一笔经济业务,都必须用相等的金额在两个或两个以上相互联系的账户中进行登记,全面系统地反映会计要素增减变化的一种记账方法,现代会计运用复式记账法。

复式记账法由单式记账法发展而来。由于任何会计事项都会引起有关会计要素及其项目的增减变动,因此,对每一笔会计事项,以相等的金额,在所涉及的两个或两个以上的账户中同时进行登记的复式记账方法,就能全面地反映经济业务事项所引起的资金变动。比如,上例的用银行存款购买机器设备业务,复式记账法不仅记录了银行存款的减少,同时也指明了银行存款的用途,即由此所带来的企业机器设备的增加,因而能够清晰地反映出整个经济业务事项的来龙去脉。

(二)复式记账法的优点

任何一笔经济业务的发生,都至少要涉及两项或两项以上具体经济内容的增减变动,而且增减变动的金额是相等的。与单式记账法相比,复式记账法的优点主要有:

(1)对于发生的每一项经济业务,都要在两个或两个以上账户中相互联系地进行登记,能够全面反映经济业务内容和资金运动的来龙去脉。

(2)由于每项经济业务发生后,都是以相等的金额在有关的账户中登记,因而能够对记录的结果进行试算平衡,便于查账和对账。

(三)复式记账法的种类

复式记账法主要有借贷记账法、增减记账法和收付记账法。其中,借贷记账法产生于公元14世纪的欧洲,后广泛流传于欧美国家,20世纪初由日本传入我国。目前,世界各国普遍采用的复式记账法是借贷记账法。我国《企业会计准则——基本准则》中明确规定,企业应当采用借贷记账法记账。

每一种复式记账法都包含平衡原理、记账符号、记账规则、试算平衡方法等基本要素。

会计等式是复式记账法的平衡原理,不同的复式记账法以不同的会计等式为平衡原理;不同的复式记账法具有不同的记账符号;不同的复式记账法具有不同的记账规则;不同的复式记账法具有不同的试算平衡方法。

第二节 借贷记账法

账户结构及记账规则

第四章第二节

借贷记账法大约产生于12世纪意大利的银行。1494年,意大利数学家、近代会计之父卢卡·帕乔利出版了《算术、几何、比与比例概要》一书,使借贷记账法形成理论体系,也标志着近代会计的产生。

一、借贷记账法的概念

借贷记账法是以"借"和"贷"作为记账符号的一种复式记账法。

借贷记账法是以会计等式为理论基础,以"借""贷"为记账符号,以"有借必有贷,借贷必相等"为记账规则,按照账户上的对应关系反映企业经济业务增减变动情况的一种会计记账方法。

记账符号是用来确定经济业务增减变动的记账方向。借贷记账法是以"借"和"贷"作为记账符号的。"借"和"贷"符号本身没有实际意义,也不具有方向性,只有与具体账户结合在一起,才能表示记账方向。借和贷分别表示增加或减少,由账户的性质决定。

【例4-1·多项选择题】 关于复式记账法,下列各项中,正确的有( )。

A. 以资产与权益平衡关系作为记账依据
B. 不能全面系统地反映各会计要素的增减变动情况以及经济业务的来龙去脉
C. 对于发生的每一项经济业务,都要在两个或两个以上相互联系的账户中同时登记
D. 可以对账户记录的结果进行试算平衡,以便检查账户记录的正确性

【答案】 ACD

【例4-2·单项选择题】 复式记账法对每笔交易或事项都要在( )中进行登记。

A. 所有账户　　　　　　B. 一个账户
C. 两个账户　　　　　　D. 两个或两个以上相互联系的账户

【答案】 D

【例4-3·单项选择题】 复式记账法的理论基础是( )。

A. 历史成本计量　　　　B. 资产与权益的平衡关系
C. 权责发生制　　　　　D. 收付实现制

【答案】 B

【例4-4·单项选择题】 在我国,企业、行政事业单位采用的记账方法是( )。

A. 单式记账法　　　　　B. 增减记账法
C. 借贷记账法　　　　　D. 收付记账法

【答案】 C

【例4-5·多项选择题】 各种不同的复式记账法的区别在于( )不同。

A. 记账符号　　　　　　B. 平衡原理
C. 记账规则　　　　　　D. 试算平衡方法

【答案】 ABCD

【例4-6·单项选择题】 借贷记账法的理论依据是( )。

A. 资产=负债+所有者权益
B. 收入-费用=利润
C. 借方发生额=贷方发生额
D. 期初余额+本期增加数-本期减少数=期末余额

【答案】 A

二、借贷记账法下账户的结构

账户的结构是由账户的性质决定的。不同性质的账户有不同的账户结构。

(一) 借贷记账法下账户的结构

借贷记账法下以"借""贷"为记账符号,分别作为账户的左方和右方。因此,在借贷记账法下,账户的左方即"借"方,账户的右方即"贷"方(如图 4-1 所示)。

借方	账 户 名 称	贷方

图 4-1 借贷记账法下账户的结构

借贷记账法下,"借""贷"不表示任何经济意义,单纯就是借贷记账方向的符号。在这里,"借"和"贷"作为记账符号,已不再具有其本身的含义,只用来反映经济业务事项的数量变化,"借"方和"贷"方所反映的经济业务事项数量变化的增减性质是不固定的。但有一点是肯定的,就是对于任何一个账户,"借"和"贷"所反映的数量增减性质是相反的,所有账户的借方和贷方按相反方向记录增加数和减少数,即如果借方登记经济业务的增加,则贷方必定登记经济业务的减少;反之亦然。至于"借"表示增加,还是"贷"表示增加,则取决于账户的性质与所记录经济内容的性质。

通常而言,资产、成本和费用类账户的增加用"借"表示,减少用"贷"表示;负债、所有者权益和收入类账户的增加用"贷"表示,减少用"借"表示。备抵账户的结构与所调整账户的结构正好相反。

确立账户结构的理论依据是会计等式,即:

$$资产 + 费用 = 负债 + 所有者权益 + 收入$$

不同性质的账户,其结构是不同的,同类性质的账户,其结构是相同的。账户结构的确立是以其在会计等式中的位置来决定的。处于等式左边的资产和费用账户,用账户的"左方"即借方记增加,右方即"贷方"记减少,余额一般在借方;处于等式右边的负债、所有者权益、收入账户,用账户的"右方"即贷方记增加,用"左方"即借方记减少,余额一般在贷方。有余额的账户,余额方向与增加额的方向一致,损益类账户一般无余额。

(二) 资产和成本类账户的结构

在借贷记账法下,资产和成本类账户的借方登记增加额;贷方登记减少额;期末余额一般在借方,有些账户可能无余额。其余额计算公式为:

$$期末借方余额 = 期初借方余额 + 本期借方发生额 - 本期贷方发生额$$

其账户结构如图 4-2 所示。

借方	资产和成本类账户		贷方
期初余额	×××		
本期增加额	×××	本期减少额	×××
	…		…
	…		…
	…		…
本期发生额	×××	本期发生额	×××
期末余额	×××		

图 4-2 资产和成本类账户的结构

(三) 负债和所有者权益类账户的结构

在借贷记账法下,负债类、所有者权益类账户的借方登记减少额;贷方登记增加额;期末余额一般在贷方,有些账户可能无余额。其余额计算公式为:

$$期末贷方余额＝期初贷方余额＋本期贷方发生额－本期借方发生额$$

其账户结构如图4-3所示。

借方		负债和所有者权益类账户名称	贷方
		期初余额	×××
本期减少额	×××	本期增加额	×××
	…	…	…
	…	…	…
	…	…	…
本期发生额	×××	本期发生额	×××
		期末余额	×××

图4-3　负债和所有者权益类账户的结构

(四) 损益类账户的结构

损益类账户主要包括收入类账户和费用类账户。

1. 收入类账户的结构

在借贷记账法下,收入类账户的借方登记减少额;贷方登记增加额。本期收入净额在期末转入"本年利润"账户,用于计算当期损益,结转后无余额。其账户结构如图4-4所示。

借方		收入类账户名称	贷方
本期减少或转销额	×××	本期增加额	×××
	…	…	…
	…	…	…
	…	…	…
本期发生额	×××	本期发生额	×××

图4-4　损益类账户的结构

2. 费用类账户的结构

在借贷记账法下,费用类账户的借方登记增加额;贷方登记减少额。本期费用净额在期末转入"本年利润"账户,用于计算当期损益,结转后无余额。其账户结构如图4-5所示。

借方		费用类账户名称	贷方
本期增加额	×××	本期减少或转销额	×××
	…	…	…
	…	…	…
本期发生额	×××	本期发生额	×××

图4-5　费用类账户的结构

根据上述账户结构的描述,可以将账户借方、贷方发生额的基本特点归纳如下,如表 4-1 所示。

表 4-1 借贷记账法下各类账户结构

账户类别	借 方	贷 方	余 额 方 向
资产类	增加	减少	余额在借方
负债类	减少	增加	余额在贷方
所有者权益类	减少	增加	余额在贷方
收入类	减少(转销)	增加	一般无余额
费用类	增加	减少(转销)	一般无余额
利润类	减少	增加	一般在贷方

在借贷记账法下,账户余额方向与记录增加额的方向是一致的,所以可以通过账户余额的方向来判断账户的性质。期末余额与期初余额的方向相同,说明账户性质未变;如果期末余额与期初余额方向相反说明账户的性质发生了变化。比如,"应收账款"账户期初借方余额,反映尚未收回的账款。如果期末仍为借方余额,反映尚未收回的账款,还是资产类账户;但如果期末余额出现贷方余额,说明本期多收了,多收部分就转化成预收账款,就变成"负债类"账户了。对于"应收账款""应付账款""预收账款""预付账款""待处理财产损溢"等属于双重性质的账户,应该根据它们的期末余额方向来确定其性质,如果余额在借方,是资产类账户,如果余额在贷方,则是负债类账户。

【例 4-7·单项选择题】 下列算式中,正确表达了借贷记账法下资产类账户内部关系的是( )。

A. 期末余额=期初余额+本期贷方发生额-本期借方发生额
B. 期末余额=本期借方发生额-本期贷方发生额
C. 期末余额=期初余额+本期借方发生额-本期贷方发生额
D. 期末余额+本期借方发生额=期初余额+本期贷方发生额

【答案】 C

【例 4-8·单项选择题】 某账户月初借方余额 60 000 元,本月借方发生额 120 000 元,贷方发生额 150 000 元,则该账户月末为( )。

A. 借方余额 30 000 元
B. 借方余额 90 000 元
C. 借方余额 180 000 元
D. 贷方余额 30 000 元

【答案】 A

【例 4-9·单项选择题】 "应收账款"账户的期初余额为借方 2 000 元,本期借方发生额 8 000 元,本期贷方发生额 6 000 元,该账户的期末余额为( )。

A. 借方 4 000 元
B. 贷方 8 000 元
C. 借方 5 000 元
D. 贷方 5 000 元

【答案】 A

【解析】 "应收账款"为资产类账户,则该账户的期末余额为借方 4 000 元(2 000+8 000-6 000),因此答案是 A。

【例 4-10·单项选择题】 "应付账款"账户期初贷方余额为 1 000 元,本期贷方发生额为 5 000 元,本期借方发生额为 3 000 元,该账户期末余额为（　　）。

  A. 借方 1 000 元   B. 借方 3 000 元
  C. 贷方 1 000 元   D. 贷方 3 000 元

【答案】　D

【解析】　"应付账款"属于负债类账户,则该账户期末余额为贷方 3 000 元(1 000＋5 000－3 000),因此答案是 D。

【例 4-11·单项选择题】　某单位"预收账款"账户的期初余额为 150 万元,本期贷方发生额为 900 万元,期末余额为 60 万元,则本期借方发生额为（　　）万元。

  A. 990   B. 810   C. 1 110   D. 690

【答案】　A

【解析】　"预收账款"属于负债类账户,则本期借方发生额为 990 万元(期初余额＋本期贷方发生额－期末余额＝150＋900－60)。

【例 4-12·判断题】　收入类账户的增加额记入账户的贷方,减少额记入账户的借方,平时的余额记在账户的贷方,期末结账后一般无余额。　　　　　　　　　（　　）

【答案】　√

【例 4-13·判断题】　费用(成本)类账户的结构是,贷方登记费用(成本)的增加额,借方登记费用(成本)的减少额,期末结账后无余额。　　　　　　　　　　（　　）

【答案】　×

【解析】　费用(成本)类账户的结构是,借方登记费用(成本)的增加额,贷方登记费用(成本)的减少额。

【例 4-14·单项选择题】　符合资产类账户记账规则的是（　　）。

  A. 增加记借方 B. 增加记贷方 C. 减少记借方 D. 期末无余额

【答案】　A

【例 4-15·多项选择题】　负债类账户的记账规则是（　　）。

  A. 增加记借方 B. 增加记贷方 C. 减少记借方 D. 减少记贷方

【答案】　BC

【例 4-16·多项选择题】　借贷记账法下,可以在账户借方登记的是（　　）。

  A. 资产的增加 B. 负债的减少 C. 收入的减少 D. 费用的减少

【答案】　ABC

【例 4-17·单项选择题】　下列各项表述中,不正确的是（　　）。

  A. 资产类账户的期末余额＝期初余额＋本期借方发生额－本期贷方发生额
  B. 负债类账户的期末余额＝期初余额＋本期借方发生额－本期贷方发生额
  C. 权益类账户的期末余额＝期初余额＋本期贷方发生额－本期借方发生额
  D. 资产－负债＝所有者权益

【答案】　B

【例 4-18·单项选择题】　在借贷记账法下,账户的何方记增加,何方记减少,取决于（　　）。

  A. 记账符号 B. 账户的格式 C. 账户的性质 D. 账户对应关系

【答案】　C

三、借贷记账法的记账规则

记账规则是指采用某种记账方法登记具体经济业务时应当遵循的规律。

借贷记账法的记账规则是"有借必有贷,借贷必相等",即对于每笔交易或事项都要在两个或两个以上相互联系的账户中以借方和贷方相等的金额进行登记。具体来说,就是对每一项经济业务,如果在一个账户中登记了借方,必须同时在另一个或几个账户中登记贷方;或者反过来说,如果在一个账户中登记了贷方,必须同时在另一个或几个账户中登记借方,并且登记在借方和贷方的金额必须相等。

运用借贷记账法的记账规则登记经济业务时,一般按以下步骤进行:

首先,分析经济业务中所涉及的账户名称,并判断账户的性质。

其次,判断账户中所涉及的资金数量是增加还是减少。

最后,根据账户的结构确定记入账户的方向。

下面举例说明如下:

【例 4-19】 华源公司 2019 年 4 月发生以下经济业务:

(1) 4 月 5 日,华源公司获得嘉华公司追加投资 80 000 元,存入开户银行。

【分析】 该经济业务属于资产和所有者权益两个会计要素同时增加,一方面使资产类账户"银行存款"增加 80 000 元,应记入该账户借方,另一方面使所有者权益类账户"实收资本"增加 80 000 元,应记入该账户贷方,记入借方账户和贷方账户的金额相等。

(2) 4 月 10 日,华源公司向供应单位购入原材料一批,价值 40 000 元,货款暂欠,材料已验收入库。

【分析】 该经济业务属于资产和负债同时增加,一方面使资产类账户"原材料"增加 40 000 元,应记入该账户借方,另一方面使负债类账户"应付账款"增加 40 000 元,应记入该账户贷方,记入借方账户和贷方账户的金额相等。

(3) 4 月 20 日,华源公司以银行存款支付所欠购原材料款 40 000 元。

【分析】 该经济业务属于资产和负债同时减少,一方面使资产类账户"银行存款"减少 40 000 元,应记入该账户贷方,另一方面使负债类账户的"应付账款"减少 40 000 元,应记入该账户借方,记入借方账户和贷方账户的金额相等。

(4) 按法律程序减少注册资本 100 000 元,用银行存款向所有者支付。

【分析】 该经济业务属于资产和所有者权益同时减少的类型,一方面使资产类账户"银行存款"减少 100 000 元,应记入该账户贷方,另一方面使所有者权益类账户"实收资本"减少 100 000 元,应记入该账户借方,记入借方账户和贷方账户的金额相等。

(5) 4 月 25 日,华源公司支付银行存款 90 000 元购入生产用设备一台。

【分析】 该经济业务属于资产的不同项目此增彼减,一方面使资产类账户"固定资产"增加 90 000 元,应记入该账户借方,另一方面使资产类账户"银行存款"减少 90 000 元,应记入该账户贷方,记入借方账户和贷方账户的金额相等。

(6) 4 月 27 日,以前购货所欠的应付账款 60 000 元到期,但公司暂无款支付,向银行借入短期借款 60 000 元用于归还前欠货款。

【分析】 该经济业务属于负债的不同项目此增彼减,一方面使负债类账户"短期借款"增加 60 000 元,应记入该账户贷方,另一方面使另一负债类账户"应付账款"减少 60 000 元,应记入该账户借方,记入借方账户和贷方账户的金额相等。

(7) 决定以盈余公积 80 000 元向所有者分配利润。

【分析】 该经济业务属于一项负债增加,一项所有者权益减少,一方面使企业的负债类账户"应付利润"增加 80 000 元,应记入该账户贷方,另一方面使所有者权益类账户"盈余公积"减少 80 000 元,应记入该账户借方,记入借方账户和贷方账户的金额相等。

(8) 经批准,将企业原发行的 20 000 元应付债券转为实收资本。

【分析】 该经济业务属于一项负债减少,一项所有者权益增加,一方面使企业的负债类账户"应付债券"减少 20 000 元,应记入该账户借方,另一方面使所有者权益类账户"实收资本"增加 20 000 元,应记入该账户贷方,记入借方账户和贷方账户的金额相等。

(9) 经批准,企业用盈余公积 70 000 元转增资本。

【分析】 该经济业务属于所有者权益的不同项目此增彼减,一方面使所有者权益类账户"实收资本"增加 70 000 元,应记入该账户贷方,另一方面使另一所有者权益类账户"盈余公积"减少 70 000 元,应记入该账户借方,记入借方账户和贷方账户的金额相等。

上述举例的每一笔经济业务中,所涉及的账户只有一个借方账户和一个贷方账户。有时可能同时涉及一个账户的借方和几个账户的贷方,或者是一个账户的贷方和几个账户的借方,或者是几个账户的借方和几个账户的贷方。

无论业务多么复杂,在借贷记账法下,都同样遵循"有借必有贷,借贷必相等"的记账规则。当一笔业务涉及一个账户的借方和几个账户的贷方时,那么就应该使借方账户的金额等于贷方的几个账户的金额之和;反过来,当一笔业务涉及一个账户的贷方和几个账户的借方时,那么就应该使贷方账户的金额等于借方的几个账户的金额之和。

【例 4-20】 华源公司购入原材料一批,价格 50 000 元,以银行存款支付 30 000 元,余款尚未支付,材料已验收入库。

【分析】 这笔业务涉及的账户有资产类会计账户中的"原材料"账户和"银行存款"账户,负债类账户中的"应付账款"账户。"原材料"账户增加 50 000 元,应记入借方,"银行存款"账户减少 30 000 元,应记入贷方,"应付账款"账户增加 20 000 元,应记入贷方。

【总结】 借贷记账法以"借"和"贷"作为记账符号。"借"表示资产、成本、费用的增加与负债、所有者权益、收入的减少;"贷"表示资产、成本、费用的减少与负债、所有者权益、收入的增加。以"有借必有贷,借贷必相等"作为记账规则。

任何经济业务的发生至少会引起两个账户的增减。

两个及以上账户之中至少有一个借方,同时也至少有一个贷方。

对每一项经济业务都应当作借贷增减相反的记录,即企业发生的任何交易或事项,在登记到一个(或几个)账户借方的同时,必然要同时登记到另一个(或几个)账户的贷方,且记入借方账户的金额与记入贷方账户的金额相等,即借方发生额与贷方发生额一定相等。

四、借贷记账法下的账户对应关系与会计分录

(一) 账户的对应关系

账户的对应关系是指采用借贷记账法对每笔交易或事项进行记录时,相

会计分录及
账户对应关系

关账户之间形成的应借、应贷的相互关系。存在对应关系的账户称为对应账户。

在借贷记账法下,会计事项的内容就是通过账户的这种对应关系表现出来,只有正确地确定账户之间的对应关系,才能如实地反映经济业务事项的内容。在实际工作中,根据各项经济业务事项的原始凭证,将账户的对应关系以会计分录的形式,在记账凭证或是普通日记账中记录下来。

例如,企业从银行提取现金5 000元,由于现金增加,应记入"库存现金"账户借方;银行存款减少,应记入"银行存款"账户贷方。在该项经济业务中,"库存现金"账户与"银行存款"账户形成对应关系,"库存现金"与"银行存款"互为对应账户。

注意:
(1)能够形成对应关系的账户,必定能代表并说明某类型经济业务的内容。
(2)有些账户之间是不可能形成对应关系的。
(3)账户对应关系一般有一借一贷、一借多贷、一贷多借的对应,一般不采用多借多贷的对应关系。

(二) 会计分录

1. 会计分录的含义

会计分录简称分录,是对每项经济业务列示出应借、应贷的账户名称及其金额的一种记录。

会计分录包括以下内容:(会计分录三个要素)
(1)一组对应的记账符号:借方和贷方。
(2)涉及两个或两个以上的会计科目名称。
(3)借贷双方的相等金额。

即会计分录由应借应贷方向、相互对应的科目及其金额三个要素构成,缺一不可。在我国,会计分录记载于记账凭证中。

会计分录的书写格式:

先借后贷,借贷分行;文字错开,数字同样错开;借前贷后,借上贷下。

例如,工贸公司销售产品给前进公司,价款100万元,增值税额13万元,另垫付运费1 000元。会计分录书写格式如下:

借:应收账款——前进公司　　　　　　　　　　　　　　　　　　　1 131 000
　　贷:主营业务收入　　　　　　　　　　　　　　　　　　　　　　1 000 000
　　　　应交税费——应交增值税(销项税额)　　　　　　　　　　　　130 000
　　　　库存现金　　　　　　　　　　　　　　　　　　　　　　　　　1 000

编制会计分录时应注意:"借"在上,"贷"在下,每一会计科目占一行,会计科目名称书写齐全,"借"和"贷"前后错位表示,贷方金额较借方金额退后两位。

2. 会计分录的分类

按照所涉及账户的多少,会计分录分为简单会计分录和复合会计分录。

简单会计分录指只涉及一个账户借方和另一个账户贷方的会计分录,即一借一贷的会计分录。

例如,2019年4月20日光学公司从银行提取现金4 800元。(简单会计分录)

借：库存现金 4 800
　　贷：银行存款 4 800

复合会计分录指由两个以上(不含两个)对应账户组成的会计分录,即一借多贷、多借一贷或多借多贷的会计分录。

例如,2019年4月23日,光学有限公司归还树人集团货款117 000元,其中115 000元用银行存款支付,2 000元用现金支付。(复合会计分录)

借：应付账款——树人集团 117 000
　　贷：银行存款 115 000
　　　　库存现金 2 000

复合会计分录可以集中反映某项经济业务的全面情况,又可以简化记账工作,提高会计工作效率。但不允许把反映不同类型的经济业务合并编制"多借多贷"的会计分录。复合会计分录实际上是由几个简单会计分录合并组成的,因而必要时可以将其分解为若干个简单会计分录。但是,不能单纯为了简化记账手续,把互不相关的几个简单分录硬性合并成一笔多借多贷的会计分录。

如上面的复合会计分录可分解为以下两个简单会计分录：

(1) 借：应付账款——树人集团 115 000
　　　贷：银行存款 115 000
(2) 借：应付账款——树人集团 2 000
　　　贷：库存现金 2 000

3. 会计分录的编制步骤

简单说就是：找名字；定方向；算金额。具体步骤是：

第一,一项业务发生后,首先分析这项业务涉及的会计要素是资产、费用,还是负债、所有者权益、收入、利润。

第二,确定涉及哪些账户,是增加还是减少。

第三,确定应记账户的方向,应借还是应贷。即确定记入哪个(或哪些)账户的借方、哪个(或哪些)账户的贷方。

第四,按照会计分录的格式要求,编制完整的会计分录并检查是否符合记账规则。

第五,检查分录中应借、应借账户是否正确；借贷方金额是否相等,有无错误。

下面举例分析借贷记账法记账规则的运用。

【例4-21】 大地公司以银行存款30 000元购入设备一台。

该笔经济业务的类型属于资产内部项目的此增彼减,其中资产中的固定资产增加,银行存款减少。根据资产增加记借方,资产减少记贷方,这笔业务应借记"固定资产"账户30 000元,贷记"银行存款"账户30 000元。会计分录为：

借：固定资产 30 000
　　贷：银行存款 30 000

【例4-22】 大地公司赊购材料10 000元。

该笔经济业务的类型属于资产与负债同增,其中资产中的原材料增加,负债中的应付账款增加。根据资产增加记借方,负债增加记贷方,这笔业务应借记"原材料"账户10 000元,贷记"应付账款"账户 10 000 元。会计分录为：

借：原材料   10 000
　　贷：应付账款   10 000

【例 4-23】 大地公司收到投资者投入资金 1 000 000 元。

该笔经济业务的类型属于资产与所有者权益同增，其中资产中的银行存款增加，所有者权益中的实收资本增加。根据资产增加记借方，所有者权益增加记贷方，这笔业务应借记"银行存款"账户 1 000 000 元，贷记"实收资本"账户 1 000 000 元。会计分录为：

借：银行存款   1 000 000
　　贷：实收资本   1 000 000

【例 4-24】 大地公司以银行存款 40 000 元偿还前欠的材料购货款。

该笔经济业务的类型属于资产与负债同减，其中资产中的银行存款减少，负债中的应付账款减少。根据资产减少记贷方，负债减少记借方，这笔业务应借记"应付账款"账户 40 000元，贷记"银行存款"账户 40 000 元。会计分录为：

借：应付账款   40 000
　　贷：银行存款   40 000

【例 4-25】 大地公司以银行存款 20 000 元回购股权。

该笔经济业务的类型属于资产与所有者权益同减，其中资产中的银行存款减少，利润分配增加导致所有者权益减少。根据所有者权益减少记借方，资产减少记贷方，这笔业务应借记"实收资本"账户 20 000 元，贷记"银行存款"账户 20 000 元。会计分录为：

借：实收资本   20 000
　　贷：银行存款   20 000

【例 4-26】 大地公司宣告分派股利 25 000 元。

该笔经济业务类型属于负债增加，所有者权益减少，其中负债中的应付股利增加，利润分配增加导致所有者权益减少。根据所有者权益减少记借方，负债增加记贷方，这笔业务应借记"利润分配"账户 25 000 元，贷记"应付股利"账户 25 000 元。会计分录为：

借：利润分配   25 000
　　贷：应付股利   25 000

【例 4-27】 大地公司与某债权人达成协议，将其 100 000 元应付账款转为对本企业的投资。

该笔经济业务属于负债减少，所有者权益增加，其中负债中的应付账款减少，同时所有者权益中的实收资本增加。根据负债减少记借方，所有者权益增加记贷方，这笔业务应借记"应付账款"账户 100 000 元，贷记"实收资本"账户 100 000 元。会计分录为：

借：应付账款   100 000
　　贷：实收资本   100 000

【例 4-28】 大地公司向银行取得短期借款，直接偿还应付账款 80 000 元。

该笔经济业务类型属于负债内部项目此增彼减，其中负债中的短期借款增加，应付账款

减少。根据负债减少记借方,负债增加记贷方,这笔业务应贷记"短期借款"账户 80 000 元,借记"应付账款"账户 80 000 元。会计分录为:

  借:应付账款   80 000
    贷:短期借款   80 000

【例 4-29】 大地公司以盈余公积 300 000 元转增资本。

该笔经济业务属于所有者权益内部项目此增彼减,其中所有者权益中的盈余公积减少,实收资本增加。根据所有者权益减少记借方,所有者权益增加记贷方,这笔业务应借记"盈余公积"账户 300 000 元,贷记"实收资本"账户 300 000 元。会计分录为:

  借:盈余公积   300 000
    贷:实收资本   300 000

【例 4-30】 大地公司购买机器设备一台,价值 50 500 元,其中 50 000 元以转账支票支付,余款以库存现金付讫。

该笔经济业务的类型属于资产内部项目此增彼减,涉及有关账户三个,其中资产项目中的固定资产增加,银行存款减少,现金减少。根据资产增加记借方,资产减少记贷方,这笔业务应借记"固定资产"账户 50 500 元,贷记"银行存款"账户 50 000 元,贷记"库存现金"账户 500 元。会计分录为:

  借:固定资产   50 500
    贷:银行存款   50 000
      库存现金   500

【例 4-31】 大地公司向银行取得 600 000 元的长期借款,其中 500 000 元直接用于偿还短期借款,余款存入银行。

该笔经济义务属于复合型业务类型,涉及负债内部项目此增彼减和资产与负债同增,其中负债项目中的长期借款增加,短期借款减少,资产中的银行存款增加。根据负债增加记贷方,负债减少记借方,资产增加记借方,这笔业务应借记"短期借款"账户 500 000 元,借记"银行存款"账户 100 000 元,贷记"长期借款"账户 600 000 元。会计分录为:

  借:短期借款   500 000
    银行存款   100 000
    贷:长期借款   600 000

上述[例 4-21]至[例 4-29]的会计分录是简单分录。上述[例 4-30]和[例 4-31]的会计分录是复合分录。

复合分录可分解为简单分录,[例 4-30]和[例 4-31]分解为简单分录为:

[例 4-30]

  借:固定资产   50 000
    贷:银行存款   50 000
  借:固定资产   500
    贷:库存现金   500

[例 4-31]

借：短期借款		500 000
贷：长期借款		500 000
借：银行存款		100 000
贷：长期借款		100 000

为了使账户对应关系一目了然，在借贷记账法下，一般只应编制一借一贷、一借多贷和一贷多借的会计分录，而不提倡编制多借多贷的会计分录，以避免账户之间的对应关系模糊不清，难以判断经济业务的实际情况。

五、借贷记账法下的试算平衡

（一）试算平衡的含义

试算平衡是指根据借贷记账法的记账规则和资产与权益的恒等关系，通过对所有账户的发生额和余额的汇总计算和比较，来检查记录是否正确的一种方法。

试算平衡是借贷记账法检查账户记录有无错误的一种方法。也是保证账户记录的正确性和完整性的必要过程。

（二）试算平衡的分类

试算平衡有发生额试算平衡法和余额试算平衡法两种方法。

1. 发生额试算平衡法

发生额试算平衡法是根据本期所有账户借方发生额合计与贷方发生额合计的恒等关系，全部账户本期借方发生额合计与全部账户本期贷方发生额合计保持平衡。

在借贷记账法下，由于对任何经济业务都是根据"有借必有贷，借贷必相等"的记账规则记账，这样，不仅每一笔经济业务记入相关账户的借方和贷方发生额相等，而且当一定会计期间内的全部经济业务都记入相关账户之后，所有账户的借方发生额合计数与贷方发生额合计数也必然相等。因此，其试算平衡公式为：

全部账户（科目）本期借方发生额合计数 = 全部账户（科目）本期贷方发生额合计数

发生额试算平衡的直接依据是借贷记账法的记账规则。发生额试算平衡可以通过编制发生额试算平衡表来进行。

2. 余额试算平衡法

余额试算平衡法是根据本期所有账户借方余额合计与贷方余额合计的恒等关系，检验本期账户记录是否正确的方法。即全部账户借方期末（初）余额合计与全部账户贷方期末（初）余额合计保持平衡。根据余额时间不同，又分为期初余额平衡与期末余额平衡两类。期初余额平衡是期初所有账户借方余额合计与贷方余额合计相等，期末余额平衡是期末所有账户借方余额合计与贷方余额合计相等。由于账户本期发生额的影响包含在期末余额内，所以从平衡的角度上讲也可以只编制账户的余额平衡表。

根据前面的账户结构，凡是借方余额的账户都是资产类会计账户，凡是贷方余额的账户都

是负债和所有者权益类账户。所以,所有账户的借方余额合计数,即为资产总额;所有账户的贷方余额合计数,即为负债和所有者权益总额。由于"资产=负债+所有者权益"的恒等性,所有账户的借方余额合计数必然同所有账户的贷方余额合计数相等。其试算平衡公式为:

全部会计账户(科目)借方期初余额合计 = 全部会计账户(科目)贷方期初余额合计

全部会计账户(科目)借方期末余额合计 = 全部会计账户(科目)贷方期末余额合计

余额试算平衡的直接依据是财务状况等式。在实际工作中,余额试算平衡可以通过编制余额试算平衡表进行。

(三) 试算平衡表的编制

实际工作中,试算平衡是通过编制试算平衡表进行的。试算平衡表通常是在期末结出各账户的本期发生额合计和期末余额后编制的,试算平衡表中一般应设置"期初余额""本期发生额"和"期末余额"三大栏目,其下分设"借方"和"贷方"两个小栏。各大栏中的借方合计与贷方合计应该平衡相等,否则,便存在记账错误。为了简化表格,试算平衡表也可只根据各个账户的本期发生额编制,不填列各账户的期初余额和期末余额。

【例 4-32】 华阳公司 2019 年 4 月 30 日各总账余额如表 4-2 所示。

表 4-2　　　　　　　　　　账户余额表

资产	方向	金额	负债和所有者权益	方向	金额
银行存款	借	50 000	短期借款	贷	20 000
应收账款	借	50 000	应付票据	贷	30 000
原材料	借	40 000	应付账款	贷	60 000
库存商品	借	60 000	实收资本	贷	100 000
固定资产	借	200 000	盈余公积	贷	50 000
			本年利润	贷	140 000
合计		400 000	合计		400 000

2019 年 5 月份,公司发生下列经济业务(暂不考虑增值税):

(1) 向银行借入短期借款 30 000 元,存入银行。

(2) 收到投资者投入的资金 50 000 元,存入银行。

(3) 用银行存款购入材料 25 000 元,材料验收入库。

(4) 生产车间领用原料 10 000 元。

(5) 销售产品一批,价款 80 000 元,款项尚未收到,该批产品成本为 40 000 元。

(6) 将本期收入 80 000 元和本期成本 40 000 元转入"本年利润"账户。

根据上述业务内容,采用借贷记账法进行业务处理。

第一步:根据上述六笔业务编制会计分录。

(1) 借:银行存款　　　　　　　　　　　　　　　　　30 000
　　　贷:短期借款　　　　　　　　　　　　　　　　　　　30 000

(2) 借:银行存款　　　　　　　　　　　　　　　　　50 000
　　　贷:实收资本　　　　　　　　　　　　　　　　　　　50 000

(3) 借:原材料　　　　　　　　　　　　　　　　　　25 000
　　　贷:银行存款　　　　　　　　　　　　　　　　　　　25 000

(4) 借：生产成本　　　　　　　　　　　　　　　　10 000
　　　贷：原材料　　　　　　　　　　　　　　　　　　　　10 000
(5) 借：应收账款　　　　　　　　　　　　　　　　80 000
　　　贷：主营业务收入　　　　　　　　　　　　　　　　　80 000
　　借：主营业务成本　　　　　　　　　　　　　　40 000
　　　贷：库存商品　　　　　　　　　　　　　　　　　　　40 000
(6) 借：主营业务收入　　　　　　　　　　　　　　80 000
　　　贷：本年利润　　　　　　　　　　　　　　　　　　　80 000
　　借：本年利润　　　　　　　　　　　　　　　　40 000
　　　贷：主营业务成本　　　　　　　　　　　　　　　　　40 000

第二步：根据上述分录进行发生额试算平衡，如表4-3所示。

表4-3　　　　　　　　　　　发生额试算平衡表　　　　　　　　　　单位：元

会计科目	借方发生额	贷方发生额
银行存款	80 000	25 000
应收账款	80 000	
原材料	25 000	10 000
生产成本	10 000	
库存商品		40 000
短期借款		30 000
实收资本		50 000
主营业务收入	80 000	80 000
主营业务成本	40 000	40 000
本年利润	40 000	80 000
合计	355 000	355 000

第三步：开设账户，并将期初余额和本期发生额记入账户（图4-6中，用"T"形账户表示）。

借方	银行存款		贷方
期初余额	50 000		
(1)	30 000		
(2)	50 000	(3)	25 000
本期发生额	80 000	本期发生额	25 000
期末余额	105 000		

借方	应收账款		贷方
期初余额	50 000		
(5)	80 000		
本期发生额	80 000	本期发生额	
期末余额	130 000		

借方		原 材 料		贷方
期初余额	40 000			
(3)	25 000	(4)		10 000
本期发生额	25 000	本期发生额		10 000
期末余额	55 000			

借方		生 产 成 本		贷方
期初余额				
(4)	10 000			
本期发生额	10 000	本期发生额		
期末余额	10 000			

借方		库 存 商 品		贷方
期初余额	60 000			
		(5)		40 000
本期发生额		本期发生额		40 000
期末余额	20 000			

借方		短 期 借 款		贷方
		期初余额		20 000
		(1)		30 000
本期发生额		本期发生额		30 000
		期末余额		50 000

借方		应 付 票 据		贷方
		期初余额		30 000
本期发生额		本期发生额		
		期末余额		30 000

借方		应 付 账 款		贷方
		期初余额		60 000
本期发生额		本期发生额		
		期末余额		60 000

借方	实 收 资 本		贷方
	期初余额		100 000
	(2)		50 000
本期发生额	本期发生额		50 000
	期末余额		150 000

借方	盈 余 公 积		贷方
	期初余额		50 000
本期发生额	本期发生额		
	期末余额		50 000

借方	本 年 利 润		贷方
	期初余额		140 000
(6)	40 000	(6)	80 000
本期发生额	40 000	本期发生额	80 000
		期末余额	180 000

借方	主营业务收入		贷方
(6)	80 000	(5)	80 000
本期发生额	80 000	本期发生额	80 000

借方	主营业务成本		贷方
(5)	40 000	(6)	40 000
本期发生额	40 000	本期发生额	40 000

图 4-6 "T"形账户示意图

第四步:编制"余额试算平衡表",如表 4-4 所示。

表 4-4　　　　　　　　　　　余额试算平衡表　　　　　　　　　　单位:元

会计科目	借方余额	贷方余额
银行存款	105 000	
应收账款	130 000	
原材料	55 000	
生产成本	10 000	
库存商品	20 000	
固定资产	200 000	

(续表)

会计科目	借方余额	贷方余额
短期借款		50 000
应付票据		30 000
应付账款		60 000
实收资本		150 000
盈余公积		50 000
本年利润		180 000
合计	520 000	520 000

在编制试算平衡表时,应注意以下几点:

(1) 所有账户的余额必须都已记入试算平衡表,包括只有期初余额没有发生额的账户,以及没有期初余额但有本期发生额的账户。

(2) 试算平衡表借贷不相等,说明账户记录一定有错误,应认真查找,直到实现平衡为止。

(3) 试算平衡表经过试算都是平衡的,也不能说明账户记录就是正确的,因为有些错误并不会影响借贷双方的平衡关系。

试算平衡能够检验的错误:

(1) 会计分录中一方金额记错。

(2) 一方金额遗漏记载或重复记载。

(3) 过入账户的一方金额过错、一方方向过错。

(4) 账户借方或贷方合计数计算错误。

试算平衡不能检验的错误:

(1) 会计分录中借贷双方全部漏记。漏记某一项会计事项,借贷同时未记,将导致本期借贷双方的发生额等额减少,所以不影响借贷平衡。

(2) 全部重记。重记某一项会计事项,即借贷同时记两次,导致本期借贷双方的发生额等额虚增,所以不影响借贷平衡。

(3) 用错账户。记错账户,借贷仍然平衡。

(4) 方向颠倒。借贷方向同时记反,即颠倒记账方向,也不会影响借贷平衡关系。

(5) 借方或贷方发生额中,偶然多记少记,一项错误与另一项错误正好抵销等。

所以,试算平衡的结果只能作为账户记录基本没有错误的结论,而不能作为账户记录绝对没有错误的判断依据。此外,试算表的编制还有助于会计报表的编制。

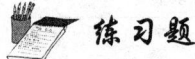

一、单项选择题

1. 复式记账法是对每一项经济业务都必须用相等的金额,同时在相互联系的两个或者两个以上账户中同时登记,其登记的账户是(   )。
   A. 资产类账户　　　　　　　　　　B. 权益类账户
   C. 相互联系的对应账户　　　　　　D. 总账账户和明细账账户

2. 借贷记账法下的发生额平衡是由(　　)决定的。
   A. "有借必有贷、借贷必相等"的规则　　B. "资产＝权益"的会计等式
   C. 平行登记要点　　　　　　　　　　　D. 账户的结构

3. 在复合会计分录"借:固定资产 50 000,贷:银行存款 30 000,应付账款 20 000"中:"银行存款"账户的对应账户是(　　)。
   A. "应付账款"　　　　　　　　　　　B. "银行存款"
   C. "固定资产"　　　　　　　　　　　D. "固定资产"和"应付账款"

4. 在编制"总分类账户试算平衡表"中,若出现三对平衡数字,则(　　)。
   A. 全部总账账户记录一定正确
   B. 全部总账账户记录也不能认为肯定无错
   C. 全部明细分类账户记录一定正确
   D. 全部明细分类账户记录也不能认为肯定无错

5. 在借贷记账法下,账户的何方记增加,何方记减少,取决于(　　)。
   A. 账户的格式　　　　　　　　　　　B. 账户的结构
   C. 账户的用途　　　　　　　　　　　D. 账户反映的经济内容

6. 损益类账户的结构与资产类账户的结构(　　)。
   A. 一致　　　　　　　　　　　　　　B. 无关
   C. 基本相同　　　　　　　　　　　　D. 相反

7. 在复式记账法下,对每项经济业务都可以以相等的金额,在(　　)。
   A. 一个或一个以上账户中登记　　　　B. 两个账户中登记
   C. 任意两个或两个以上账户中登记　　D. 相互关联的两个或两个以上账户中登记

8. 我国《企业会计准则》规定,企业应采用(　　)。
   A. 增减记账法　　　　　　　　　　　B. 借贷记账法
   C. 收付记账法　　　　　　　　　　　D. 单式记账法

9. 下列交易或事项中,引起资产和负债同时增加的交易或事项是(　　)。
   A. 以银行存款购入原材料一批　　　　B. 以银行存款支付前欠货款
   C. 收回应收账款存入银行　　　　　　D. 购入电视机一台,款暂欠

10. 收回应收账款 50 000 元,存入银行。这一业务引起的会计要素的变动是(　　)。
    A. 资产总额不变　　　　　　　　　　B. 资产增加,负债增加
    C. 资产增加,负债减少　　　　　　　D. 资产减少,负债增加

11. 以银行存款交纳所得税,所引起的变化为(　　)。
    A. 一项资产减少,一项权益减少　　　B. 一项资产减少,一项负债减少
    C. 一项负债减少,一项资产增加　　　D. 一项资产减少,一项资产增加

12. 负债类账户的贷方登记(　　)。
    A. 负债的减少　　　　　　　　　　　B. 负债的增加
    C. 应付款的增加或减少　　　　　　　D. 应收款的增加或减少

13. 下列事项中,能够引起资产总额增加的是(　　)。
    A. 接受投资者投资　　　　　　　　　B. 以银行存款偿还债务
    C. 从银行提取现金　　　　　　　　　D. 将资本公积转增资本

二、多项选择题

1. 对于资产类账户,一般而言,下列说法中,正确的有(　　)。
   A. 借方登记增加数、贷方登记减少数
   B. 借方登记减少数、贷方登记增加数
   C. 借方期初余额与本期借方发生额一定不小于本期贷方发生额
   D. 期末余额在借方

2. 在借贷记账法下,复合会计分录表现为(　　)。
   A. 一借一贷　　　B. 一借多贷　　　C. 多借一贷　　　D. 多借多贷

3. 随着经济业务的不断发生,必然对会计要素产生一定的影响,具体地说(　　)。
   A. 引起各类会计要素之间同增或同减变动
   B. 引起同类会计要素内容有增有减变动
   C. 引起各类会计要素之间,如有一类发生增减变动,则其他有关要素必然随之发生等量同增同减变动
   D. 引起同类会计要素内容,如有一项内容发生增减变动,则其他有关具体的内容必然随之发生等量增减变动

4. 采用复式记账在账户中登记经济业务的优点有(　　)。
   A. 可根据账户记录了解每项经济业务的来龙去脉,观察经济业务的过程和结果
   B. 可通过核对账户记录进行试算平衡,检查账户记录的正确性
   C. 账户记录的结果不会打破会计等式
   D. 比单式记账法科学严密

5. 在借贷记账法下,"借"和"贷"作为记账符号(　　)。
   A. 在账户结构上,可表示两对立的部位
   B. 表示"借"和"贷"等于"增"和"减"
   C. 在金额的增减变化上,可表示"增加"或"减少"
   D. 表示"借主"和"贷主"

6. 采用复式记账法和"借""贷"符号记录经济业务时,(　　)。
   A. 引起会计要素有关账户的同增同减变化,必然是有借有贷
   B. 引起会计要素有关账户的有增有减变化,必然是有借有贷
   C. 记入借方账户的金额必然与记入贷方的金额相等
   D. 记入一个账户的借方,则也应记入另一个账户的借方,这叫同向登记

7. 下列错误中,在试算平衡中难以发现的有(　　)。
   A. 全部漏记或重记同一经济业务
   B. 借贷双方发现同样金额的记账错误或过账错误
   C. 过账时,账户记录发生了借贷方向的错误
   D. 记错了有关账户

8. 在借贷记账法下,账户借方登记的内容有(　　)。
   A. 资产的增加　　　　　　　　　B. 所有者权益的增加
   C. 收入的减少或期末结转数　　　D. 成本的增加数

9. 在借贷记账法下,账户贷方登记的内容有(　　)。

A. 资产的减少 B. 负债的增加
C. 费用的减少数及期末结转数 D. 成本减少数或结转数

10. 下列对账户余额的表述中,正确的有( )。
   A. 资产类账户的期末余额＝期初余额＋本期借方发生额－本期贷方发生额
   B. 资产类账户的期末余额＝期初余额＋本期贷方发生额－本期借方发生额
   C. 权益类账户的期末余额＝期初余额＋本期借方发生额－本期贷方发生额
   D. 权益类账户的期末余额＝期初余额＋本期贷方发生额－本期借方发生额

11. 构成会计分录基本内容的有( )。
   A. 应记账户的名称 B. 应记账户的方向
   C. 应记金额 D. 记账时间

12. 借贷记账方法下的试算平衡方法有( )。
   A. 发生额试算平衡法 B. 总额试算平衡法
   C. 差额试算平衡法 D. 余额试算平衡法

13. 在发生( )的情况下,试算平衡表依然是平衡的。
   A. 少记某账户发生额
   B. 整笔经济业务漏记
   C. 整笔经济业务重记
   D. 某一账户的金额记错

14. 在编制试算平衡表时,应该注意的是,( )。
   A. 如果试算平衡,说明账户记录正确无误
   B. 必须保证所有账户的余额均已记录在试算平衡表
   C. 如果试算不平衡,账户记录肯定有错误,应该认真查找,直到平衡为止
   D. 即使试算平衡,也不能说明账户记录绝对正确

三、判断题

1. 单式记账法下,对任何一项经济业务都不用两个或两个以上的账户进行记录。( )
2. 借、贷两字不仅是作为记账符号,其本身的含义也应考虑,"借"只能表示债权增加,"贷"只能表示债务增加。( )
3. 借贷记账法的基本结构是:左方为借方,右方为贷方。( )
4. 如果试算平衡表是平衡的,则说明账户记录是正确的。( )
5. 复合分录可以是由几个简单分录复合而成的。( )
6. 借贷记账法不同于其他复式记账法的唯一特点是以"借""贷"作为记账符号。( )
7. 资产类账户期末余额＝期初余额＋本期借方发生额－本期贷方发生额。( )
8. 账户的借方是增加方,贷方是减少方。( )
9. 根据账户记录编制试算平衡表以后,如果所有账户在借方发生额同所有账户的贷方发生额相等,则说明会计分录的编制和账户的登记是正确的。( )
10. 资产和权益在数量上始终是相等的。( )
11. 负债和所有者权益类账户的期末余额一定在贷方。( )
12. 在借贷记账法下,"借"表示增加,"贷"表示减少。( )

四、综合题

（一）某工贸有限公司 2019 年 3 月初的资产、负债和所有者权益情况如表 4-5 所示。

表 4-5　　　　　　　　　　　资产负债表（简表）

资产	金额	负债和所有者权益	金额
库存现金	1 000	负债：	
银行存款	13 000	短期借款	100 000
应收账款	14 000	应付账款	25 000
其他应收款	2 000	应付职工薪酬	5 000
材料采购	10 000		
生产成本	140 000	所有者权益：	
原材料	50 000	实收资本	500 000
库存商品	70 000	盈余公积	50 000
固定资产	400 000	未分配利润	20 000
合　计	700 000	合　计	700 000

3 月份该公司发生下列各项经济业务：

1. 向甲公司购入原材料一批，计价 20 000 元，材料验收入库，货款未付。
2. 生产车间领用材料 45 000 元投入 A 产品的生产。
3. 向银行借入短期借款 50 000 元存入银行。
4. 以现金暂付行政办公室职工张强差旅费 1 000 元。
5. 以银行存款偿还前欠甲公司材料款 20 000 元。
6. 收到大地公司投入资本 30 000 元存入银行。
7. 收回乙公司前欠货款 12 000 元存入银行。
8. 从银行提取现金 1 000 元。
9. 以银行存款购入机器一台，价值 20 000 元。
10. 以银行存款支付劳保医院医药费 5 000 元。

要求：

1. 根据以上业务，将资产、负债和所有者权益各项目的 3 月份金额和月内增减变化的金额填入表 4-6，同时计算出期末余额和合计数。

表 4-6　　　　　　　　　　　相　关　计　算　表　　　　　　　　　　金额单位：元

资　产	月初数	本月增加数	本月减少数	月末余额	负债和所有者权益	月初数	本月增加数	本月减少数	月末余额
库存现金					负债：				
银行存款					短期借款				
应收账款					应付账款				
其他应收款					应付职工薪酬				
材料采购					负债合计				
生产成本					所有者权益：				

(续表)

资产	月初数	本月增加数	本月减少数	月末余额	负债和所有者权益	月初数	本月增加数	本月减少数	月末余额
原材料					实收资本				
库存商品					盈余公积				
固定资产					未分配利润				
					所有者权益合计				
总　　计					总　　计				

2. 编制该企业3月份相关业务的会计分录。

(二)温州市浙江工贸有限公司2019年5月资产、负债和所有者权益账户的期初余额如表4-7所示。

表4-7　　　　　　　　　　　　账户期初余额表

资产类账户	金　额	负债和所有者权益类账户	金　额
库存现金	1 000	负债：	
银行存款	135 000	短期借款	60 000
应收账款	10 000	应付账款	8 000
生产成本	40 000	应交税费	2 000
原材料	120 000	负债合计	70 000
库存商品	24 000	所有者权益：	
固定资产	600 000	实收资本	860 000
		所有者权益合计	860 000
总　　计	930 000	总　　计	930 000

5月份该公司发生下列经济业务：

1. 购进材料一批，计价11 300元(含增值税13%)，材料验收入库，以银行存款支付。
2. 生产车间领用丙材料40 000元，全部投入生产甲产品。
3. 从银行存款户提取现金400元。
4. 以银行存款购入小轿车1辆，计价100 000元。
5. 用银行存款偿还所欠大地公司货款3 000元。
6. 生产车间从仓库领料25 000元生产甲产品。
7. 收到购货单位前欠3 000元货款存入银行。
8. 其他单位投入资本20 000元存入银行。
9. 以银行存款16 000元，归还短期借款12 000元，归还供货单位货款4 000元。
10. 收到购货单位前欠货款4 000元，其中支票3 600元存入银行，另收到现金400元。

要求：

1. 根据以上资料的各项经济业务，采用借贷记账法编制会计分录。
2. 开设各账户("T"形账户)登记期初余额、本期发生额，结出期末余额，并编制"总分类账户本期发生额对照表"(如表4-8所示)。

表4-8 总分类账户本期发生额对照表

会计科目	期初余额		本期发生额		期末余额	
	借方	贷方	借方	贷方	借方	贷方

第五章 借贷记账法下主要经济业务的账务处理

 **学习目标**

(一) 知识目标

目标1 了解制造业企业主要经济业务的特点

目标2 掌握制造业企业主要经济活动业务的会计核算

目标3 掌握主要会计账户的基本内容,强化借贷记账法的应用

(二) 技能目标

能够编制制造业企业主要经济业务的会计分录

第一节 企业的主要经济业务

第五章第一节

不同企业的经济业务各有特点,其生产经营业务流程也不尽相同,本章主要以制造业(工业企业)为例,介绍企业的资金筹集、设备购置、材料采购、产品生产、商品销售和利润分配等经济业务。

制造业(工业企业)是以产品的加工制造和销售为主要生产经营活动的营利性经济组织,经济业务比较全面。其生产经营活动过程包括为产品加工制造的准备过程(供应过程)、产品的加工制造过程(生产过程)和产品的出售和款项结算(销售过程)以及处于供、产、销过程两头的投资过程(包括资金的筹集)和财务成果的计算和分配过程。企业从事生产经营活动的过程也就是企业发生各种经济业务的过程。

一、制造业企业的基本生产经营活动流程

(一) 供应过程

制造业的供应过程的主要任务是为生产产品准备所需要的劳动资料和劳动对象,在生产能力不需要增加的情况下,生产准备主要是进行材料采购,材料采购过程的业务活动包括:

(1) 根据订单或市场需求确定产品品种和数量。

(2) 组织原材料采购。

(3) 原材料入库存储。

(4) 采购货款和采购费用结算。

(5) 材料采购成本计算。

(二) 生产过程

生产过程是制造业经营活动的中心环节,在产品的生产过程中,劳动者通过借助劳动手段对劳动对象进行加工,制造出各种为社会所需要的产品。产品生产过程中所发生的各种材料费用、人工费用以及为组织和管理产品的生产所发生的各种费用共同构成了所生产产品的生产成本。其主要业务活动包括:

(1) 对原材料进行加工、组装。
(2) 支付生产工人和管理人员工资。
(3) 发生日常管理费用和其他费用开支。
(4) 固定资产的维护和使用。
(5) 生产费用的归集、分配与成本计算。

(三) 销售过程

制造业进行产品的加工制造,其目的主要就是为了对外销售并获取利润。在产品的销售过程中,企业一方面将自己加工制造的产品销售给购买者,另一方面要办理结算,收取货款。

这一过程的主要经营活动包括:

(1) 产成品发出销售。
(2) 销售货款和结算。
(3) 销售收入的分配。

制造企业基本经营过程所包括的供、产、销三个阶段,是一个相互联系、相互依存、依次进行的循环过程。

二、会计对象——制造业企业经营资金的运动过程

上述制造业企业基本生产经营活动流程,从实物形态的变化来看是物质运动,从价值形态的变化来看是资金运动。资金离不开物质,又不等于物质,它是物质价值的货币表现,体现着抽象的人类劳动,而不论其使用价值如何。为了保证制造业企业生产经营活动的进行,企业就要从各种渠道筹集到一定数量的资金。企业拥有一定数额的资金是进行生产经营活动的必要条件。企业筹资的渠道主要有投资者投入的资金和向银行等金融机构借入的资金。企业筹集到的资金被运用到企业生产经营活动的各个环节,并且随着物资实物形态的变化,其物质的价值形态也在进行着变化。

(一) 资金的筹集

企业的经营活动所需要的资金,总是通过一定渠道和方式取得的。从资金的性质看,一是所有者权益资金;二是负债资金。它们反映了资金作为价值所体现的经济关系或产权归属关系。

(二) 资金的循环与周转

企业将所筹集到的资金投入生产经营活动过程,并伴随企业的生产经营活动过程的不

断进行,企业资金从货币资金形态开始,依次经过供、产、销三个阶段,其资金形态也依次转化,分别表现为不同的资金形态,最终又回到货币形态,并形成企业经营资金的循环与周转。包括在供应过程中企业以货币资金购买材料完成货币资金向储备资金转化;在生产过程中通过材料的领用与消耗、支付工资和其他费用、固定资产折旧的计算,完成储备资金、货币资金和固定资金向生产资金的转化(实物资产为在产品);经过进一步的加工随产品完工入库完成生产资金向成品资金的转化;在销售过程中企业通过发出产品和货款结算完成成品资金向货币资金的转化。上述企业的资金从货币资金形态开始,经过供应、生产、销售三个阶段,依次转化其形态,最后又回到货币资金形态的全过程就是资金的循环。伴随着企业的生产经营活动过程的不断重复进行,不断重复的资金循环(或资金周而复始地循环)就是资金的周转。企业资金只有不断地循环和周转,才能实现其自身价值的保值和增值,资金周转速度越快,资金利用效果越好,企业经济效益就越高。

(三) 资金的退出

企业经营活动过程所取得的收入,除补偿其经营活动的耗费外,还要按规定交纳各种税金;以收抵支后的剩余部分,即为企业的净利润,企业取得的净利润扣除提取的必要的留存收益外,要按投资比例在投资者之间进行分配;另外,企业还会发生偿还债务的活动,这些活动即为企业资金的退出。

综上所述,企业经营过程中所表现出的资金的筹集、资金的循环与周转、资金的退出,即企业生产经营活动过程中的资金运动,就是企业的会计对象。

针对企业生产经营过程中发生的上述经济业务,财务处理的主要内容有:①资金筹集业务的账务处理;②固定资产业务的账务处理;③材料采购业务的账务处理;④生产业务的账务处理;⑤销售业务的账务处理;⑥期间费用的账务处理;⑦利润形成与分配业务的账务处理。

第二节 筹集资金过程的核算

第五章第二节

企业的资金筹集业务按其资金来源通常分为所有者权益筹资和负债筹资。所有者权益筹资形成所有者的权益(通常称为权益资本),包括投资者的投资及其增值,这部分资本的所有者既享有企业的经营收益,也承担企业的经营风险;负债筹资形成债权人的权益(通常称为债务资本),主要包括企业向债权人借入的资金和结算形成的负债资金等,这部分资本的所有者享有按约定收回本金和利息的权利。

一、所有者权益筹资业务

(一) 所有者投入资本的构成

所有者权益
筹资业务核算

所有者投入资本按照投资主体的不同可以分为国家资本金、法人资本金、个人资本金和外商资本金等。

所有者投入的资本主要包括实收资本(股份制企业叫"股本")和资本公积。

实收资本(或股本)是指企业的投资者按照企业章程、合同或协议的约定,实际投入企业的资本金以及按照有关规定由资本公积、盈余公积等转增资本的资金。

资本公积是企业收到投资者投入的超出其在企业注册资本(或股本)中所占份额的投资,以及直接计入所有者权益的利得和损失等。资本公积作为企业所有者权益的重要组成部分,主要用于转增资本。

(二) 账户设置

企业通常设置以下账户对所有者权益筹资业务进行核算。

1. "实收资本(或股本)"账户

"实收资本"账户(股份有限公司一般设置"股本"账户)属于所有者权益类账户,用于核算企业接受投资者投入的实收资本。

该账户贷方登记所有者投入企业资本金的增加额,借方登记所有者投入企业资本金的减少额。期末余额在贷方,反映企业期末实收资本(或股本)总额。

该账户可按投资者的不同设置明细账户,进行明细核算。

2. "资本公积"账户

"资本公积"账户属于所有者权益类账户,用于核算企业收到投资者出资额超出其在注册资本或股本中所占份额的部分,以及直接计入所有者权益的利得和损失等。

该账户借方登记资本公积的减少额,贷方登记资本公积的增加额。期末余额在贷方,反映企业期末资本公积的结余数额。

该账户可按资本公积的来源不同,分别"资本溢价(或股本溢价)""其他资本公积"进行明细核算。

3. "银行存款"等账户

"银行存款"账户属于资产类账户,用于核算企业存入银行或其他金融机构的各种款项,但是银行汇票存款、银行本票存款、信用卡存款、信用证保证金存款、存出投资款、外埠存款等通过"其他货币资金"账户核算。

该账户借方登记存入的款项,贷方登记提取或支出的存款。期末余额在借方,反映企业存在银行或其他金融机构的各种款项。

该账户应当按照开户银行、存款种类等分别进行明细核算。

(三) 账务处理

企业接受投资者投入的资本,借记"银行存款""固定资产""无形资产""长期股权投资"等账户,按其在注册资本或股本中所占份额,贷记"实收资本(或股本)"账户,按其差额,贷记"资本公积——资本溢价(或股本溢价)"账户。

【例 5-1】 2019 年 1 月 3 日,某工贸有限公司收到国家投入的资本金 500 万元存入银行,收到企业内部职工入股的现金 20 万元。会计分录为:

```
借:库存现金                          200 000
    银行存款                        5 000 000
  贷:实收资本——国家资本金            5 000 000
            ——个人资本金              200 000
```

【例5-2】 2019年1月4日,某工贸有限公司收到外商投入的不需安装的电子设备一台,原账面价值为50万元,投资协议作价40万元。

  借:固定资产——电子设备　　　　　　　　　　　　　　　　　400 000
    贷:实收资本——外商资本金　　　　　　　　　　　　　　　　400 000

【例5-3】 2019年1月4日,某工贸有限公司收到国内B企业投入的厂房一幢,原账面价值200万元,已提折旧40万元,投资协议作价300万元。会计分录为:

  借:固定资产——厂房　　　　　　　　　　　　　　　　　　　3 000 000
    贷:实收资本——法人资本金(B公司)　　　　　　　　　　　3 000 000

【例5-4】 2019年1月5日,某工贸有限公司收到国内光学公司投入的甲材料一批,由而立公司运输并已验收入库,光学公司提供的增值税专用发票上载明材料价款10万元,增值税额1.3万元,投资协议规定该批材料按光学公司提供的发票金额作价。会计分录为:

  借:原材料——甲材料　　　　　　　　　　　　　　　　　　　100 000
    应交税费——应交增值税(进项税额)　　　　　　　　　　　13 000
    贷:实收资本——法人(光学公司)　　　　　　　　　　　　　113 000

【例5-5】 2019年1月5日,某工贸有限公司接受杭州好又多有限公司投入的一项专利权,经双方协商作价30万元,有关手续已办妥。

  借:无形资产——专利权　　　　　　　　　　　　　　　　　　300 000
    贷:实收资本——好又多有限公司　　　　　　　　　　　　　300 000

【例5-6】 A、B、C共同出资投资设立甲有限责任公司,注册资本为2 000 000元,款项通过银行收妥。A、B、C持股比例分别为55%、25%和20%。按照章程规定,A、B、C投入资本分别为1 100 000元、500 000元和400 000元。甲有限责任公司已如期收到投资者一次缴足的款项。不考虑其他因素,甲有限责任公司应编制会计分录为:

  借:银行存款　　　　　　　　　　　　　　　　　　　　　　　2 000 000
    贷:实收资本——A　　　　　　　　　　　　　　　　　　　1 100 000
       ——B　　　　　　　　　　　　　　　　　　　500 000
       ——C　　　　　　　　　　　　　　　　　　　400 000

【例5-7】 沿用[例5-6],1年后,为扩大经营规模,经批准,甲有限责任公司注册资本加到2 500 000元,并引入第四位投资者D加入。按照投资协议,D需缴入现金850 000元,同时享有该公司20%的股份。甲有限责任公司已收到D的现金投资,不考虑其他因素,甲有限责任公司应编制会计分录为:

  借:银行存款　　　　　　　　　　　　　　　　　　　　　　　850 000
    贷:实收资本——D　　　　　　　　　　　　　　　　　　　500 000
      资本公积——资本溢价　　　　　　　　　　　　　　　350 000

【例5-8】 2019年1月8日,某工贸有限公司收到华侨的捐赠款计人民币500 000元存入银行。会计分录为:

借：银行存款　　　　　　　　　　　　　　　　　　　　　　500 000
　　贷：营业外收入　　　　　　　　　　　　　　　　　　　　　500 000

【例5-9】 2019年1月8日，某工贸有限公司收到外商捐赠汽车一辆，八成新，市场同类车型的价值为10万元。会计分录为：

借：固定资产　　　　　　　　　　　　　　　　　　　　　　80 000
　　贷：营业外收入　　　　　　　　　　　　　　　　　　　　　80 000

二、负债筹资业务

（一）负债筹资的构成

负债筹资业务核算

负债筹资主要包括短期借款、长期借款以及结算形成的负债等。

短期借款是指企业为了满足其生产经营对资金的临时性需要而向银行或其他金融机构等借入的偿还期限在1年以内(含1年)的各种借款。

长期借款是指企业向银行或其他金融机构等借入的偿还期限在1年以上(不含1年)的各种借款。

结算形成的负债主要有应付账款、应付职工薪酬、应交税费等。

（二）账户设置

企业通常设置以下账户对负债筹资业务进行会计核算。

1. "短期借款"账户

"短期借款"账户属于负债类账户，用于核算企业的短期借款。

该账户贷方登记短期借款本金的增加额，借方登记短期借款本金的减少额。期末余额在贷方，反映企业期末尚未归还的短期借款。

该账户可按借款种类、贷款人和币种进行明细核算。

2. "长期借款"账户

"长期借款"账户属于负债类账户，用于核算企业的长期借款。

该账户贷方登记企业借入的长期借款本金，借方登记归还的本金和利息。期末余额在贷方，反映企业期末尚未偿还的长期借款。

该账户可按贷款单位和贷款种类，分别"本金""利息调整"等进行明细核算。"本金"核算企业的长期借款本金；"利息调整"核算企业实际收到的长期借款与本金的差额。

3. "应付利息"账户

"应付利息"账户属于负债类账户，用于核算企业按照合同约定应支付的利息，包括吸收存款、分期付息到期还本的长期借款、企业债券等应支付的利息。

该账户贷方登记企业按合同利率计算确定的应付未付利息，借方登记归还的利息。期末余额在贷方，反映企业应付未付的利息。

该账户可按存款人或债权人进行明细核算。

4. "财务费用"账户

"财务费用"账户属于损益类账户，用于核算企业为筹集生产经营所需资金等而发生的筹资费用,包括利息支出(减利息收入)、汇兑损益以及相关的手续费、企业发生的现金折扣或收到的现金折扣等。为购建或生产满足资本化条件的资产发生的应予资本化的借款费用,通过"在建工程""制造费用"等账户核算。

该账户借方登记手续费、利息费用等的增加额,贷方登记应冲减财务费用的利息收入等。期末结转后,该账户无余额。

该账户可按费用项目进行明细核算。

(三) 账务处理

1. 短期借款的账务处理

企业借入的各种短期借款,借记"银行存款"账户,贷记"短期借款"账户;归还借款时作相反的会计分录。

短期借款利息一般按月预提、按季结算。资产负债表日,应按计算确定的短期借款利息费用,借记"财务费用"账户,贷记"银行存款""应付利息"等账户。

【例5-10】 2019年1月1日,红星公司借入一笔短期借款,共计120 000元,期限9个月,年利率4%,该借款的本金到期后一次归还,利息分月预提,按季支付。会计分录为:

(1) 借入时:

借:银行存款　　　　　　　　　　　　　　　　　　　　　　　　　　120 000
　　贷:短期借款　　　　　　　　　　　　　　　　　　　　　　　　　　　　120 000

(2) 月末,计提1月份应付利息时:

借:财务费用　　　　　　　　　　　　　　　　　　　　　　　　　　　400
　　贷:应付利息　　　　　　　　　　　　　　　　　　　　　　　　　　　　400

本月应计提利息金额 = 120 000 × 4% ÷ 12 = 400(元)

2月末计提2月份利息与1月份相同。

(3) 3月末,支付第一季度银行借款利息时:

借:财务费用　　　　　　　　　　　　　　　　　　　　　　　　　　　400
　　应付利息　　　　　　　　　　　　　　　　　　　　　　　　　　　800
　　贷:银行存款　　　　　　　　　　　　　　　　　　　　　　　　　　　1 200

第二、第三季度的会计处理同上。

(4) 10月1日,到期归还本金时:

借:短期借款　　　　　　　　　　　　　　　　　　　　　　　　　　120 000
　　贷:银行存款　　　　　　　　　　　　　　　　　　　　　　　　　　　120 000

【例5-11】 某公司因生产经营的临时性需要,于2019年4月30日向银行申请取得期限为6个月的借款100 000元,存入银行。借款年利率为6%,利息按季度结算。5月末,经计算5月份应负担的利息费用为500元。该公司应作会计分录为:

(1) 4月30日,取得短期借款时:

借:银行存款　　　　　　　　　　　　　　　　　　　　　　　　　　100 000
　　贷:短期借款　　　　　　　　　　　　　　　　　　　　　　　　　　　100 000

(2) 5月31日,计提5月份的利息时:

借:财务费用 500
    贷:应付利息 500

【例 5-12】 2019 年 1 月 1 日,某工贸有限公司从银行借入期限 3 个月的短期借款 100 万元,存入银行,年利率 6%,到期一次还本付息。

(1) 2019 年 1 月 1 日,借款时:

借:银行存款 1 000 000
    贷:短期借款 1 000 000

(2) 2019 年 1~3 月,每月底计提短期借款利息(总计 15 000 元)时:

借:财务费用(1 000 000×6%÷12) 5 000
    贷:应付利息 5 000

(3) 2019 年 3 月 31 日,归还借款本息时:

借:短期借款 1 000 000
    应付利息(5 000×3) 15 000
    贷:银行存款 1 015 000

或 借:短期借款 1 000 000
    应付利息 10 000
    财务费用 5 000
    贷:银行存款 1 015 000

2. 长期借款的账务处理

企业借入长期借款,应按实际收到的金额借记"银行存款"账户,按借款本金,贷记"长期借款——本金"账户,如存在差额,还应借记"长期借款——利息调整"账户。

资产负债表日,应按确定的长期借款的利息费用,借记"在建工程""制造费用""财务费用""研发支出"等账户,按确定的应付未付利息,贷记"应付利息"账户,按其差额,贷记"长期借款——利息调整"等账户。

长期借款的利息,如固定资产交付使用之前发生的利息计入所购建固定资产的成本,即"在建工程——××工程";其后发生的计入当期损益,即"财务费用"。

【例 5-13】 某工贸有限公司于 2018 年 1 月 1 日从银行借入 2 年期的借款 200 万元存入银行,年利率为 7.2%,利息每半年支付一次,本金到期一次偿还,假设用于工程建设,工程于 2018 年 12 月完工交付使用。

(1) 2018 年 1 月 1 日,借款时:

借:银行存款 2 000 000
    贷:长期借款——本金 2 000 000

(2) 2018 年 1 月至 2018 年 6 月,每月底计提利息时:

借:在建工程——××工程(2 000 000×7.2%÷12) 12 000
    贷:应付利息 12 000

(3) 2018年6月30日，支付利息时：

借：应付利息 72 000
　　贷：银行存款 72 000

(4) 2018年7月至2018年12月，每月底计提利息时：

借：在建工程——××工程 12 000
　　贷：应付利息 12 000

(5) 2018年12月31日，支付利息时：

借：应付利息 72 000
　　贷：银行存款 72 000

(6) 2019年1月至2019年6月，每月底计提利息时：

借：财务费用 12 000
　　贷：应付利息 12 000

(7) 2019年6月30日，支付利息时：

借：应付利息 72 000
　　贷：银行存款 72 000

(8) 2019年7月至2019年12月，每月底计提利息时：

借：财务费用 12 000
　　贷：应付利息 12 000

(9) 2019年12月31日，归还借款本息时：

借：长期借款——本金 2 000 000
　　应付利息 72 000
　　贷：银行存款 2 072 000

【例5-14】 工贸有限公司2018年1月1日从银行借入2年期的借款200万元存入银行，年利率为7.2%，本息到期一次偿还，假设用于工程建设，工程于2018年12月完工交付使用。

(1) 2018年1月1日，借款时：

借：银行存款 2 000 000
　　贷：长期借款——本金 2 000 000

(2) 2018年1月至2018年12月，每月底计提利息时：

借：在建工程——××工程 12 000
　　贷：长期借款——应计利息 12 000

(3) 2019年1月至2019年12月，每月底计提利息时：

借：财务费用 12 000
　　贷：长期借款——应计利息 12 000

(4) 2019 年 12 月 31 日,归还借款本息时:
借:长期借款——本金　　　　　　　　　　　　　　　　　　2 000 000
　　　　　　——应计利息　　　　　　　　　　　　　　　　　288 000
　　贷:银行存款　　　　　　　　　　　　　　　　　　　　　2 288 000

第三节　固定资产的核算

第五章第三节

一、固定资产的概念与特征

固定资产是指为生产商品、提供劳务、出租或者经营管理而持有、使用寿命超过一个会计年度的有形资产。

固定资产同时具有以下特征:①属于一种有形资产;②为生产商品、提供劳务、出租或者经营管理而持有;③使用寿命超过一个会计年度。

二、固定资产的成本

固定资产的成本是指企业购建某项固定资产达到预定可使用状态前所发生的一切合理、必要的支出。

企业可以通过外购、自行建造、投资者投入、非货币性资产交换、债务重组、企业合并和融资租赁等方式取得固定资产。不同取得方式下,固定资产成本的具体构成内容及其确定方法也不尽相同。

固定资产应按其取得时的实际成本作为入账的价值。取得时的实际成本包括:买价、进口关税、运输费、保险费等相关费用,以及为使固定资产达到预定可使用状态前所必要的支出,如安装费和专业人员服务费等。

提示:2009 年 1 月 1 日增值税转型改革后,企业购建(包括购进、接受捐赠、实物投资、自制、改扩建和安装)生产用固定资产发生的增值税进项税额可以从销项税额中抵扣。生产用固定资产的入账价值中,不包括允许抵扣的增值税进项税额。

三、固定资产的折旧

固定资产折旧是指在固定资产使用寿命内,按照确定的方法对应计折旧额进行的系统分摊。其中,应计折旧额是指应当计提折旧的固定资产的原价扣除其预计净残值后的金额。已计提减值准备的固定资产,还应当扣除已计提的固定资产减值准备累计金额。

预计净残值是指假定固定资产的预计使用寿命已满并处于使用寿命终了时的预期状态,企业目前从该项资产的处置中获得的扣除预计处置费用后的金额。

预计净残值率是指固定资产预计净残值额占其原价的比率。企业应当根据固定资产的性质和使用情况,合理确定固定资产的预计净残值。预计净残值一经确定,不得随意变更。

企业应当按月对所有的固定资产计提折旧,但是,已提足折旧仍继续使用的固定资产、单独计价入账的土地和持有待售的固定资产除外。提足折旧是指已经提足该项固定资产的应计折旧额。

当月增加的固定资产,当月不计提折旧,从下月起计提折旧;当月减少的固定资产,当月仍计提折旧,从下月起不计提折旧。提前报废的固定资产,不再补提折旧。

企业可选用的折旧方法有年限平均法、工作量法、双倍余额递减法和年数总和法等。本教材重点介绍年限平均法和工作量法。

年限平均法又称直线法,是指将固定资产的应计折旧额均匀地分摊到固定资产预计使用寿命内的一种方法,各月应计提折旧额的计算公式如下:

月折旧额 =(固定资产原价 − 预计净残值)× 月折旧率

年折旧额 =(原值 − 预计净残值)÷ 预计使用年限

年折旧率 =(1 − 预计净残值率)÷ 预计使用年限 × 100%

月折旧率 = 年折旧率 ÷ 12

其中

预计净残值率 = 预计净残值 ÷ 原始价值

年折旧额 = 原始价值 × 年折旧率

月折旧额 = 年折旧额 ÷ 12

注意:根据已知净残值还是净残值率,选择不同计算公式。

【例 5-15】 华联实业股份有限公司一台机器设备原始价值 92 000 元,预计净残值率 4%,预计使用 5 年。计算折旧率和折旧额。

年折旧率 =(1 − 4%)÷ 5 × 100% = 19.2%

月折旧率 = 19.2% ÷ 12 = 1.6%

年折旧额 = 92 000 × 19.2% = 17 664(元)

月折旧额 = 92 000 × 1.6% = 1 472(元)(或者 17 664 ÷ 12)

工作量法是根据实际工作量计算每期应提折旧额的一种方法。计算公式如下:

某项固定资产年折旧额 = 该项固定资产当年工作量 × 单位工作量折旧额

某项固定资产月折旧额 = 该项固定资产当月工作量 × 单位工作量折旧额

其中　　　单位工作量折旧额 = 固定资产原价 ×(1 − 预计净残值率)÷ 预计总工作量

【例 5-16】 华联实业股份有限公司的一台施工机械按工作量法计算折旧。其原始价值为 150 000 元,预计净残值率为 3%,预计可工作 20 000 个台班时数。该设备投入使用后,各年的实际工作台班时数假定为:第一年 7 200 小时,第二年 6 800 小时。要求计算各年折旧额。

单位台班小时折旧额 = 150 000 ×(1 − 3%)÷ 20 000 = 7.275(元 / 台班时)

第一年折旧额 = 7 200 × 7.275 = 52 380

第二年折旧额 = 6 800 × 7.275 = 49 470

不同的固定资产折旧方法,将影响固定资产使用寿命期间内不同时期的折旧费用。企业应当根据与固定资产有关的经济利益的预期实现方式合理选择折旧方法,固定资产的折旧方法一经确定,不得随意变更。

固定资产在其使用过程中,因所处经济环境、技术环境以及其他环境均有可能发生很大变化,企业至少应当于每年年度终了,对固定资产的使用寿命、预计净残值和折旧方法进行复核。固定资产使用寿命、预计净残值和折旧方法的改变,应当作为会计估计变更。

四、账户设置

企业通常设置以下账户对固定资产业务进行会计核算。

1."在建工程"账户

"在建工程"账户属于资产类账户,用于核算企业基建、更新改造等在建工程发生的支出。

该账户借方登记企业各项在建工程的实际支出,贷方登记工程达到预定可使用状态时转出的成本等。期末余额在借方,反映企业期末尚未达到预定可使用状态的在建工程的成本。

该账户可按"建筑工程""安装工程""在安装设备""待摊支出"以及单项工程等进行明细核算。

2."工程物资"账户

"工程物资"账户属于资产类账户,用于核算企业为在建工程准备的各种物资的成本,包括工程用材料、尚未安装的设备以及为生产准备的工器具等。

该账户借方登记企业购入工程物资的成本,贷方登记领用工程物资的成本。期末余额在借方,反映企业期末为在建工程准备的各种物资的成本。

该账户可按"专用材料""专用设备""工器具"等进行明细核算。

3."固定资产"账户

"固定资产"账户属于资产类账户,用于核算企业持有的固定资产原价。

该账户的借方登记固定资产原价的增加,贷方登记固定资产原价的减少。期末余额在借方,反映企业期末固定资产的原价。

该账户可按固定资产类别和项目进行明细核算。

4."累计折旧"账户

"累计折旧"账户属于资产类备抵账户,用于核算企业固定资产计提的累计折旧。

该账户贷方登记按月提取的折旧额,即累计折旧的增加额,借方登记因减少固定资产而转出的累计折旧。期末余额在贷方,反映期末固定资产的累计折旧额。

该账户可按固定资产的类别或项目进行明细核算。

五、账务处理

(一)固定资产购入的核算

外购方式是企业取得固定资产的重要和主要的方式。企业外购的固定资产,应按实际支付的买价、运输费、保险费、包装费、安装成本、相关税金等,作为入账价值。购入不需要安装的固定资产,企业可以立即投入使用,因此,会计处理比较简单,只需按确认的入账价值直接增加固定资产即可。

企业购入不需要安装的固定资产,按应计入固定资产成本的金额,借记"固定资产""应交税费——应交增值税(进项税额)"账户,贷记"银行存款"等账户。

【例 5-17】 华联实业股份有限公司购入一台不需要安装的设备,增值税专用发票上注明设备价款 30 000 元,应交增值税 3 900 元,支付运输费、保险费、包装费等价款 2 000 元,增值税额为 180 元。

借：固定资产 32 000
　　应交税费——应交增值税（进项税额） 4 080
　　贷：银行存款 36 080

如果企业购入的是需要安装的固定资产，由于从固定资产运抵企业到交付使用，尚需经过安装和调试过程，并会发生安装调试成本。因此，应先通过"在建工程"账户核算购置固定资产所支付的价款、运费和安装成本等，待固定资产安装完毕交付使用后，再将"在建工程"账户归集的固定资产成本一次转入"固定资产"账户。

【例5-18】 华联实业股份有限公司购入一台需要安装的专用设备，增值税专用发票上注明设备价款50 000元，应交增值税6 500元，支付运输费、保险费、包装费等价款2 000元，增值税180元，支付安装成本800元。以上款项均通过银行支付。

（1）设备运抵企业，等待安装时：

借：工程物资 52 800
　　应交税费——应交增值税（进项税额） 6 680
　　贷：银行存款 59 480

（2）设备投入安装，并支付安装成本时：

借：在建工程 53 600
　　贷：工程物资 52 800
　　　　银行存款 800

（3）设备安装完毕，交付生产使用时：

借：固定资产 53 600
　　贷：在建工程 53 600

（二）自营方式建造的固定资产的核算

自营工程是指企业利用自身的生产能力进行的固定资产建造工程。在确定自营建造的固定资产成本时，应注意：

（1）企业为自营工程购买的工程物资，应当按照实际支付的买价、运输费、保险费等相关税费作为实际成本。如果用于建造生产用机器设备的，相关增值税作为进项税额抵扣。

（2）自营工程领用工程物资，按其实际成本转入所建工程成本。

【例5-19】 2019年，天宇股份有限公司利用剩余生产能力自行制造一台设备。在建造过程中主要发生下列支出：

2月26日，用银行存款购入工程物资，增值税专用发票上注明价款2 000 000元，增值税额260 000元，工程物资已验收入库。

3月份开始，领用工程物资1 950 000元；领用库存材料一批，实际成本120 000元；领用自制产品一批，实际成本100 000元；辅助生产部门为工程提供水、电等费用支出10 000元；工程应负担直接人工费20 000元。

至2019年6月10日，工程完工并达到预定可使用状态。工程完工后，将剩余工程物资转为原材料管理。

（1）工程物资购入并验收入库时：

借：工程物资		2 000 000
应交税费——应交增值税（进项税额）		260 000
贷：银行存款		2 260 000

（2）工程领用工程物资时：

借：在建工程		1 950 000
贷：工程物资		1 950 000

（3）工程领用库存材料时：

借：在建工程		120 000
贷：原材料		120 000

（4）工程领用自产的库存产成品时：

借：在建工程		100 000
贷：库存商品		100 000

（5）结转由工程负担的水电等费用时：

借：在建工程		10 000
贷：生产成本		10 000

（6）结转由工程负担的直接人工费时：

借：在建工程		20 000
贷：应付职工薪酬		20 000

（7）6月10日，工程完工并达到预定可使用状态时：

借：固定资产		2 200 000
贷：在建工程		2 200 000

（8）工程剩余物资转入库存材料时：

借：原材料		50 000
贷：工程物资		50 000

（三）固定资产的折旧

企业按月计提的固定资产折旧，根据固定资产的用途计入相关资产的成本或者当期损益，借记"制造费用""销售费用""管理费用""研发支出""其他业务成本"等账户，贷记"累计折旧"账户。

生产车间使用的固定资产计提折旧费用，记入"制造费用"账户，行政管理部门使用的固定资产计提的折旧费用，记入"管理费用"账户，销售机构使用的固定资产计提的折旧费用，记入"销售费用"账户，出租固定资产计提折旧费用，记入"其他业务成本"账户。新产品、新技术、新工艺研究开发使用的固定资产计提折旧费用，记入"研发支出"账户。

【例5-20】 天宇股份有限公司2019年5月份固定资产计提折旧情况如下：生产车间厂房计提折旧640 000元，机器设备计提折旧80 000元；管理部门房屋建筑物计提折旧120 000元，运输工具计提折旧90 000元；销售部门房屋建筑物计提折旧80 000元，运输工具计提折旧50 000元。

天宇公司 2019 年 5 月份计提折旧的账务处理如下：

借：制造费用　　　　　　　　　　　　　　　　　　　　720 000
　　管理费用　　　　　　　　　　　　　　　　　　　　210 000
　　销售费用　　　　　　　　　　　　　　　　　　　　130 000
　　贷：累计折旧　　　　　　　　　　　　　　　　　　　　1 060 000

第四节　供应过程的核算

制造业的供应过程主要任务是为生产产品准备所需要的劳动资料和劳动对象，在生产能力不需要增加的情况下，生产准备主要是进行材料采购。

一、材料的采购成本

材料的采购成本是指企业物资从采购到入库前所发生的全部支出，包括购买价款、相关税费、运输费、装卸费、保险费以及其他可归属于采购成本的费用。

购买价款是指企业购入存货发票账单上所列明的价款，但是不包括按照规定可以抵扣的增值税。

相关税费是指企业购买、自制、委托加工或进口存货发生的消费税、资源税、关税和不能抵扣的增值税进项税额。

其他可归属于存货采购成本的费用主要是指在采购过程中发生的仓储费、包装费、运输途中的合理损耗、入库前的挑选整理费等。

在实务中，企业也可以将发生的运输费、装卸费、保险费以及其他可归属于采购成本的费用等先进行归集，期末，按照所购材料的存销情况进行分摊。

凡能分清材料种类、品种的，所支付的费用直接计入该种材料的采购成本；不能分清材料种类、品种的，如运杂费、装卸费等，按照一定的分配标准（如材料的重量、体积、买价等）分配计入各种材料的采购成本。

例如：某企业一次购入 A、B、C 三种材料，其中 A 100 吨，单价 500 元，B 200 吨，单价 100 元，C 300 吨，单价 100 元，共支付运费 5 000 元，装卸费 500 元，保险费 500 元，采购费用由三种材料共同承担并按重量分配，计算 A、B、C 三种材料的采购成本。

采购费用 = 5 000 + 500 + 500 = 6 000(元)
材料总重量 = 100 + 200 + 300 = 600(吨)
分配率 = 6 000 ÷ 600 = 10(元 / 吨)
A 材料采购费用 = 100 × 10 = 1 000(元)
B 材料采购费用 = 200 × 10 = 2 000(元)
C 材料采购费用 = 300 × 10 = 3 000(元)
A 材料采购成本 = 100 × 500 + 1 000 = 51 000(元)
B 材料采购成本 = 200 × 100 + 2 000 = 22 000(元)
C 材料采购成本 = 300 × 100 + 3 000 = 33 000(元)

二、账户设置

企业通常设置以下账户对材料采购业务进行会计核算。

1. "原材料"账户

"原材料"账户属于资产类账户,用于核算企业库存的各种材料,包括原料及主要材料、辅助材料、外购半成品(外购件)、修理用备件(备品备件)、包装材料、燃料等的计划成本或实际成本。企业收到来料加工装配业务的原料、零件等,应当设置备查簿进行登记。

该账户借方登记已验收入库材料的成本,贷方登记发出材料的成本。期末余额在借方,反映企业库存材料的计划成本或实际成本。

该账户可按材料的保管地点(仓库)、材料的类别、品种和规格等进行明细核算。

2. "材料采购"账户

"材料采购"账户属于资产类账户,用于核算企业采用计划成本进行材料日常核算而购入材料的采购成本。

该账户借方登记企业采用计划成本进行核算时,采购材料的实际成本以及材料入库时结转的节约差异,贷方登记入库材料的计划成本以及材料入库时结转的超支差异。期末余额在借方,反映企业在途材料的采购成本。

该账户可按供应单位和材料品种进行明细核算。

3. "材料成本差异"账户

"材料成本差异"账户属于资产类账户,用于核算企业采用计划成本进行日常核算的材料计划成本与实际成本的差额。

该账户借方登记入库材料形成的超支差异以及转出的发出材料应负担的节约差异,贷方登记入库材料形成的节约差异以及转出的发出材料应负担的超支差异。期末余额在借方,反映企业库存材料等的实际成本大于计划成本的差异;期末余额在贷方,反映企业库存材料等的实际成本小于计划成本的差异。

该账户可以分别"原材料""周转材料"等,按照类别或品种进行明细核算。

4. "在途物资"账户

"在途物资"账户属于资产类账户,用于核算企业采用实际成本(或进价)进行材料、商品等物资的日常核算、货款已付尚未验收入库的在途物资的采购成本。

该账户借方登记购入材料、商品等物资的买价和采购费用(采购实际成本),贷方登记已验收入库材料、商品等物资应结转的实际采购成本。期末余额在借方,反映企业期末在途材料、商品等物资的采购成本。

该账户可按供应单位和物资品种进行明细核算。

5. "应付账款"账户

"应付账款"账户属于负债类账户,用于核算企业因购买材料、商品和接受劳务等经营活动应支付的款项。

该账户贷方登记企业因购入材料、商品和接受劳务等尚未支付的款项,借方登记偿还的应付账款。期末余额一般在贷方,反映企业期末尚未支付的应付账款余额;如果在借方,反映企业期末预付账款余额。

该账户可按债权人进行明细核算。

6. "应付票据"账户

"应付票据"账户属于负债类账户,用于核算企业购买材料、商品和接受劳务等开出、承兑的商业汇票,包括银行承兑汇票和商业承兑汇票。

该账户贷方登记企业开出、承兑的商业汇票,借方登记企业已经支付或者到期无力支付的商业汇票。期末余额在贷方,反映企业尚未到期的商业汇票的票面金额。

该账户可按债权人进行明细核算。

7. "预付账款"账户

"预付账款"账户属于资产类账户,用于核算企业按照合同规定预付的款项。预付款项情况不多的,也可以不设置该账户,将预付的款项,直接记入"应付账款"账户。

该账户的借方登记企业因购货等业务预付的款项,贷方登记企业收到货物后应支付的款项等。期末余额在借方,反映企业预付的款项;期末余额在贷方,反映企业尚需补付的款项。

该账户可按供货单位进行明细核算。

8. "应交税费"账户

"应交税费"账户属于负债类账户,用于核算企业按照税法等规定计算应交纳的各种税费,包括增值税、消费税、所得税、资源税、土地增值税、城市维护建设税、房产税、土地使用税、车船税、教育费附加、矿产资源补偿费等,企业代扣代缴的个人所得税等,也通过本账户核算。

该账户贷方登记各种应交未缴税费的增加额,借方登记实际交纳的各种税费。期末余额在贷方,反映企业尚未交纳的税费;期末余额在借方,反映企业多交或尚未抵扣的税费。

该账户可按应交的税费项目进行明细核算。

三、账务处理

材料的日常收发结存可以采用实际成本法核算,也可以采用计划成本法核算。

材料采购过程业务核算

(一) 实际成本法核算的账务处理

1. 实际成本法下购入材料的账务处理

实际成本法下,一般通过"原材料"和"在途物资"等账户进行核算。企业外购材料时,按材料是否验收入库分为以下两种情况。

1) 材料已验收入库

如果货款已经支付,发票账单已到,材料已验收入库,按支付的实际金额,借记"原材料""应交税费——应交增值税(进项税额)"等账户,贷记"银行存款""预付账款"等账户。如果货款尚未支付,材料已经验收入库,按相关发票凭证上应付的金额,借记"原材料""应交税费——应交增值税(进项税额)"等账户,贷记"应付账款""应付票据"等账户。

如果货款尚未支付,材料已经验收入库,但月末仍未收到相关发票凭证,按照暂估价入账,即借记"原材料"账户,贷记"应付账款"等账户。下月初作相反分录予以冲回,收到相关发票账单后再编制会计分录。

2) 材料尚未验收入库

如果货款已经支付,发票账单已到,但材料尚未验收入库,按支付的金额,借记"在途物资""应交税费——应交增值税(进项税额)"等账户,贷记"银行存款"等账户;待验收入库时再作后续分录。

对于可以抵扣的增值税进项税额,一般纳税人企业应根据收到的增值税专用发票上注明的增值税额,借记"应交税费——应交增值税(进项税额)"账户。

企业外购的存货,由于货款结算方式不同等原因,可能造成存货验收入库和货款结算不一定同步完成,另外,还存在预付货款方式等,这就需要根据具体情况,分别进行会计处理。

第一,材料验收入库和货款支付同时完成——钱、货两清。

材料验收入库和货款支付同时完成的情况下,企业应于支付货款并且材料验收入库后,按发票账单等结算凭证确定的材料成本,借记"原材料"账户,按增值税专用发票上注明的增值税额,借记"应交税费——应交增值税(进项税额)"账户,按实际支付的款项,贷记"银行存款"账户。

【例5-21】 2019年1月10日,某工贸有限公司从东方公司购进甲材料100 000元,增值税率为13%,价款以银行存款支付,材料验收入库。会计分录为:

```
借:原材料——甲材料                          100 000
    应交税费——应交增值税(进项税额)            13 000
    贷:银行存款                               113 000
```

【例5-22】 天宇股份有限公司购入一批原材料,增值税专用发票上注明的原材料价款为100 000元,增值税进项税额为13 000元。销货方代垫运杂费价款为3 000元,增值税270元。上述货款及销货方代垫运杂费已通过银行转账支付,材料也已验收入库。

$$增值税进项税额 = 13\,000 + 270 = 13\,270(元)$$

会计分录为:

```
借:原材料                                    103 000
    应交税费——应交增值税(进项税额)            13 270
    贷:银行存款                               116 270
```

第二,赊购材料——先收货后付款。

材料验收入库,发票账单已到,货款尚未支付的情况下,企业应于材料验收入库后,按发票账单等结算凭证确定的存货成本,借记"原材料"账户,按增值税专用发票上注明的增值税额,借记"应交税费——应交增值税(进项税额)"账户,按尚未支付的款项,贷记"应付账款"或"应付票据"账户。以银行存款支付款项或票据到期时,借记"应付账款""应付票据"账户,贷记"银行存款"账户。

【例5-23】 2019年1月15日,某工贸有限公司从树人集团购进丙材料一批,买价30万元,增值税额3.9万元,材料已验收入库。开出并承兑商业汇票30万元(无息),余款未付。会计分录为:

```
借:原材料——丙材料                          300 000
    应交税费——应交增值税(进项税额)            39 000
    贷:应付票据                               300 000
        应付账款——树人集团                     39 000
```

【例5-24】 2019年1月26日,某工贸有限公司开出转账支票一张,面值3.9万元,用于支付前欠树人集团的款项。会计分录为:

借:应付账款——树人集团　　　　　　　　　　　　　　　　　　　　39 000
　　贷:银行存款　　　　　　　　　　　　　　　　　　　　　　　　　　　39 000

【例5-25】 2019年1月26日,某工贸有限公司以银行存款30万元支付树人集团持有的到期商业汇票的款项。会计分录为:

借:应付票据　　　　　　　　　　　　　　　　　　　　　　　　　　　300 000
　　贷:银行存款　　　　　　　　　　　　　　　　　　　　　　　　　　　300 000

【例5-26】 从A公司购入甲材料8吨,单价1 200元,增值税进项税额1 248元,A公司代垫费400元,材料已验收入库,以银行存款8 000元偿付,余款未付。同时,以现金100元支付上项购入甲材料的搬运费。会计分录为:

借:原材料——甲　　　　　　　　　　　　　　　　　　　　　　　　10 100
　　应交税费——应交增值税(进项税额)　　　　　　　　　　　　　　　1 248
　　贷:银行存款　　　　　　　　　　　　　　　　　　　　　　　　　　　8 000
　　　　应付账款　　　　　　　　　　　　　　　　　　　　　　　　　　　3 248
　　　　库存现金　　　　　　　　　　　　　　　　　　　　　　　　　　　100

第三,货款已经结算但存货尚未验收入库——单到货未到。

在货款已经结算但材料尚在运输途中或尚未验收入库的情况下,企业应于支付货款时,按发票账单等结算凭证确定的材料成本,借记"在途物资"账户,按增值税专用发票上注明的增值税额,借记"应交税费——应交增值税(进项税额)"账户,按实际支付的款项,贷记"银行存款"账户;在存货运达企业并验收入库后,再根据有关验货凭证,借记"原材料"账户,贷记"在途物资"账户。

【例5-27】 天宇股份有限公司购入一批原材料,增值税专用发票上注明的材料价款为80 000元,增值税额为10 400元。货款已通过银行转账支付,材料尚在运输途中。会计分录为:

(1)支付货款时:

借:在途物资　　　　　　　　　　　　　　　　　　　　　　　　　　　80 000
　　应交税费——应交增值税(进项税额)　　　　　　　　　　　　　　　10 400
　　贷:银行存款　　　　　　　　　　　　　　　　　　　　　　　　　　　90 400

(2)原材料运达企业并验收入库时:

借:原材料　　　　　　　　　　　　　　　　　　　　　　　　　　　　80 000
　　贷:在途物资　　　　　　　　　　　　　　　　　　　　　　　　　　　80 000

第四,材料已验收入库但货款尚未结算——货到单未到。

在材料已验收入库,但发票账单等结算凭证尚未到达、货款尚未结算的情况下,企业在收到材料时可先不作会计处理。如果月末时结算凭证仍未到达,应对收到的材料暂估价值入账,借记"原材料"账户,贷记"应付账款"账户,下月初,再编制相同的红字记账凭证予以冲回;待结算凭证到达时,按发票账单等结算凭证,借记"原材料"账户,按增值税专用发票注明

的增值税进项税额,借记"应交税费——应交增值税(进项税额)"账户,按实际支付或应付的金额,贷记"银行存款""应付票据"等账户。

【例5-28】 某工贸有限公司购入一批原材料。2019年1月13日,材料已运达该公司并已验收入库,但发票账单等结算凭证未到,月末时仍未到达,该批材料估价50 000元。2月16日,发票账单等结算凭证到达该公司,增值税专用发票上注明的原材料价款为55 000元,增值税额为7 150元,货款已通过银行转账支付。会计分录为:

(1) 2019年1月13日,材料已运达企业时不作账务处理。

(2) 2019年1月31日,对原材料暂估价值入账时:

借:原材料　　　　　　　　　　　　　　　　　　　　　　　50 000
　　贷:应付账款——暂估应付账款　　　　　　　　　　　　　　50 000

(3) 2019年2月1日,编制红字记账凭证冲回时:

借:原材料　　　　　　　　　　　　　　　　　　　　　　　50 000
　　贷:应付账款——暂估应付账款　　　　　　　　　　　　　　50 000

(4) 2019年2月16日,收到结算凭证并支付货款时:

借:原材料　　　　　　　　　　　　　　　　　　　　　　　55 000
　　应交税费——应交增值税(进项税额)　　　　　　　　　　　7 150
　　贷:银行存款　　　　　　　　　　　　　　　　　　　　　62 150

第五,采用预付货款方式购入的材料。

企业在采用预付货款方式购入材料的情况下,应在预付货款时,按照实际预付的金额,借记"预付账款"账户,贷记"银行存款"账户;购入的材料验收入库时,按照发票账单上注明的价款、增值税额等,借记"原材料""应交税费——应交增值税(进项税额)"账户,贷记"预付账款"账户;预付的货款不足,按照补付的金额,借记"预付账款"账户,贷记"银行存款"账户;供货方退回多付的货款时,借记"银行存款"账户,贷记"预付账款"账户。

【例5-29】 某工贸有限公司于3月16日向大成公司预付货款600 000元,用于采购一批原材料。4月15日,天宇公司收到材料及大成公司开具的增值税专用发票,该材料价款为1 000 000元,增值税进项税额为130 000元。4月20日,天宇公司已通过银行转账补付货款。该工贸有限公司的会计分录为:

(1) 3月16日,预付货款时:

借:预付账款——大成公司　　　　　　　　　　　　　　　　600 000
　　贷:银行存款　　　　　　　　　　　　　　　　　　　　　600 000

(2) 4月15日,材料验收入库时:

借:原材料　　　　　　　　　　　　　　　　　　　　　　1 000 000
　　应交税费——应交增值税(进项税额)　　　　　　　　　　130 000
　　贷:预付账款——大成公司　　　　　　　　　　　　　　 1 130 000

(3) 4月20日,补付货款时:

借：预付账款——大成公司 530 000
　　贷：银行存款 530 000

2．实际成本法下发出材料的账务处理

1）材料耗用的核算

生产过程中领用材料时，一方面减少材料的库存，贷记"原材料"账户，另一方面按材料的不同用途分别计入有关的成本费用之中，借记相关成本费用账户。

【例 5-30】某企业 2019 年 4 月发出材料总计 62 000 元，其中生产 A 产品耗用 25 000 元，生产 B 产品耗用 15 000 元，车间一般耗用 7 000 元，企业管理部门耗用 10 000 元，销售部门耗用 5 000 元。应作如下分录：

借：生产成本——A 产品 25 000
　　　　　　——B 产品 15 000
　　制造费用 7 000
　　管理费用 10 000
　　销售费用 5 000
　　贷：原材料 62 000

2）材料对外销售发出的核算

材料对外销售时，一方面要反映材料销售实现的收入，应借记"银行存款"等账户，贷记"其他业务收入"等账户；另一方面要反映已售材料成本的结转，借记"其他业务成本"账户，贷记"原材料"账户。

【例 5-31】某企业于 4 月 20 日对外销售材料一批，售价 1 243 元（含增值税），货款已存入银行。该批材料的成本为 1 000 元。

则企业收到货款时根据发票应作如下分录：

借：银行存款 1 243
　　贷：其他业务收入 1 100
　　　　应交税费——应交增值税（销项税额） 143

同时，根据出库单等结转已售材料成本，作会计分录为：

借：其他业务成本 1 000
　　贷：原材料 1 000

(二) 计划成本法核算的账务处理

计划成本法是指企业材料的收入、发出、结存均按预先制定的计划成本计价，同时另设"材料成本差异"账户，作为计划成本和实际成本联系的纽带，用来登记实际成本和计划成本的差额。期末，应将期初和当期形成的材料成本差异，在当期已发出的材料和期末结存的材料之间进行分配，计算发出存货和结存存货应分摊的成本差异额，将发出存货和结存存货由计划成本调整为实际成本。企业当月消耗的材料应分配的材料成本差异要随着转入消耗材料的去向记入相关的账户，属于本月库存的材料应分配的材料成本差异仍保留在材料成本差异账户内，以反映库存存货的实际成本。相关计算公式如下：

$$材料成本差异率 = \frac{月初结存材料的成本差异 + 本月收入材料成本差异}{月初结存材料的计划成本 + 本月收入材料的计划成本} \times 100\%$$

$$本月发出材料应分摊的差异额 = 发出材料计划成本 \times 材料成本差异率$$

按计划成本计算的各种材料耗用所产生的成本费用通过材料成本差异额的分摊结转为实际成本。

1. 计划成本法下购入材料的账务处理

计划成本法下,一般通过"材料采购""原材料""材料成本差异"等账户进行核算。企业外购材料时,按材料是否验收入库分为以下两种情况:

第一,材料已验收入库。

如果货款已经支付,发票账单已到,材料已验收入库,按支付的实际金额,借记"材料采购"账户,贷记"银行存款"账户;按计划成本金额,借记"原材料"账户,贷记"材料采购"账户;按计划成本与实际成本之间的差额,借记(或贷记)"材料采购"账户,贷记(或借记)"材料成本差异"账户。

如果货款尚未支付,材料已经验收入库,按相关发票凭证上应付的金额,借记"材料采购"账户,贷记"应付账款""应付票据"等账户;按计划成本金额,借记"原材料"账户,贷记"材料采购"账户;按计划成本与实际成本之间的差额,借记(或贷记)"材料采购"账户,贷记(或借记)"材料成本差异"账户。

如果材料已经验收入库,货款尚未支付,月末仍未收到相关发票凭证,按照计划成本暂估入账,即借记"原材料"账户,贷记"应付账款"等账户。下月初作相反分录予以冲回,收到账单后再编制会计分录。

第二,材料尚未验收入库。

如果相关发票凭证已到,但材料尚未验收入库,按支付或应付的实际金额,借记"材料采购"账户,贷记"银行存款""应付账款"等账户;待验收入库时再作后续分录。

对于可以抵扣的增值税进项税额,一般纳税人企业应根据收到的增值税专用发票上注明的增值税额,借记"应交税费——应交增值税(进项税额)"账户。

在计划成本法下,外购的材料先要通过"材料采购"账户进行核算,材料的实际成本与计划成本的差异,通过"材料成本差异"账户进行核算。

具体账务处理程序是:

(1) 结算采购成本时:

借:材料采购(按材料实际采购成本)
　　应交税费——应交增值税(进项税额)
　　贷:银行存款

(2) 材料验收入库时:

借:原材料(按计划成本)
　　贷:材料采购(按计划成本)

(3) 同时,结转入库材料的差异:

如为超支:

借：材料成本差异
　　贷：材料采购

如为节约：作相反的分录。

也可以将上述(2)和(3)合并：

借：原材料(按计划成本)
　　材料成本差异(入库材料的超支差异)
　　贷：材料采购(按实际成本)
　　　　材料成本差异(入库材料的节约差异)

(1) 材料验收入库和货款支付同时完成。

【例5-32】 大华热电厂于2019年7月3日购入甲材料一批,增值税专用发票列明材料单价为每千克10元,共购入1 000千克,总价款为10 000元,增值税额1 300元,对方代垫运杂费200元。企业通过银行支付全部款项11 500元。甲材料计划成本为每千克9.5元,材料已全部到货并验收入库。

付款时：

借：材料采购　　　　　　　　　　　　　　　　　　　　　　　　10 200
　　应交税费——应交增值税(进项税额)　　　　　　　　　　　　 1 300
　　贷：银行存款　　　　　　　　　　　　　　　　　　　　　　 11 500

材料入库时：

借：原材料——甲材料　　　　　　　　　　　　　　　　　　　　 9 500
　　贷：材料采购　　　　　　　　　　　　　　　　　　　　　　 9 500

结转材料成本差异 = 10 200 − 9 500 = 700(元)

借：材料成本差异　　　　　　　　　　　　　　　　　　　　　　　 700
　　贷：材料采购　　　　　　　　　　　　　　　　　　　　　　　 700

或　借：原材料——甲材料　　　　　　　　　　　　　　　　　　　9 500
　　　　材料成本差异　　　　　　　　　　　　　　　　　　　　　 700
　　　　贷：材料采购　　　　　　　　　　　　　　　　　　　　　10 200

(2) 款付料未到。

【例5-33】 2019年6月10日,C水电厂购买A材料5 000千克,每千克单价10元,计价款50 000元,供货方代垫运杂费500元。增值税专用发票载明的增值税额为6 500元,全部款项已经通过银行付款,材料尚未到达。A材料计划成本为11元/千克。

付款时(发票账单已到)：

借：材料采购　　　　　　　　　　　　　　　　　　　　　　　　50 500
　　应交税费——应交增值税(进项税额)　　　　　　　　　　　　 6 500
　　贷：银行存款　　　　　　　　　　　　　　　　　　　　　　 57 000

6月20日,等材料到厂,验收入库,再进行相应的会计处理：

```
借：原材料——A材料                                55 000
    贷：材料采购                                           55 000
```

结转材料成本差异时：

```
借：材料采购                                       4 500
    贷：材料成本差异                                      4 500
```

（3）料到款未付。

材料到而货款未付的核算和原材料按实际成本核算一样，原材料按实际成本核算时通过"在途物资"账户核算，而原材料按计划成本核算则通过"材料采购"账户核算。

【例5-34】 2019年6月20日，工贸水电厂购入原料一批，已根据车站通知办理提货手续，并已经验收入库，但到月末发票账单仍未收到。其计划成本为20 000元。

6月20日，暂不作账务处理。

月末，发票账单仍未收到，这时可根据无单到料验收单（只有数量、没有金额）按计划成本20 000元估价入账：

```
借：原材料                                       20 000
    贷：应付账款——暂估应付款                           20 000
```

7月1日，作相同的分录以红字登记金额予以冲销时：

```
借：原材料——原料及主要材料                        20 000
    贷：应付账款——暂估应付款                           20 000
```

以后发票账单到达时，按正常程序进行相应的会计处理。

2．计划成本法下材料发出的核算

企业发出材料按计划成本核算时，月末应当根据相关资料，按所发出材料的用途，分别借记"生产成本""制造费用""销售费用""管理费用"等账户，贷记"原材料"账户，并根据发出材料应负担的材料成本差异，将发出材料的计划成本调整为实际成本，通过账户进行结转，按照所发出的用途，分别记入相应的账户。

材料成本差异率＝（期初结存材料的成本差异＋本期验收入库材料的成本差异）

÷（期初结存材料的计划成本＋本期验收入库材料的计划成本）×100％

注意：分子的正负号——超支要加，节约要减。

注意：分母的范围——不含暂估入库的材料计划成本。

本期发出材料应负担的成本差异 ＝ 发出材料的计划成本×材料成本差异率

本期发出材料的实际成本 ＝ 发出材料的计划成本×（1±材料成本差异率）

注意：超支要加上，节约要减去。

【例5-35】 大华电厂6月份的发出材料汇总表如表5-1所示，该月的材料成本差异率为2％。

表 5-1　　　　　　　　　　　发出材料汇总表

编制单位：大华电厂　　　　　　　　2019 年 6 月 30 日　　　　　　　　　　　　　　单位：元

应贷账户 应借账户	原材料					合　计
	原料及主要材料	辅助材料	燃料	外购半成品	修理用备件	
生产成本——电力	556 200	19 200	255 000	45 000	16 500	891 900
其他业务成本	72 000					72 000
在建工程		24 000				24 000
合　计	628 200	43 200	255 000	45 000	16 500	987 900

根据发出材料汇总表进行相应的会计处理如下：

借：生产成本　　　　　　　　　　　　　　　　　891 900
　　其他业务成本　　　　　　　　　　　　　　　 72 000
　　在建工程　　　　　　　　　　　　　　　　　 24 000
　　贷：原材料　　　　　　　　　　　　　　　　　　　　987 900

本月材料成本差异率为 2%，同时结转材料成本差异：

借：生产成本　　　　　　　　　　　　　　　　　 17 838
　　其他业务成本　　　　　　　　　　　　　　　　1 440
　　在建工程　　　　　　　　　　　　　　　　　　　480
　　贷：材料成本差异　　　　　　　　　　　　　　　　 19 758

第五节　生产过程的核算

第五章第五节

　　企业产品的生产过程同时也是生产资料的耗费过程。企业在生产过程中发生的各项生产费用，是企业为获得收入而预先垫支并需要得到补偿的资金耗费。这些费用最终都要归集、分配给特定的产品，形成产品的成本。

　　产品成本的核算是指把一定时期内企业生产过程中所发生的费用，按其性质和发生地点，分类归集、汇总、核算，计算出该时期内生产费用发生总额，在月末将归集的生产费用按适当方法在完工产品和在产品中分配，并按适当方法分别计算出各种产品的实际成本和单位成本等。

一、生产费用的构成

　　生产费用是指与企业日常生产经营活动有关的费用，按其经济用途可分为直接材料、直接人工和制造费用。

生产费用的构成

1. 直接材料

直接材料是指构成产品实体的原材料以及有助于产品形成的主要材料和辅助材料。

2. 直接人工

直接人工是指直接从事产品生产的工人的职工薪酬。

3. 制造费用

制造费用是指企业为生产产品和提供劳务而发生的各项间接费用。

二、账户设置

企业通常设置以下账户对生产费用业务进行会计核算。

1. "生产成本"账户

账户设置

"生产成本"账户属于成本类账户,用于核算企业生产各种产品(产成品、自制半成品等)、自制材料、自制工具、自制设备等发生的各项生产成本。

该账户借方登记应计入产品生产成本的各项费用,包括直接计入产品生产成本的直接材料费、直接人工费和其他直接支出,以及期末按照一定的方法分配计入产品生产成本的制造费用;贷方登记完工入库产成品应结转的生产成本。期末余额在借方,反映企业期末尚未加工完成的在产品成本。

该账户可按基本生产成本和辅助生产成本进行明细分类核算。基本生产成本应当分别按照基本生产车间和成本核算对象(如产品的品种、类别、订单、批别、生产阶段等)设置明细账(或成本计算单),并按照规定的成本项目设置专栏。

2. "制造费用"账户

"制造费用"账户属于成本类账户,用于核算企业生产车间(部门)为生产产品和提供劳务而发生的各项间接费用。

该账户借方登记实际发生的各项制造费用,贷方登记期末按照一定标准分配转入"生产成本"账户借方的应计入产品成本的制造费用。期末结转后,该账户一般无余额。

该账户可按不同的生产车间、部门和费用项目进行明细核算。

3. "库存商品"账户

"库存商品"账户属于资产类账户,用于核算企业库存的各种商品的实际成本(或进价)或计划成本(或售价),包括库存产成品、外购商品、存放在门市部准备出售的商品、发出展览的商品以及寄存在外的商品等。

该账户借方登记验收入库的库存商品成本,贷方登记发出的库存商品成本。期末余额在借方,反映企业期末库存商品的实际成本(或进价)或计划成本(或售价)。

该账户可按库存商品的种类、品种和规格等进行明细核算。

4. "应付职工薪酬"账户

"应付职工薪酬"账户属于负债类账户,用于核算企业根据有关规定应付给职工的各种薪酬。

该账户借方登记本月实际支付的职工薪酬数额,贷方登记本月计算的应付职工薪酬总额,包括各种工资、奖金、津贴和福利费等。期末余额在贷方,反映企业应付未付的职工薪酬。

该账户可按"工资""职工福利""社会保险费""住房公积金""工会经费""职工教育经费""非货币性福利""辞退福利""股份支付"等进行明细核算。

三、账务处理

材料和人工费用核算

(一)材料费用的归集与分配

在确定材料费用时,应根据领料凭证区分车间、部门和不同用途后,按照确定的结果将发出材料的成本,借记"生产成本""制造费用""管理费用"等账户,贷记"原材料"等账户。

对于直接用于某种产品生产的材料费用,应直接计入该产品生产成本明细账中的直接材料费用项目;对于由多种产品共同耗用、应由这些产品共同负担的材料费用,应选择适当的标准在这些产品之间进行分配,按分担的金额计入相应的成本计算对象(生产产品的品种、类别等);对于为提供生产条件等间接消耗的各种材料费用,应先通过"制造费用"账户进行归集,期末再同其他间接费用一起按照一定的标准分配计入有关产品成本;对于行政管理部门领用的材料费用,应记入"管理费用"账户。

【例 5-36】 2019 年 1 月份,某工贸有限公司发出材料汇总表,如表 5-2 所示。

表 5-2　　　　　　　　　　　　发出材料汇总表

编制单位:工贸有限公司　　　　2019 年 1 月 30 日　　　　　　　　　　　　　　单位:元

部　　门	甲材料	乙材料	丙材料	合　计
生产 A 产品	3 000 000	1 000 000	500 000	4 500 000
生产 B 产品	2 000 000	500 000	2 500 000	5 000 000
车间管理部门		100 000		100 000
企业管理部门			200 000	200 000
合　　计	5 000 000	1 600 000	3 200 000	9 800 000

会计分录为:

借:生产成本——A 产品　　　　　　　　　　　　　　　　　　　　4 500 000

　　　　　　——B 产品　　　　　　　　　　　　　　　　　　　　5 000 000

　　制造费用　　　　　　　　　　　　　　　　　　　　　　　　　100 000

　　管理费用　　　　　　　　　　　　　　　　　　　　　　　　　200 000

　贷:原材料——甲材料　　　　　　　　　　　　　　　　　　　　5 000 000

　　　　　　——乙材料　　　　　　　　　　　　　　　　　　　　1 600 000

　　　　　　——丙材料　　　　　　　　　　　　　　　　　　　　3 200 000

(二) 职工薪酬的归集与分配

职工薪酬是指企业为获得职工提供的服务或解除劳动关系而给予各种形式的报酬或补偿,具体包括:短期薪酬、离职后福利、辞退福利和其他长期职工福利。企业提供给职工配偶、子女、受赡养人、已故员工遗属及其他受益人等的福利,也属于职工薪酬。

对于短期职工薪酬,企业应当在职工为其提供服务的会计期间,按实际发生额确认为负债,并计入当期损益或相关资产成本。企业应当根据职工提供服务的受益对象,分别下列情况处理:

(1) 应由生产产品、提供劳务负担的短期职工薪酬,计入产品成本或劳务成本。其中,生产工人的短期职工薪酬,应借记"生产成本"账户,贷记"应付职工薪酬"账户;生产车间管理人员的短期职工薪酬属于间接费用,应借记"制造费用"账户,贷记"应付职工薪酬"账户。

当企业采用计件工资制时,生产工人的短期职工薪酬属于直接费用,应直接计入有关产品的成本。当企业采用计时工资制时,对于只生产一种产品的生产工人的短期职工薪酬也属于直接费用,应直接计入产品成本;对于同时生产多种产品的生产工人的短期职工薪酬,则需采用一定的分配标准(实际生产工时或定额生产工时等)分配计入产品成本。

(2) 应由在建工程、无形资产负担的短期职工薪酬,计入建造固定资产或无形资产成本。

(3) 除上述两种情况之外的其他短期职工薪酬应计入当期损益。比如,企业行政管理部门人员和专设销售机构销售人员的短期职工薪酬均属于期间费用,应分别借记"管理费用""销售费用"等账户,贷记"应付职工薪酬"账户。

【例5-37】2019年1月份,某工贸有限公司当月应发放工资2 680 000元,其中:生产部门直接生产人员工资1 800 000元(A产品生产工人工资为1 000 000元,B产品生产工人工资为800 000元);生产部门管理人员工资250 000元;公司管理部门人员工资300 000元;公司专设销售机构人员工资200 000元;从事建造厂房人员工资130 000元。1月31日,该公司通过银行代发了本月工资。

(1) 计提工资时:

借:生产成本——A产品	1 000 000
——B产品	800 000
制造费用	250 000
管理费用	300 000
销售费用	200 000
在建工程	130 000
贷:应付职工薪酬——工资	2 680 000

(2) 发放工资时:

借:应付职工薪酬——工资	2 680 000
贷:银行存款	2 680 000

(三) 制造费用的归集与分配

企业发生的制造费用,应当按照合理的分配标准按月分配计入各成本核算对象的生产成本。企业可以采取的分配标准包括生产工人工资、机器工时、人工工时、计划分配率等。其计算公式如下:

制造费用核算

制造费用分摊率 = 制造费用 ÷ 各成本计算对象的分摊标准合计数

某产品应分摊的制造费用 = 该成本计算对象分摊标准 × 制造费用分摊率

企业发生制造费用时,借记"制造费用"账户,贷记"累计折旧""银行存款""应付职工薪酬"等账户;结转或分摊时,借记"生产成本"等账户,贷记"制造费用"账户。

【例5-38】某工贸有限公司2019年1月份共发生水电费5万元,其中生产A产品耗用1.5万元,生产B产品耗用2万元,车间管理部门耗用0.5万元,企业管理部门耗用1万元。以银行存款支付。会计分录为:

借:生产成本——A产品	15 000
——B产品	20 000
制造费用	5 000
管理费用	10 000
贷:银行存款	50 000

【例 5-39】 某工贸有限公司 2019 年 1 月 20 日以现金购买办公用品 600 元,其中车间领用 200 元,企业管理部门领用 400 元。会计分录为:

  借:制造费用   200
    管理费用   400
    贷:库存现金   600

【例 5-40】 某工贸有限公司 2019 年 1 月份应计提固定资产折旧费 40 万元,其中车间应负担 28 万元,企业管理部门应负担 12 万元。会计分录为:

  借:制造费用   280 000
    管理费用   120 000
    贷:累计折旧   400 000

【例 5-41】 某工贸有限公司 2019 年 1 月以银行存款支付半年报纸杂志订阅费 1 800 元。其中车间应负担 500 元,企业管理部门应负担 1 300 元。会计分录为:

  借:管理费用   1 300
    制造费用   500
    贷:银行存款   1 800

【例 5-42】 某工贸有限公司 2019 年 1 月 10 日以银行存款支付车间设备租金 60 000 元。会计分录为:

  借:制造费用   60 000
    贷:银行存款   60 000

【例 5-43】 某工贸有限公司 2019 年 1 月 31 日以银行存款支付设备修理费 40 000 元。会计分录为:

  借:管理费用   40 000
    贷:银行存款   40 000

【例 5-44】 某工贸有限公司总经理张时晨于 2019 年 1 月 10 日出差借差旅费 5 000 元,以现金支付。会计分录为:

  借:其他应收款——张时晨   5 000
    贷:库存现金   5 000

【例 5-45】 总经理张时晨于 1 月 28 日出差归来,报销差旅费 4 000 元,余额 1 000 元以现金交回。会计分录为:

  借:管理费用   4 000
    库存现金   1 000
    贷:其他应收款——张时晨   5 000

【例 5-46】 根据[例 5-36]至[例 5-45]中的资料,归集 1 月份制造费用并按生产工人工资比例在 A、B 两种产品中分摊。

制造费用总额 = 100 000 + 250 000 + 5 000 + 200 + 280 000 + 500 + 60 000 = 695 700(元)

制造费用分摊率 = 695 700 ÷ (1 000 000 + 800 000) = 0.386 5

A产品应分摊的制造费用 = 1 000 000 × 0.386 5 = 386 500(元)

B产品应分摊的制造费用 = 695 700 − 386 500 = 309 200(元)

会计分录为：

借：生产成本——A产品　　　　　　　　　　　　　　　　386 500
　　　　　　——B产品　　　　　　　　　　　　　　　　309 200
　　贷：制造费用　　　　　　　　　　　　　　　　　　　695 700

（四）完工产品生产成本的计算与结转

完工产品成本
计算与结转

产品生产成本计算是指将企业生产过程中为制造产品所发生的各种费用按照成本计算对象进行归集和分配，以便计算各种产品的总成本和单位成本。有关产品成本信息是进行库存商品计价和确定销售成本的依据，产品生产成本计算是会计核算的一项重要内容。

企业应设置产品生产成本明细账，用来归集应计入各种产品的生产费用。通过对材料费用、职工薪酬和制造费用的归集和分配，企业各月生产产品所发生的生产费用，已记入"生产成本"账户中。

如果月末某种产品全部完工，该种产品生产成本明细账所归集的费用总额，就是该种完工产品的总成本，用完工产品总成本除以该种产品的完工总产量即可计算出该种产品的单位成本。如果月末某种产品全部未完工，该种产品生产成本明细账所归集的费用总额就是该种产品在产品的总成本。

如果月末某种产品一部分完工，一部分未完工，这时归集在产品成本明细账中的费用总额还要采取适当的分配方法在完工产品和在产品之间进行分配，然后才能计算出完工产品的总成本和单位成本。完工产品成本的基本计算公式如下：

完工产品生产成本 = 期初在产品成本 + 本期发生的生产费用 − 期末在产品成本

当产品生产完成并验收入库时，借记"库存商品"账户，贷记"生产成本"账户。

【例 5-47】 根据[例 5-36]至[例 5-46]中的资料，A、B 产品月初无在产品，本月全部完工，A 产品产量 10 000 件，B 产品产量 12 000 件，计算 A、B 两种产品的总成本和单位成本。

A产品总成本 = 4 500 000 + 1 000 000 + 15 000 + 386 500 = 5 901 500(元)

A产品单位成本 = 5 901 500 ÷ 10 000 = 590.15(元/件)

B产品总成本 = 5 000 000 + 800 000 + 20 000 + 309 200 = 6 129 200(元)

B产品单位成本 = 6 129 200 ÷ 12 000 = 510.77(元/件)

会计分录为：

借：库存商品——A产品　　　　　　　　　　　　　　　5 901 500
　　　　　　——B产品　　　　　　　　　　　　　　　6 129 200
　　贷：生产成本——A产品　　　　　　　　　　　　　　5 901 500
　　　　　　　——B产品　　　　　　　　　　　　　　6 129 200

【例 5-48】 2019 年 3 月 1 日，某工贸有限公司收到一批订单，要求在本月底之前生产

完成 A 产品和 B 产品各 100 件。甲公司如期完成任务,所有产品已于 3 月 31 日入库。本月其他资料如下:

(1) 领用某种材料 2 500 千克,其中 A 产品耗用 1 500 千克,B 产品耗用 1 000 千克,该材料单价 100 元。

(2) 生产 A 产品发生的直接生产人员工时为 2 000 小时,B 产品为 1 000 小时,每工时的标准工资为 10 元。

(3) 生产车间发生管理人员工资、折旧费、水电费等 45 000 元。

假定该车间本月仅生产了 A 和 B 两种产品,甲公司采用生产工人工时比例法对制造费用进行分配。相关会计分录为:

(1) 核算产品成本时:

A 产品应分配的制造费用 = 45 000 ÷ (2 000 + 1 000) × 2 000 = 30 000(元)
B 产品应分配的制造费用 = 45 000 ÷ (2 000 + 1 000) × 1 000 = 15 000(元)
A 产品的生产成本 = 直接材料 1 500 × 100 + 直接人工 2 000 × 10 + 制造费用 30 000 = 200 000(元)
B 产品的生产成本 = 直接材料 1 000 × 100 + 直接人工 1 000 × 10 + 制造费用 15 000 = 125 000(元)

借:生产成本——基本生产成本(A 产品)	200 000
——基本生产成本(B 产品)	125 000
贷:原材料——××材料	250 000
应付职工薪酬	30 000
制造费用	45 000
借:库存商品——A 产品	200 000
——B 产品	125 000
贷:生产成本——基本生产成本(A 产品)	200 000
——基本生产成本(B 产品)	125 000

第六节 产品销售过程的核算

第五章第六节

制造业企业通过销售其产品取得销售收入,已销产品的制造成本从销售收入中得到补偿,并且在销售时企业还须按国家税法的规定计算并交纳销售税金。

销售业务的账务处理涉及商品销售、其他销售等业务收入、成本、费用和相关税费的确认与计量等内容。

一、商品销售收入的确认与计量

当企业与客户之间的合同同时满足下列条件时,企业应当在客户取得相关商品控制权时确认收入:

(1) 合同各方已批准该合同并承诺将履行各自义务。

(2) 该合同明确了合同各方与所转让商品或提供劳务(以下简称"转让商品")相关的权利和义务。

销售收入确认
与账户设置

(3) 该合同有明确的与所转让商品相关的支付条款。

(4) 该合同具有商业实质,即履行该合同将改变企业未来现金流量的风险、时间分布或金额。

(5) 企业因向客户转让商品而有权取得的对价很可能收回。

取得商品控制权从以下三个要素判断：

(1) 客户必须拥有现时权利,能够主导该商品的使用并从中获得几乎全部经济利益。如果客户只能在未来的某一期间主导该商品的使用并从中获益,则表明其尚未取得该商品的控制权。

(2) 客户有能力主导该商品的使用。

(3) 客户能够获得几乎全部的经济利益。

二、账户设置

企业通常设置以下账户对销售业务进行会计核算。

1. "主营业务收入"账户

"主营业务收入"账户属于损益类账户,用于核算企业确认的销售商品、提供劳务等主营业务的收入。

该账户贷方登记企业实现的主营业务收入,即主营业务收入的增加额;借方登记期末转入"本年利润"账户的主营业务收入(按净额结转),以及发生销售退回和销售折让时应冲减本期的主营业务收入。期末结转后,该账户无余额。

该账户应按照主营业务的种类设置明细账户,进行明细分类核算。

2. "其他业务收入"账户

"其他业务收入"账户属于损益类账户,用于核算企业确认的除主营业务活动以外的其他经营活动实现的收入,包括出租固定资产、出租无形资产、出租包装物和商品、销售材料等。

该账户贷方登记企业实现的其他业务收入,即其他业务收入的增加额;借方登记期末转入"本年利润"账户的其他业务收入。期末结转后,该账户无余额。

该账户可按其他业务的种类设置明细账户,进行明细分类核算。

3. "应收账款"账户

"应收账款"账户属于资产类账户,用于核算企业因销售商品、提供劳务等经营活动应收取的款项。

该账户借方登记由于销售商品以及提供劳务等发生的应收账款,包括应收取的价款、税款和代垫款等;贷方登记已经收回的应收账款。期末余额通常在借方,反映企业尚未收回的应收账款;期末余额如果在贷方,反映企业预收的账款。

该账户应按不同的债务人进行明细分类核算。

4. "应收票据"账户

"应收票据"账户属于资产类账户,用于核算企业因销售商品、提供劳务等而收到的商业汇票。

该账户借方登记企业收到的应收票据,贷方登记票据到期收回的应收票据;期末余额在借方,反映企业持有的商业汇票的票面金额。

该账户可按开出、承兑商业汇票的单位进行明细核算。

5."预收账款"账户

"预收账款"账户属于负债类账户,用于核算企业按照合同规定预收的款项。预收账款情况不多的,也可以不设置本账户,将预收的款项,直接记入"应收账款"账户。

该账户贷方登记企业向购货单位预收的款项等,借方登记销售实现时按实现的收入转销的预收款项等。期末余额在贷方,反映企业预收的款项;期末余额在借方,反映企业已转销但尚未收取的款项。

该账户可按购货单位进行明细核算。

6."主营业务成本"账户

"主营业务成本"账户属于损益类账户,用于核算企业确认销售商品、提供劳务等主营业务收入时应结转的成本。

该账户借方登记主营业务发生的实际成本,贷方登记期末转入"本年利润"账户的主营业务成本。期末结转后,该账户无余额。

该账户可按主营业务的种类设置明细账户,进行明细分类核算。

7."其他业务成本"账户

"其他业务成本"账户属于损益类账户,用于核算企业确认的除主营业务活动以外的其他经营活动所发生的支出,包括销售材料的成本、出租固定资产的折旧额、出租无形资产的摊销额、出租包装物的成本或摊销额等。

该账户借方登记其他业务的支出额,贷方登记期末转入"本年利润"账户的其他业务支出额。期末结转后,该账户无余额。

该账户可按其他业务的种类设置明细账户,进行明细分类核算。

8."税金及附加"账户

"税金及附加"账户属于损益类账户,用于核算企业经营活动发生的消费税、城市维护建设税、房产税、车船税、土地使用税、印花税、资源税和教育费附加等相关税费。

该账户借方登记企业应按规定计算确定的与经营活动相关的税费,贷方登记期末转入"本年利润"账户的与经营活动相关的税费。期末结转后,该账户无余额。

9."应交税费"账户

企业应设置"应交税费"账户,贷方登记应交纳的各种税费等,借方登记实际交纳的税费。期末余额一般在贷方,反映企业尚未交纳的税费;期末余额如在借方,表示企业多交或尚未抵扣的税费。

三、账务处理

(一) 主营业务收入的账务处理

销售过程
业务核算

企业销售商品或提供劳务实现的收入,应按实际收到、应收或者预收的金额,借记"银行存款""应收账款""应收票据""预收账款"等账户,按确认的营业收入,贷记"主营业务收入"账户。

对于增值税销项税额,一般纳税人应贷记"应交税费——应交增值税(销项税额)"账户;小规模纳税人应贷记"应交税费——应交增值税"账户。

1. 一般销售

【例 5-49】 某工贸有限公司于 2019 年 1 月 20 日出售 B 产品给五马街文化用品公司，当日收到五马街文化用品公司银行承兑汇票一张，金额 226 000 元，用于购买 B 产品 20 件，B 产品售价 200 000 元，增值税额 26 000 元，已开出销货发票和提货单。该工贸有限公司作如下会计分录：

  借：应收票据   226 000
    贷：主营业务收入——B 产品   200 000
      应交税费——应交增值税（销项税额）   26 000

【例 5-50】 2019 年 10 月 5 日，红星公司向宏远公司开出增值税专用发票，销售 A 产品 60 件，销售单价 3 500 元；销售 B 产品 30 件，销售单价 5 500 元；增值税税率 13％；货已发出，货款已收并存入中国建设银行。红星公司根据增值税专用发票记账联作如下分录：

  借：银行存款   423 750
    贷：主营业务收入——A 产品   210 000
          ——B 产品   165 000
      应交税费——应交增值税（销项税额）   48 750

2. 预收款销货

【例 5-51】 某工贸有限公司于 2019 年 1 月 21 日收到银行通知，收到光学公司汇来用于订购 B 产品的款项 50 万元。该工贸有限公司作如下会计分录：

  借：银行存款   500 000
    贷：预收账款——光学公司   500 000

【例 5-52】 某工贸有限公司于 2019 年 1 月 22 日向光学公司发出 B 产品 50 件，并开出增值税专用发票，货款 50 万元，增值税额 6.5 万元。该工贸有限公司作如下会计分录：

  借：预收账款——光学公司   565 000
    贷：主营业务收入——B 产品   500 000
      应交税费——应交增值税（销项税额）   65 000

【例 5-53】 某工贸有限公司于 2019 年 1 月 30 日收到光学公司从银行汇来的补付款项 65 000 元。该工贸有限公司作如下会计分录：

  借：银行存款   65 000
    贷：预付账款——光学公司   65 000

3. 委托收款与托收承付结算方式销售

【例 5-54】 某工贸有限公司于 2019 年 1 月 23 日按照销货合同向前进公司发出 B 产品 100 件，总售价 100 万元，增值税额 13 万元。另以现金 1 000 元代垫运费。商品发出后即在银行办妥委托收款手续。该工贸有限公司作如下会计分录：

借：应收账款——前进公司　　　　　　　　　　　　　　　　　　　　1 131 000
　　　　贷：主营业务收入——B产品　　　　　　　　　　　　　　　　　1 000 000
　　　　　　应交税费——应交增值税(销项税额)　　　　　　　　　　　　130 000
　　　　　　库存现金　　　　　　　　　　　　　　　　　　　　　　　　　1 000

(二) 主营业务成本的账务处理

　　期(月)末,企业应根据本期(月)销售各种商品、提供各种劳务等实际成本,计算应结转的主营业务成本,借记"主营业务成本"账户,贷记"库存商品""劳务成本"等账户。

　　采用计划成本或售价核算库存商品的,平时的营业成本按计划成本或售价结转,月末,还应结转本月销售商品应分摊的产品成本差异或商品进销差价。

　　【例 5-55】　某工贸有限公司于 2019 年 1 月汇总可知共销售 B 产品 15 000 件,B 产品单位成本查"生产成本"明细账为 510.77 元/件,月末结转已销产品成本。会计分录为：

　　借：主营业务成本——B产品　　　　　　　　　　　　　　　　　　　7 661 550
　　　　贷：库存商品——B产品　　　　　　　　　　　　　　　　　　　　7 661 550

　　【例 5-56】　甲公司采用托收承付结算方式销售一批商品,开出的增值税专用发票上注明售价为 600 000 元,增值税额为 78 000 元;商品已经发出,并已向银行办妥托收手续;该批商品的成本为 420 000 元,甲公司作会计分录为：

　　(1) 确认商品销售收入时：

　　借：应收账款　　　　　　　　　　　　　　　　　　　　　　　　　　678 000
　　　　贷：主营业务收入　　　　　　　　　　　　　　　　　　　　　　　600 000
　　　　　　应交税费——应交增值税(销项税额)　　　　　　　　　　　　　78 000

　　(2) 结转商品成本时：

　　借：主营业务成本　　　　　　　　　　　　　　　　　　　　　　　　420 000
　　　　贷：库存商品　　　　　　　　　　　　　　　　　　　　　　　　　420 000

(三) 其他业务收入与成本的账务处理

　　主营业务和其他业务的划分并不是绝对的,一个企业的主营业务可能是另一个企业的其他业务,即便在同一个企业,不同期间的主营业务和其他业务的内容也不是固定不变的。

　　当企业发生其他业务收入时,借记"银行存款""应收账款""应收票据"等账户,按确定的收入金额,贷记"其他业务收入"账户,同时确认有关税金；在结转其他业务收入的同一会计期间,企业应根据本期应结转的其他业务成本金额,借记"其他业务成本"账户,贷记"原材料""累计折旧""应付职工薪酬"等账户。

　　【例 5-57】　某工贸有限公司于 2019 年 4 月 27 日销售甲材料一批,原价 20 000 元,增值税额 2 600 元,款项收存银行。该批材料的实际成本为 15 000 元。会计分录为：

　　(1) 取得材料收入时：

借：银行存款　　　　　　　　　　　　　　　　　　　　　　　　22 600
　　贷：其他业务收入　　　　　　　　　　　　　　　　　　　　20 000
　　　　应交税费——应交增值税(销项税额)　　　　　　　　　　 2 600

(2) 结转材料成本时：

借：其他业务成本　　　　　　　　　　　　　　　　　　　　　　15 000
　　贷：原材料——甲材料　　　　　　　　　　　　　　　　　　15 000

【例5-58】　2019年8月30日，A公司收到出租给大河公司的设备租金60 000元，租金款收到后存入银行。当月该设备计提折旧3 000元。会计分录为：

借：银行存款　　　　　　　　　　　　　　　　　　　　　　　　60 000
　　贷：其他业务收入　　　　　　　　　　　　　　　　　　　　60 000
借：其他业务成本　　　　　　　　　　　　　　　　　　　　　　 3 000
　　贷：累计折旧　　　　　　　　　　　　　　　　　　　　　　 3 000

(四) 税金及附加的核算

"税金及附加"用于核算企业经营活动发生的消费税、城市维护建设税、房产税、车船税、土地使用税、印花税、资源税和教育费附加等相关税费。

【例5-59】　宏远房地产公司2019年2月份应交城市维护建设税100 000。

借：税金及附加　　　　　　　　　　　　　　　　　　　　　　　100 000
　　贷：应交税费——应交城市维护建设税　　　　　　　　　　　100 000

3月15日前实际交纳城市维护建设税时：

借：应交税费——应城市维护建设税　　　　　　　　　　　　　　100 000
　　贷：银行存款　　　　　　　　　　　　　　　　　　　　　　100 000

【例5-60】　2019年8月，立信酒店公司本月的城市维护建设税、教育费附加分别是17 500元和7 500元。

借：税金及附加　　　　　　　　　　　　　　　　　　　　　　　 25 000
　　贷：应交税费——应交城市维护建设税　　　　　　　　　　　 17 500
　　　　　　　　——应交教育费附加　　　　　　　　　　　　　　7 500

【拓展】

　　　　应交城市维护建设税＝(实际交纳的增值税＋实际交纳的消费税)×城市维护建设税率
　　　　　　应交教育费附加＝(实际交纳的增值税＋实际交纳的消费税)×教育费附加率

9月15日前交纳税费时：

借：应交税费——应交城市维护建设税　　　　　　　　　　　　　 17 500
　　　　　　——应交教育费附加　　　　　　　　　　　　　　　　7 500
　　贷：银行存款　　　　　　　　　　　　　　　　　　　　　　 25 000

第七节 期间费用的核算

一、期间费用的构成

期间费用是指企业日常活动中不能直接归属于某个特定成本核算对象的，在发生时应直接计入当期损益的各种费用。

它是随着时间推移而发生的与当期产品的管理和产品销售直接相关，而与产品的产量、产品的制造过程无直接关系，即容易确定其发生的期间，而难以判别其所应归属的产品，因而是不能列入产品制造成本，而在发生的当期从损益中扣除。

期间费用包括管理费用、销售费用和财务费用。

（一）管理费用

管理费用是指企业为组织和管理企业生产经营活动所发生的各种费用，包括企业董事会和行政管理部门在企业的经营管理中发生的，或者应由企业统一负担的公司经费（包括行政管理部门职工薪酬、修理费、物料消耗、低值易耗品摊销、办公费和差旅费等）、劳动保险费、董事会会费（包括董事会成员津贴、会议费和差旅费等）、聘请中介机构费、咨询费（含顾问费）、诉讼费、业务招待费、技术转让费、矿产资源补偿费、研究费用、排污费、绿化费以及企业生产车间和行政管理部门发生的固定资产修理费等。

（二）销售费用

销售费用是指企业销售商品和材料、提供劳务的过程中发生的各种费用以及为销售本企业商品而专设的销售机构（含销售网点、售后服务网点等）的经营费用。销售费用一般包括以下五个方面的内容：

（1）产品自销费用：包括应由本企业负担的包装费、运输费、装卸费、保险费。

（2）产品促销费用：为了扩大本企业商品的销售而发生的促销费用，包括展览费、广告费、经营租赁费（为扩大销售而租用的柜台、设备等的费用）、销售服务费用（提供售后服务等的费用）。

（3）销售部门的费用：一般指为销售本企业商品而专设的销售机构（含销售网点、售后服务网点等）的职工薪酬费用、办公费、业务费等经营费用。但企业内部销售管理部门属于行政管理部门，所发生的经费开支，不包括在销售费用中，而是列入管理费用。

（4）委托代销费用：主要指企业委托其他单位代销，按代销合同规定支付的委托代销手续费。

（5）商品流通企业的进货费用：是指商品流通企业在进货过程中发生的运输费、装卸费、包装费、保险费、运输途中的合理损耗和入库前的挑选整理费等。

（三）财务费用

财务费用是指企业为筹集生产经营所需资金等而发生的筹资费用，包括利息支出（减利息收入）、汇兑损失（减汇兑收益）、相关的手续费和其他财务费用等。

(1) 利息支出，指企业短期借款利息、长期借款利息、应付票据利息、票据贴现利息、应付债券利息、长期应付引进国外设备款利息等利息支出(除资本化的利息外)减去银行存款等的利息收入后的净额。

(2) 汇兑损失，指企业因向银行结售或购入外汇而产生的银行买入价、卖出价与记账所采用的汇率之间的差额，以及月度(季度、年度)终了，各种外币账户的外币期末余额，按照期末规定汇率折合的记账人民币金额与原账面人民币金额之间的差额等。

(3) 相关的手续费，指发行债券所需支付的手续费(需资本化的手续费除外)、开出汇票的银行手续费、调剂外汇手续费等，但不包括发行股票所支付的手续费等。

(4) 其他财务费用，如融资租入固定资产发生的融资租赁费用等。

二、账户设置

企业通常设置以下账户对期间费用业务进行会计核算。

1. "管理费用"账户

"管理费用"账户属于损益类账户，用于核算企业为组织和管理企业生产经营所发生的管理费用。

该账户借方登记发生的各项管理费用，贷方登记期末转入"本年利润"账户的管理费用额。期末结转后，该账户无余额。

该账户可按费用项目设置明细账户，进行明细分类核算。

2. "销售费用"账户

"销售费用"账户属于损益类账户，用于核算企业发生的各项销售费用。

该账户借方登记发生的各项销售费用，贷方登记期末转入"本年利润"账户的销售费用额。期末结转后，该账户无余额。

该账户可按费用项目设置明细账户，进行明细分类核算。

3. "财务费用"账户

"财务费用"账户属于损益类账户，用于核算企业为筹集生产经营所需资金等而发生的筹资费用，包括利息支出(减利息收入)、汇兑损益以及相关的手续费、企业发生的现金折扣或收到的现金折扣等。为购建或生产满足资本化条件的资产发生的应予资本化的借款费用，通过"在建工程""制造费用"等账户核算。

该账户借方登记手续费、利息费用等的增加额，贷方登记应冲减财务费用的利息收入等。期末结转后，该账户无余额。

该账户可按费用项目进行明细核算。

三、账务处理

(一) 管理费用的账务处理

企业应通过"管理费用"账户，核算管理费用的发生和结转情况。该账户借方登记企业发生的各项管理费用，贷方登记期末转入"本年利润"账户的管理费用，结转后该账户应无余额。该账户应按管理费用的费用项目进行明细核算。

企业在筹建期间内发生的开办费，包括人员工资、办公费、培训费、差旅费、印刷费、注册登记费以及不计入固定资产成本的借款费用等在实际发生时,借记"管理费用"账户,贷记"应付利息""银行存款"等账户。

行政管理部门人员的职工薪酬,借记"管理费用"账户,贷记"应付职工薪酬"账户。

行政管理部门计提的固定资产折旧,借记"管理费用"账户,贷记"累计折旧"账户。

行政管理部门发生的办公费、水电费、业务招待费、聘请中介机构费、咨询费、诉讼费、技术转让费、企业研究费用,借记"管理费用"账户,贷记"银行存款""研发支出"等账户。

【例5-61】 2019年1月20日,红星公司以银行存款支付办公室的打印机修理费300元。会计分录为:

借:管理费用——修理费　　　　　　　　　　　　　　　　　　300
　　贷:银行存款　　　　　　　　　　　　　　　　　　　　　　　　300

【例5-62】 某企业筹建期间发生办公费、差旅费等开办费25 000元,均用银行存款支付。会计分录为:

借:管理费用——开办费　　　　　　　　　　　　　　　　　25 000
　　贷:银行存款　　　　　　　　　　　　　　　　　　　　　　　25 000

【例5-63】 某企业为拓展产品销售市场发生业务招待费50 000元,均用银行存款支付。会计分录为:

借:管理费用——业务招待费　　　　　　　　　　　　　　　50 000
　　贷:银行存款　　　　　　　　　　　　　　　　　　　　　　　50 000

【例5-64】 某企业就一项产品的设计方案向有关专家进行咨询,以现金支付咨询费30 000元。会计分录为:

借:管理费用——咨询费　　　　　　　　　　　　　　　　　30 000
　　贷:库存现金　　　　　　　　　　　　　　　　　　　　　　　30 000

【例5-65】 A企业本月应交纳房产税500元、车船税300元,同时购入印花税200元。会计分录为:

借:税金及附加　　　　　　　　　　　　　　　　　　　　　1 000
　　贷:应交税费——应交房产税　　　　　　　　　　　　　　　　500
　　　　　　　　——应交车船税　　　　　　　　　　　　　　　　300
　　　　库存现金　　　　　　　　　　　　　　　　　　　　　　　200

【例5-66】 A企业为小企业,其筹建期间通过以支票支付办公费3 000元、印刷费2 000元和注册登记费5 000元。会计分录为:

借:管理费用——开办费　　　　　　　　　　　　　　　　　10 000
　　贷:银行存款　　　　　　　　　　　　　　　　　　　　　　　10 000

【例5-67】 A企业聘请法律顾问,以现金支付咨询费600元。会计分录为:

借:管理费用——咨询费　　　　　　　　　　　　　　　　　　600
　　贷:库存现金　　　　　　　　　　　　　　　　　　　　　　　600

【例5-68】 某企业行政部于9月份共发生费用224 000元,其中:行政人员薪酬150 000元,行政部专用办公设备折旧费45 000元,报销行政人员差旅费21 000元(假定报销人员预借差旅费),其他办公、水电费8 000元(均用银行存款支付)。会计分录为:

借:管理费用 224 000
　　贷:应付职工薪酬 150 000
　　　　累计折旧 45 000
　　　　其他应收款 21 000
　　　　银行存款 8 000

【例5-69】 月末,A企业将管理费用账户的余额326 600元转入"本年利润"账户。会计分录为:

借:本年利润 326 600
　　贷:管理费用 326 600

(二)销售费用的账务处理

企业应通过"销售费用"账户,核算销售费用的发生和结转情况。该账户借方登记企业所发生的各项销售总费用,贷方登记期末结转入"本年利润"账户的销售费用,结转后该账户无余额。

该账户应按销售费用的费用项目进行明细核算。

企业在销售商品过程中发生的包装费、保险费、展览费和广告费、运输费、装卸费等费用,借记"销售费用"账户,贷记"库存现金""银行存款"等账户。

企业发生的为销售本企业商品而专设的销售机构的职工薪酬、业务费等费用,借记"销售费用"账户,贷记"应付职工薪酬""银行存款""累计折旧"等账户。

【例5-70】 某工贸有限公司于2019年1月5日以现金支票1万元支付本月产品广告费。会计分录为:

借:销售费用 10 000
　　贷:银行存款 10 000

【例5-71】 某公司销售部8月份共发生费用220 000元,其中:销售人员薪酬100 000元,销售部专用办公设备折旧费用50 000元,业务费70 000元(均用银行存款支付)。会计分录为:

借:销售费用 220 000
　　贷:应付职工薪酬 100 000
　　　　累计折旧 50 000
　　　　银行存款 70 000

【例5-72】 2月18日,甲小企业以支票支付产品运输费1 000元。会计分录为:

借:销售费用——广告费 1 000
　　贷:银行存款 1 000

【例5-73】 月末,甲小企业将本期发生的上述销售费用231 000元转入"本年利润"账户。会计分录为：

借：本年利润 231 000
　　贷：销售费用 231 000

(三) 财务费用的账务处理

企业应通过"财务费用"账户核算财务费用的发生和结转情况。该账户借方登记企业发生的各项财务费用,贷方登记期末结转入"本年利润"账户的财务费用,结转后该账户应无余额。该账户应按财务费用的费用项目进行明细核算。

企业发生的财务费用,借记"财务费用"账户,贷记"银行存款""应付利息"等账户。发生的应冲减财务费用的利息收入、汇兑损益、现金折扣,借记"银行存款""应付账款"等账户,贷记"财务费用"账户。

【例 5-74】 某企业于 2019 年 1 月 1 日向银行借入生产经营用短期借款 360 000 元,期限 6 个月,年利率 5%,该借款本金到期后一次归还,利息分月预提,按季支付。假定所有利息均不符合利息资本化条件。有关利息支出的会计处理如下：

每月末,预提当月份应计利息：

$$360\ 000 \times 5\% \div 12 = 1\ 500(元)$$

借：财务费用 1 500
　　贷：应付利息 1 500

【例 5-75】 某企业 2019 年 1 月 1 日平价发行公司债券,面值 500 000 000 元,期限 2 年,年利率 6%,到期后本息一次归还。债券发行过程中,发生手续费 2 500 000 元。有关手续费的会计分录为：

借：财务费用 2 500 000
　　贷：银行存款 2 500 000

【例 5-76】 企业购买材料采用银行承兑汇票结算,支付银行承兑汇票手续费 2 000 元。会计分录为：

借：财务费用 5 000
　　贷：银行存款 5 000

【例 5-77】 接银行通知,B 企业收到其在银行存款应得利息收入 2 000 元已经转入其存款账户。会计分录为：

借：银行存款 2 000
　　贷：财务费用 2 000

【例 5-78】 接银行通知,银行已从 B 企业存款账户扣贷款利息 12 000 元。会计分录为：

借：财务费用 12 000
　　贷：银行存款 12 000

【例5-79】 月末,企业将"财务费用"账户余额 300 000 元转入"本年利润"账户。

借:本年利润　　　　　　　　　　　　　　　　　　　　　300 000
　　贷:财务费用　　　　　　　　　　　　　　　　　　　　300 000

第八节　利润形成及分配的核算

利润的形成与账务处理

第五章第八节

一、利润的形成与账务处理

(一) 利润的形成

利润是指企业在一定会计期间的经营成果,包括收入减去费用后的净额、直接计入当期损益的利得和损失等。利润由营业利润、利润总额和净利润三个层次构成。

1. 营业利润

营业利润这一指标能够比较恰当地反映企业管理者的经营业绩,其计算公式如下:

$$营业利润 = 营业收入 - 营业成本 - 税金及附加 - 销售费用 - 管理费用 - 财务费用 - 资产减值损失 + 公允价值变动收益(-公允价值变动损失) + 投资收益(-投资损失)$$

其中

$$营业收入 = 主营业务收入 + 其他业务收入$$
$$营业成本 = 主营业务成本 + 其他业务成本$$

2. 利润总额

利润总额又称税前利润,是营业利润加上营业外收入减去营业外支出后的金额,其计算公式如下:

$$利润总额 = 营业利润 + 营业外收入 - 营业外支出$$

3. 净利润

净利润又称税后利润,是利润总额扣除所得税费用后的净额,其计算公式如下:

$$净利润 = 利润总额 - 所得税费用$$

(二) 账户设置

企业通常设置以下账户对利润形成业务进行会计核算。

1. "本年利润"账户

"本年利润"账户属于所有者权益类账户,用于核算企业当期实现的净利润(或发生的净亏损)。企业期(月)末结转利润时,应将各损益类账户的金额转入本账户,结平各损益类账户。

该账户贷方登记企业期(月)末转入的主营业务收入、其他业务收入、营业外收入和投资收益等;借方登记企业期(月)末转入的主营业务成本、税金及附加、其他业务成本、管理费用、财务费用、销售费用、营业外支出、投资损失和所得税费用等。上述结转完成后，余额如在贷方，即为当期实现的净利润；余额如在借方，即为当期发生的净亏损。年度终了，应将本年收入和支出相抵后结出的本年实现的净利润（或发生的净亏损），转入"利润分配——未分配利润"账户的贷方（或借方），结转后本账户无余额。

2. "投资收益"账户

"投资收益"账户属于损益类账户，用于核算企业确认的投资收益或投资损失。

该账户贷方登记实现的投资收益和期末转入"本年利润"账户的投资净损失；借方登记发生的投资损失和期末转入"本年利润"账户的投资净收益。期末结转后，该账户无余额。

该账户可按投资项目设置明细账户，进行明细分类核算。

3. "营业外收入"账户

"营业外收入"账户属于损益类账户，用于核算企业发生的各项营业外收入，主要包括非流动资产处置利得、非货币性资产交换利得、债务重组利得、政府补助、盘盈利得、捐赠利得等。

该账户贷方登记营业外收入的实现，即营业外收入的增加额；借方登记会计期末转入"本年利润"账户的营业外收入额。期末结转后，该账户无余额。

该账户可按营业外收入项目设置明细账户，进行明细分类核算。

4. "营业外支出"账户

"营业外支出"账户属于损益类账户，用于核算企业发生的各项营业外支出，包括非流动资产处置损失、非货币性资产交换损失、债务重组损失、公益性捐赠支出、非常损失、盘亏损失等。

该账户借方登记营业外支出的发生，即营业外支出的增加额；贷方登记期末转入"本年利润"账户的营业外支出额。期末结转后，该账户无余额。

该账户可按支出项目设置明细账户，进行明细分类核算。

5. "所得税费用"账户

"所得税费用"账户属于损益类账户，用于核算企业确认的应从当期利润总额中扣除的所得税费用。

该账户借方登记企业应计入当期损益的所得税；贷方登记企业期末转入"本年利润"账户的所得税。期末结转后，该账户无余额。

（三）账务处理

1. 营业外收入

营业外收入是指企业发生的与其日常活动无直接关系的各项利得。营业外收入并不是企业经营资金耗费所产生的，不需要企业付出代价，实际上是经济利益的净流入，不需要与有关的费用进行配比。

企业应通过"营业外收入"账户核算营业外收入的取得及结转情况。企业确认营业外收入，借记"固定资产清理""银行存款""库存现金""应付账款"等账户，贷记"营业外收入"账户。期末，应将"营业外收入"账户余额转入"本年利润"账户，借记"营业外收入"账户，贷记"本年利润"账户。

【例5-80】 某企业将固定资产报废清理的净收益8 000元转作营业外收入。会计分

录为:

  借:固定资产清理   8 000
    贷:营业外收入   8 000

【例5-81】 2019年2月24日,因为某供货单位违反合同规定,红星公司收到一笔罚款收入8 000元,款已存入银行。会计分录为:

  借:银行存款   8 000
    贷:营业外收入——罚款收入   8 000

【例5-82】 经批准政府补助企业15 000元,款项已存入银行。会计分录为:

  借:银行存款   15 000
    贷:营业外收入   15 000

【例5-83】 2019年2月24日,因为无法找到红星公司,应付该公司的货款15 000元无法支付,经批准转销。会计分录为:

  借:应付账款——红星公司   15 000
    贷:营业外收入   15 000

2. 营业外支出

营业外支出是指企业发生的与其日常活动无直接关系的各项损失,主要包括:非流动资产处置损失、盘亏损失、罚款支出、公益性捐赠支出、非常损失等。

企业应通过"营业外支出"账户核算营业外支出的发生及结转情况。

企业发生营业外支出时,借记"营业外支出"账户,贷记"固定资产清理""待处理财产损溢""库存现金""银行存款"等账户。期末,应将"营业外支出"账户余额转入"本年利润"账户,借记"本年利润"账户,贷记"营业外支出"账户。

【例5-84】 2019年1月25日,某工贸公司通过银行向税务部门交纳滞纳金2 000元,会计分录为:

  借:营业外支出   2 000
    贷:银行存款   2 000

【例5-85】 某企业将已经发生的原材料意外灾害损失270 000元转作营业外支出。会计分录为:

  借:营业外支出   270 000
    贷:待处理财产损溢   270 000

【例5-86】 某公司将拥有的一项非专利技术出售,取得价款855 000元。该非专利技术的账面余额为1 000 000元,累计摊销额为100 000元。会计分录为:

  借:银行存款   855 000
    累计摊销   100 000
    营业外支出   45 000
    贷:无形资产   1 000 000

【例5-87】 某工贸有限公司开出现金支票1万元,于2019年1月29日通过中国"希望工程基金会"捐赠给某希望小学修理校舍。会计分录为:

借:营业外支出   10 000
　　贷:银行存款   10 000

3. 本年利润

企业期(月)末结转利润时,应将各损益类账户的金额转入本年利润账户,结平各损益类账户。

会计期末(月末或年末)结转各项收入时,借记"主营业务收入""其他业务收入""营业外收入"等账户,贷记"本年利润"账户;结转各项支出时,借记"本年利润"账户,贷记"主营业务成本""税金及附加""其他业务成本""管理费用""财务费用""销售费用""资产减值损失""营业外支出""所得税费用"等账户。

年度终了,应将本年收入和支出相抵后结出的本年实现的净利润,由"本年利润"账户转入"利润分配"账户。

【例5-88】 企业从其他单位分得投资利润10 000元,存入银行。会计分录为:

借:银行存款   10 000
　　贷:投资收益   10 000

【例5-89】 2019年12月31日,假定某工贸公司各收入、利得类账户扣除"所得税费用"账户外各费用、损失类账户结转前账户余额如表5-3所示。

表5-3　　　　　　　　　　　科目余额表

账户名称	借方余额	贷方余额
主营业务收入		2 000 000
其他业务收入		75 000
投资收益		30 000
营业外收入		250 000
公允价值变动损益		10 000
主营业务成本	1 100 000	
税金及附加	275 000	
其他业务成本	40 000	
销售费用	100 000	
管理费用	150 000	
财务费用	25 000	
营业外支出	75 000	

根据以上资料,编制会计分录为:

借:主营业务收入   2 000 000
　　其他业务收入   75 000
　　营业外收入   250 000
　　投资收益   30 000
　　公允价值变动损益   10 000
　　贷:本年利润   2 365 000

借：本年利润 1 765 000
  贷：主营业务成本 1 100 000
    税金及附加 275 000
    其他业务成本 40 000
    销售费用 100 000
    管理费用 150 000
    财务费用 25 000
    营业外支出 75 000

4. 所得税费用

所得税是指企业按照税法规定计算确定的针对当期发生的交易或事项，应交纳给税务部门的所得税金额，即应交所得税。当期所得税应以适用的税收法作为基础计算确定。企业当期应交所得税的计算公式如下：

所得税费用核算

$$应交所得税 = 应纳税所得额 \times 所得税税率$$

应纳税所得额是在企业税前会计利润（即利润总额）的基础上调整确定的，在不存在纳税调整事项的情况下，应纳税所得额等于税前会计利润。

企业应当设置"所得税费用"账户核算企业确认的应当从当期利润总额中扣除的所得税费用。资产负债表日，企业按照税法规定计算当期应交所得税，借记"所得税费用"账户，贷记"应交税费——应交所得税"账户。期末，应将"所得税费用"账户的余额转入"本年利润"账户，结转后，"所得税费用"账户无余额。

【例5-90】 2019年12月31日，根据[例5-89]的资料，计算工贸公司12月份的利润总额；假定利润总额与应纳税所得额一致，请计算和结转本月的所得税费用，并求出净利润。工贸公司适用的企业所得税税率为25%。

    12月份的利润总额 = 2 365 000 − 1 765 000 = 600 000（元）
    12月份应交的企业所得税额 = 600 000 × 25% = 150 000（元）
    12月份的企业净利润 = 600 000 − 150 000 = 450 000（元）

根据以上计算结果，编制如下会计分录：

借：所得税费用 150 000
  贷：应交税费——应交所得税 150 000

同时，将所得税费用结转入"本年利润"账户：

借：本年利润 150 000
  贷：所得税费用 150 000

二、利润分配及账务处理

利润分配及账务处理

利润分配是指企业根据国家有关规定和企业章程、投资者协议等，对企业当年可供分配利润指定其特定用途和分配给投资者的行为。利润分配的过程和结果不仅关系到每个股东的合法权益是否得到保障，而且还关系到企业的未来发展。

（一）利润分配的顺序

企业向投资者分配利润,应按一定的顺序进行。按照我国《公司法》的有关规定,利润分配应按下列顺序进行。

1. 计算可供分配的利润

企业在利润分配前,应根据本年净利润(或亏损)与年初未分配利润(或亏损)、其他转入的金额(如盈余公积弥补的亏损)等项目,计算可供分配的利润,即:

可供分配利润 ＝ 净利润(或亏损)＋年初未分配利润－弥补以前年度亏损＋其他转入的金额

如果可供分配的利润为负数(即累计亏损),则不能进行后续分配;如果可供分配的利润为正数(即累计盈利),则可进行后续分配。

2. 提取法定盈余公积

按照《公司法》的有关规定,公司应当按照当年净利润(抵减年初累计亏损后)的10%提取法定盈余公积,提取的法定盈余公积累计额超过注册资本50%以上的,可以不再提取。

3. 提取任意盈余公积

公司提取法定盈余公积后,经股东会或者股东大会决议,还可以从净利润中提取任意盈余公积。

4. 向投资者分配利润(或股利)

企业可供分配的利润扣除提取的盈余公积后,形成可供投资者分配的利润,即:

可供投资者分配的利润 ＝ 可供分配的利润－提取的盈余公积

企业可采用现金股利、股票股利和财产股利等形式向投资者分配利润(或股利)。

（二）账户设置

企业通常设置以下账户对利润分配业务进行会计核算。

1. "利润分配"账户

"利润分配"账户属于所有者权益类账户,用于核算企业利润的分配(或亏损的弥补)和历年分配(或弥补)后的余额。

该账户借方登记实际分配的利润额,包括提取的盈余公积和分配给投资者的利润,以及年末从"本年利润"账户转入的全年发生的净亏损;贷方登记用盈余公积弥补的亏损额等其他转入数,以及年末从"本年利润"账户转入的全年实现的净利润。年末,应将"利润分配"账户下的其他明细账户的余额转入"未分配利润"明细账户,结转后,除"未分配利润"明细账户可能有余额外,其他各个明细账户均无余额。"未分配利润"明细账户的贷方余额为历年累积的未分配利润(即可供以后年度分配的利润),借方余额为历年累积的未弥补亏损(即留待以后年度弥补的亏损)。

该账户应当分别"提取法定盈余公积""提取任意盈余公积""应付现金股利或利润""转作股本的股利""盈余公积补亏"和"未分配利润"等进行明细核算。

2. "盈余公积"账户

"盈余公积"账户属于所有者权益类账户,用于核算企业从净利润中提取的盈余公积。

该账户贷方登记提取的盈余公积,即盈余公积的增加额;借方登记实际使用的盈余公

积,即盈余公积的减少额。期末余额在贷方,反映企业结余的盈余公积。

该账户应当分别"法定盈余公积""任意盈余公积"进行明细核算。

3. "应付股利"账户

"应付股利"账户属于负债类账户,用于核算企业分配的现金股利或利润。

该账户贷方登记应付给投资者股利或利润的增加额;借方登记实际支付给投资者的股利或利润,即应付股利的减少额。期末余额在贷方,反映企业应付未付的现金股利或利润。

该账户可按投资者进行明细核算。

(三) 账务处理

1. 净利润转入利润分配

会计期末,企业应将当年实现的净利润转入"利润分配——未分配利润"账户,即借记"本年利润"账户,贷记"利润分配——未分配利润"账户,如为净亏损,则作相反会计分录。

结转前,如果"利润分配——未分配利润"账户的余额在借方,上述结转当年所实现净利润的分录同时反映了当年实现的净利润自动弥补以前年度亏损的情况。因此,在用当年实现的净利润弥补以前年度亏损时,不需另行编制会计分录。

2. 提取盈余公积

企业提取的法定盈余公积,借记"利润分配——提取法定盈余公积"账户,贷记"盈余公积——法定盈余公积"账户;提取的任意盈余公积,借记"利润分配——提取任意盈余公积"账户,贷记"盈余公积——任意盈余公积"账户。

3. 向投资者分配利润或股利

企业根据股东大会或类似机构审议批准的利润分配方案,按应支付的现金股利或利润,借记"利润分配——应付现金股利"账户,贷记"应付股利"等账户;以股票股利转作股本的金额,借记"利润分配——转作股本股利"账户,贷记"股本"等账户。

董事会或类似机构通过的利润分配方案中拟分配的现金股利或利润,不作账务处理,但应在附注中披露。

4. 盈余公积补亏

企业发生的亏损,除用当年实现的净利润弥补外,还可使用累积的盈余公积弥补。以盈余公积弥补亏损时,借记"盈余公积"账户,贷记"利润分配——盈余公积补亏"账户。

5. 企业未分配利润的形成

年度终了,企业应将"利润分配"账户所属其他明细账户的余额转入该账户"未分配利润"明细账户,即借记"利润分配——未分配利润""利润分配——盈余公积补亏"等账户,贷记"利润分配——提取法定盈余公积""利润分配——提取任意盈余公积""利润分配——应付现金股利""利润分配——转作股本股利"等账户。

结转后,"利润分配"账户中除"未分配利润"明细账户外,所属其他明细账户无余额。"未分配利润"明细账户的贷方余额表示累积未分配的利润,该账户如果出现借方余额,则表示累积未弥补的亏损。

【例 5-91】 2019 年 12 月 31 日,某工贸公司年终"本年利润"账户贷方余额 1 000 000

元,利润分配前"利润分配——未分配利润"账户余额为 1 800 000 元,经股东大会决议利润分配方案为:本年提取 10% 的法定盈余公积,提取 20% 的任意盈余公积,向投资者分配现金股利 400 000 元。

根据以上资料,编制如下会计分录:

(1) 年终将"本年利润"账户余额全部转入"利润分配"账户:

借:本年利润　　　　　　　　　　　　　　　　　　　　　1 000 000
　　贷:利润分配——未分配利润　　　　　　　　　　　　　　　　　1 000 000

(2) 提取法定盈余公积:

法定盈余公积的提取额 = 1 000 000 × 10% = 100 000(元)

借:利润分配——提取法定盈余公积　　　　　　　　　　　100 000
　　贷:盈余公积——法定盈余公积　　　　　　　　　　　　　　　100 000

(3) 提取任意盈余公积的账务处理:

任意盈余公积的提取额 = 1 000 000 × 20% = 200 000(元)

借:利润分配——提取任意盈余公积　　　　　　　　　　　200 000
　　贷:盈余公积——任意盈余公积　　　　　　　　　　　　　　　200 000

(4) 向投资者分配现金股利 400 000 元:

借:利润分配——应付现金股利　　　　　　　　　　　　　400 000
　　贷:应付股利　　　　　　　　　　　　　　　　　　　　　　　400 000

(5) 将"利润分配"账户所属其他明细账户的余额转入该账户"未分配利润"明细账户:

借:利润分配——未分配利润　　　　　　　　　　　　　　700 000
　　贷:利润分配——提取法定盈余公积　　　　　　　　　　　　　100 000
　　　　　　　　——提取任意盈余公积　　　　　　　　　　　　　200 000
　　　　　　　　——应付利润　　　　　　　　　　　　　　　　　400 000

结转后未分配利润为 2 100 000 元(1 800 000 + 1 000 000 − 700 000)。

第九节　交易性金融资产与应收票据的核算

一、交易性金融资产核算

交易性金融资产是指企业为了近期内出售而持有的金融资产。

1. 账户设置

为了进行交易性金融资产的会计核算,企业应设置"交易性金融资产"和"公允价值变动损益"总分类账户。

"交易性金融资产"账户是资产类账户,用于核算企业为交易目的所持有的债券投资、股票投资、基金投资等交易性金融资产的公允价值。其借方登记取得交易性金融资产时的公允价值和持有期间公允价值大于账面价值的差额,以及转销的公允价值小于账面价值的差额;贷方登记持有期间公允价值小于账面价值的差额、转销的交易性金融资产成本以及转销的公允价值大于账面价值的差额。本账户期末借方余额,反映企业交易性金融资产的公允价值。本账户应当按照交易性金融资产的类别和品种,分别"成本""公允价值变动"进行明细核算。

"公允价值变动损益"账户是损益类账户,用于核算交易性金融资产公允价值变动形成的应计入当期损益的利得或损失。其借方登记公允价值小于账面余额的差额,贷方登记公允价值高于其账面余额的差额。期末余额转入"本年利润"账户,结转后无余额。

"投资收益"账户是损益类账户,用于核算企业投资收益或投资损失。其借方登记投资损失,贷方登记投资收益。期末余额转入"本年利润"账户,结转后无余额。

2. 主要账务处理

企业取得交易性金融资产时,按其公允价值,借记"交易性金融资产(成本)"账户,按发生的交易费用,借记"投资收益"账户,按已到付息期但尚未领取的利息或已宣告但尚未发放的现金股利,借记"应收利息"或"应收股利"账户,按实际支付的金额,贷记"银行存款"等账户。

交易性金融资产持有期间,被投资单位宣告发放现金股利时,或在资产负债表日按分期付息、一次还本债券投资的票面利率计算利息时,借记"应收股利"或"应收利息"账户,贷记"投资收益"账户。

资产负债表日,交易性金融资产的公允价值高于其账面余额的差额,借记"交易性金融资产(公允价值变动)"账户,贷记"公允价值变动损益"账户;公允价值低于其账面余额的差额,作相反的会计分录。

出售交易性金融资产时,应按实际收到的金额,借记"银行存款"等账户,按该金融资产的账面余额,贷记"交易性金融资产",按其差额,贷记或借记"投资收益"账户。同时,将原计入该金融资产的公允价值变动转出,借记或贷记"公允价值变动损益"账户,贷记或借记"投资收益"账户。

【例5-92】某工贸公司于2019年5月1日以每股10.5元从二级市场购入乙公司股票50万股,其中含已宣告尚未发放的现金股利每股0.5元,另外支付1万元的交易费用。A公司将该投资划分为交易性金融资产。2019年5月21日,收到股利。2019年5月31日,该股票的市价涨至12元/股;2019年6月30日,该股票市价为11元/股;2019年7月15日,A公司将股票以每股15元予以全部出售,同时支付交易费用11 000元。

(1) 2019年5月1日:

借:交易性金融资产——成本	5 000 000
应收股利	250 000
投资收益	10 000
贷:银行存款	5 260 000

(2) 2019年5月21日:

借:银行存款	250 000
贷:应收股利	250 000

(3) 2019年5月31日,公允价值大于账面价值差额100万元(50×12－500):

借:交易性金融资产——公允价值变动　　　　　　　　　　　　1 000 000
　　贷:公允价值变动损益　　　　　　　　　　　　　　　　　　　　1 000 000

(4) 2019年6月30日,公允价值小于账面价值差额50万元(50×11－50×12):

借:公允价值变动损益　　　　　　　　　　　　　　　　　　　　　500 000
　　贷:交易性金融资产——公允价值变动　　　　　　　　　　　　　　500 000

(5) 2019年7月15日:

借:银行存款　　　　　　　　　　　　　　　　　　　　　　　　7 489 000
　　贷:交易性金融资产——成本　　　　　　　　　　　　　　　　　5 000 000
　　　　　　　　　　　——公允价值变动　　　　　　　　　　　　　　500 000
　　　　投资收益　　　　　　　　　　　　　　　　　　　　　　　1 989 000

同时,将原计入该金融资产的公允价值变动收益转出:

借:公允价值变动损益　　　　　　　　　　　　　　　　　　　　　500 000
　　贷:投资收益　　　　　　　　　　　　　　　　　　　　　　　　　500 000

二、应收票据核算

1. 应收票据概念与种类

应收票据是指企业持有的、尚未到期兑现的商业汇票。

商业汇票按承兑人的不同,可分为商业承兑汇票和银行承兑汇票。按是否计息,可分为不带息商业汇票和带息商业汇票。

2. 设置的账户

设置"应收票据"账户,该账户属于资产类账户,用于核算企业因销售商品、产品、提供劳务等而收到的商业汇票,包括银行承兑汇票和商业承兑汇票。其借方登记收到开出、承兑的商业汇票,贷方登记减少的商业汇票。期末借方余额反映企业持有的商业汇票的票面金额。

3. 应收票据的核算

企业收到商业汇票时,按商业汇票的票面金额,借记"应收票据"账户,按确认的营业收入,贷记"主营业务收入"等账户。涉及增值税销项税额的,还应进行相应的处理。

商业汇票到期时,企业应按实际收到的金额,借记"银行存款"账户,按商业汇票的票面金额,贷记"应收票据"账户。

【例5-93】 2月8日,企业销售甲商品一批,价款10 000元,增值税额1 300元,收到一张面值为11 300元、期限为3个月的商业汇票。会计分录为:

借:应收票据　　　　　　　　　　　　　　　　　　　　　　　　　11 300
　　贷:主营业务收入——甲商品　　　　　　　　　　　　　　　　　　10 000
　　　　应交税费——应交增值税(销项税额)　　　　　　　　　　　　　1 300

【例5-94】 3月1日,企业将一张56 500元的商业汇票转让给另一个企业,用于支付购买材料款,材料价款50 000元,增值税额6 500元。会计分录为:

借：材料采购 50 000
　　应交税费——应交增值税（进项税额） 6 500
　　贷：应收票据 56 500

【例 5-95】 5月8日，企业于2月8日收到的面值为 11 300 元的商业汇票到期，企业收到相应的票据款存入银行。会计分录为：

借：银行存款 11 300
　　贷：应收票据 11 300

一、单项选择题

1. 以现金支付购入材料运费，编制会计分录时，其借方账户是（　　）。
   A."库存商品"　　B."材料采购"　　C."原材料"　　D."库存现金"
2. "实收资本"账户一般按（　　）设置明细账户。
   A. 企业　　B. 投资人　　C. 捐赠者　　D. 受资企业
3. 为了反映固定资产的（　　），应设置"固定资产"账户。
   A. 磨损价值　　B. 累计折旧　　C. 原始价值　　D. 净值
4. （　　）一般是企业为维持正常的生产经营所需资金而借入的或为抵偿某项债务而借入的款项。
   A. 长期借款　　B. 长期负债　　C. 长期股权投资　　D. 短期借款
5. 供应过程的主要任务是（　　）。
   A. 支付采购费用　　B. 材料采购　　C. 结算账款　　D. 成本计算
6. "材料采购"账户贷方对应账户是（　　）。
   A."原材料"　　B."应付账款"　　C."应交税费"　　D."银行存款"
7. 费用按计入成本的（　　）不同，可分为直接费用、间接费用和期间费用。
   A. 程序　　B. 方式　　C. 多少　　D. 内容
8. （　　）是指某种产品所承担的费用按其经济用途所做的分类。
   A. 制造成本　　B. 生产成本　　C. 成本项目　　D. 成本计算
9. 在工资总额内发给职工的医药费、福利补助等款项，应在（　　）账户中核算。
   A."应付职工薪酬"　　　　B."应付账款"
   C."库存现金"　　　　　　D."银行存款"
10. "制造费用"账户和（　　）账户不可能发生对应关系。
    A."银行存款"　　　　　　B."生产成本"
    C."应付职工薪酬"　　　　D."本年利润"
11. "应付职工薪酬"账户期末余额在（　　）。
    A. 借方　　　　　　　　　B. 贷方
    C. 借方或贷方或无余额　　D. 无余额
12. 某企业"原材料"账户月初余额为 380 000 元，本月验收入库的原材料共计 240 000 元，发出材料共计 320 000 元。则该企业"原材料"月末余额为（　　）。
    A. 余额在借方，金额为 460 000 元　　B. 余额在贷方，金额为 460 000 元

C. 余额在借方,金额为 300 000 元　　D. 余额在贷方,金额为 300 000 元

13. "累计折旧"账户属于( )类账户。
    A. 资产　　　　B. 负债　　　　C. 费用　　　　D. 成本

14. 下列属于其他业务收入的是( )。
    A. 利息收入　　　　　　　　　　B. 投资收益
    C. 清理固定资产净收益　　　　　D. 出售材料收入

15. 已经完成全部生产过程并已验收入库合格可供销售的产品即为( )。
    A. 生产成本　　B. 库存商品　　C. 在产品　　　D. 已售产品

16. "库存商品"账户的性质与( )账户一致。
    A. "生产成本"　B. "材料采购"　C. "应付账款"　D. "应付利息"

17. 结转已销售产品的生产成本时,应贷记( )账户。
    A. "生产成本"　B. "本年利润"　C. "主营业务成本"　D. "库存商品"

18. 同"主营业务收入"账户发生对应关系的账户是( )。
    A. "主营业务成本"　　　　　　B. "销售费用"
    C. "税金及附加"　　　　　　　D. "本年利润"

19. 购进材料入库,按照增值税专用发票上注明的价款、税额以存款支付时的会计分录应该是( )。
    A. 借：材料采购
          应交税费——应交增值税(进项税额)
         贷：银行存款
    B. 借：原材料
          应交税费——应交增值税(进项税额)
         贷：银行存款
    C. 借：材料采购
         贷：银行存款
    D. 借：原材料
         贷：银行存款

20. ( )专栏,记录企业销售货物或提供应税劳务时应收取的增值税额。
    A. 进项税额　　B. 销项税额　　C. 已交税额　　D. 合计

21. 企业月末计算应交纳的教育费附加时,借记( )账户。
    A. "其他应收款"　　　　　　　B. "其他应付款"
    C. "税金及附加"　　　　　　　D. "其他应交款"

22. 以现金支付职工退休金,应借记( )账户。
    A. "营业外支出"　　　　　　　B. "应付职工薪酬"
    C. "管理费用"　　　　　　　　D. "财务费用"

23. 劳动保险费应在( )科目中列支。
    A. "制造费用"　　　　　　　　B. "应付职工薪酬"
    C. "期间费用"　　　　　　　　D. "管理费用"

24. 企业的罚款收入属于( )。

A. 基本业务收入　B. 其他业务收入　C. 营业外收入　D. 主营业务收入
25. 企业的公益性救济捐赠应在( )中列支。
A. 制造费用　B. 管理费用　C. 营业外支出　D. 投资收益

二、多项选择题

1. 企业的主要经济业务包括( )。
   A. 资金筹集　B. 生产准备　C. 产品生产　D. 产品销售
2. 企业资本的取得和形成的途径有( )。
   A. 投资者的投资　　　　　　B. 接受捐赠
   C. 资本的溢价　　　　　　　D. 从银行及其他金融机构取得借款
3. 按照投资者的性质不同,投入资本可分为( )。
   A. 国家资本　B. 法人资本　C. 个人资本　D. 外商资本
4. 捐赠者向企业进行捐赠时,可采取( )等方式。
   A. 实物资产捐赠　　　　　　B. 货币性资产捐赠
   C. 无形资产捐赠　　　　　　D. 固定资产捐赠
5. 在材料采购环节,与"材料采购"账户发生对应关系的账户有( )。
   A. "应付账款"　　　　　　　B. "银行存款"和"库存现金"
   C. "应交税费"　　　　　　　D. "原材料"
6. 材料采购的运杂费包括( )。
   A. 包装费　B. 运输费　C. 装卸费　D. 保险费和仓储费
7. 共同性采购费用可选择( )等标准分摊计入各该材料的采购成本。
   A. 重量　　B. 买价　　C. 件数和品种　D. 体积
8. 制造业的成本项目有( )。
   A. 直接材料　B. 直接人工　C. 制造费用　D. 管理费用
9. 下列各项中,可在职工福利费开支的有( )。
   A. 用于职工的医药费　　　　B. 职工困难补助费
   C. 医务、福利人员工资　　　D. 职工退休金和职工教育经费
10. 期末损益类账户结转时,"本年利润"账户贷方的对应账户分别为( )。
    A. "主营业务收入"　　　　　B. "主营业务成本"
    C. "其他业务收入"　　　　　D. "税金及附加"
11. 企业应该在月末计算本月应支付给职工的工资总额,并形成一项负债,借记( )账户,贷记"应付职工薪酬"账户。
    A. "生产成本"　B. "制造费用"　C. "财务费用"　D. "销售费用"
12. "生产成本"账户与( )账户可能发生对应关系。
    A. "制造费用"　B. "原材料"　C. "管理费用"　D. "库存商品"
13. "生产成本"账户与( )账户可能发生对应关系。
    A. "应付账款"　B. "累计折旧"　C. "应付职工薪酬"　D. "管理费用"
14. 影响主营业务利润的项目有( )。
    A. "主营业务收入"　　　　　B. "财务费用"和"销售费用"
    C. "主营业务成本"　　　　　D. "税金及附加"

15. "税金及附加"账户借方登记的内容有( )。
    A. 增值税　　　　　　　　　　B. 消费税
    C. 城市维护建设税　　　　　　D. 教育费附加
16. "实收资本"账户贷方反映的内容有( )。
    A. 接受固定资产和无形资产投资　　B. 接受存货投资
    C. 接受货币性资产投资　　　　　　D. 盈余公积转增资本金
17. "实收资本"账户可能与( )等账户发生对应关系。
    A. "固定资产"　B. "无形资产"　C. "银行存款"　D. "营业外收入"
18. 下列收入中,( )应记入"其他业务收入"账户。
    A. 租金收入　　　　　　　　　B. 材料出售收入
    C. 处理固定资产净收益　　　　D. 罚款收入
19. 下列支出中,( )不应记入"其他业务成本"账户。
    A. 结转出售的无形资产成本　　B. 处理固定资产净损失
    C. 支付的违约赔偿金　　　　　D. 结转出售的材料成本
20. 下列项目中,( )可以在"管理费用"账户中列支。
    A. 工会经费和职工教育经费　　B. 劳动保护费
    C. 业务招待费　　　　　　　　D. 失业保险
21. 企业实现的利润净额应进行分配的有( )。
    A. 计算交纳所得税　　　　　　B. 弥补企业以前年度亏损
    C. 提取法定盈余公积　　　　　D. 向投资者分配利润
22. 本月出售产品一批,价款5 000元(已预收),产品生产成本为4 000元。应作会计分录为( )。
    A. 借:银行存款　　　　5 000　　　B. 借:预收账款　　　　5 000
       贷:主营业务收入　　5 000　　　　　贷:主营业务收入　　5 000
    C. 借:主营业务成本　　4 000　　　D. 借:主营业务成本　　4 000
       贷:库存商品　　　　4 000　　　　　贷:生产成本　　　　4 000

三、判断题

1. 企业可设置"实收资本"账户来核算其实际收到投资人投入的资本。　　　　　　　　( )
2. 材料的采购费用是材料采购成本的主要组成部分。　　　　　　　　　　　　　　　( )
3. 材料采购就是货款已经承付而货物尚在运输途中的材料。　　　　　　　　　　　　( )
4. 材料采购运达企业并验收入库后,其金额转入"原材料"账户的借方。　　　　　　　( )
5. "应交税费——应交增值税"的对应账户不可能是"材料采购"账户。　　　　　　　( )
6. "制造费用"与"库存商品"账户是一对相互对应的账户。　　　　　　　　　　　　( )
7. 车间领用一般性消耗的材料,在会计处理上应属于增加管理费用。　　　　　　　　( )
8. 期间费用包括管理费用、财务费用、销售费用。　　　　　　　　　　　　　　　　( )
9. "应付职工薪酬"账户的余额只能在贷方。　　　　　　　　　　　　　　　　　　　( )
10. 制造费用只能按照生产工人工资标准在各种产品之间进行分配。　　　　　　　　( )
11. 产品销售过程的核算实质是产品销售利润形成的核算。　　　　　　　　　　　　( )
12. 产品销售收取价款时,借记"银行存款"账户,贷记"库存商品"账户。　　　　　　( )

13. 销项增值税额是税金及附加的一部分。 （　）

14. 每月计算出应交纳的教育费附加时,应借记"税金及附加"账户,贷记"应交税费"账户。
（　）

15. "所得税"账户属于负债类账户。 （　）

四、案例分析题

（一）某工贸有限公司 2019 年 6 月份发生以下有关材料采购的经济业务：

1. 采购员张强预支差旅费 500 元,以现金支票支付。
2. 购进下列原材料,增值税税率 13%,货款以商业承兑汇票结算,尚未验收入库,如表 5-4 所示。

表 5-4　　　　　　　　　　　原材料资料表

项目	数量（千克）	单位（元）	小计（元）
甲种材料	1 600	10	16 000
乙种材料	800	16	12 800
应交增值税			3 744
合　计			32 544

3. 以银行存款支付上述甲、乙材料运费 480 元；以现金支付上述甲、乙材料运达仓库的装卸搬运费 240 元。

4. 上述材料验收入库,按实际成本入账。

5. 商业承兑汇票到期,以银行存款支付上述材料款 32 544 元。

6. 从外地购入材料 11 100 元,其中甲种材料 550 千克,单价为 10 元；乙种材料 350 千克,单价为 16 元,应交增值税 1 443 元,款项以银行存款支付,材料未到。

7. 上述材料已到,以现金支付运费 180 元,以银行存款支付装卸搬运费 540 元。

8. 上述材料验收入库,按实际成本结转。

要求：

1. 根据上列材料采购的业务,编制会计分录（要求列出明细科目）。
2. 登记"材料采购"和"原材料"账户（用丁字账代替,应进行明细分类核算,运费和装卸搬运费按材料重量比例计入甲、乙材料的采购成本）。

（二）某工贸有限公司 2019 年 6 月份发生有关销售经济业务如下：

1. 向甲工厂出售 A 产品 500 件,每件售价 60 元,增值税税率 13%,货款已到,存入银行。
2. 向乙公司出售 B 产品 300 件,每件售价 150 元,增值税税率 13%,货款尚未收到。
3. 按出售的两种产品的实际销售成本转账（A 产品每件 45 元,B 产品每件 115 元）。
4. 以银行存款支付上述 A、B 两种产品在销售过程中的运输费 800 元、包装费 200 元。
5. 结算本月份销售机构职工工资 1 000 元。
6. 按规定计算和登记 B 产品应交纳的消费税（按销售价计算的消费率为 10%）。
7. 向丙工厂出售材料物资 100 千克,每千克售价 12 元,货款 1 356 元（含税）已收到,存入银行。
8. 按出售的材料物资实际销售成本转账（每千克 10 元）。

要求：根据上述各项经济业务,编制会计分录（要求列出明细科目）。

(三)某工贸有限公司 2019 年 6 月份发生经济业务如下:
1. 结算本月管理人员工资 8 000 元,其中厂部管理人员工资 3 000 元,车间管理人员工资 5 000 元。
2. 计提本月固定资产折旧费 1 400 元,其中车间固定资产折旧费 800 元,管理部门固定资产折旧费 600 元。
3. 以银行存款支付车间房屋修理费 1 200 元。
4. 以现金支付机动车修理费 400 元。
5. 按税法规定,以现金支付车船税 300 元。
6. 以银行存款支付产品广告费 1 500 元。
7. 预提应由本月负担的借款利息 900 元。
8. 以银行存款支付产品销售过程中发生的运输费 600 元,以现金支付包装费 100 元。
9. 以现金支付退休人员退休金 1 200 元。
10. 厂部管理人员出差回来报销差旅费 960 元,原预支 1 000 元,余款归还现金。
11. 以银行存款支付水电费 2 400 元,其中车间用 1 900 元,办公室用 500 元。
12. 以银行存款支付房租 3 000 元,其中办公用房租金 1 000 元,车间生产用房租金 2 000 元。
要求:编制会计分录(要求列出明细科目)。

(四)某工贸有限公司 2019 年 11 月 30 日有关损益类账户分类账的余额如表 5-5 所示。"利润分配"账户借方余额 39 515 元。

表 5-5　　　　　　　　　　有关损益类账户分类账的余额

账户名称	借方累计余额	贷方累计余额
主营业务收入		500 000
主营业务成本	375 000	
税金及附加	30 000	
销售费用	25 000	
其他业务收入		6 000
其他业务成本	35 000	
管理费用	3 000	
财务费用	2 000	
营业外收入		4 000
营业外支出	1 500	

2019 年 12 月份发生以下经济业务:
1. 出售产品一批,售价 56 500 元,(含增值税 13%),货款收到存入银行。
2. 按出售产品的实际销售成本 32 000 元转账。
3. 按 5% 税率计算销售产品应交纳的消费税 5 000 元。
4. 现金支付产品销售过程中的运杂费、包装费 500 元。
5. 以银行存款支付厂部办公经费 300 元。
6. 以银行存款支付银行借款利息 1 700 元,前 2 个月已预提借款利息 1 000 元。
7. 以银行存款支付违约罚金 500 元。
8. 没收 × 公司逾期未还包装物加收的押金 300 元。

要求:
1. 编制会计分录(要求列出明细科目),并计算、结转和分配利润。
2. 计算全年利润总额。
3. 计算全年应交纳的所得税。
4. 按税后利润的10%计算应提取的盈余公积。
5. 按税后利润的10%计算登记应付给投资者利润。
6. 将各损益账户累计余额及所得税额转入"本年利润"账户。
7. 将全年实现的净利润自"本年利润"账户转入"利润分配"账户。

(五) 某工贸有限公司2019年7月发生资金投入和退出的各项经济业务如下:
1. 收到国家投入资金400 000元存入银行。
2. 接受A单位投入生产设备一台,原值200 000元,已提折旧50 000元。
3. 向银行借入临时借款50 000元,存入银行,借款期为3个月。
4. 向银行借入2年期借款50 000元,存入银行。
5. 临时借款50 000元到期,以银行存款归还。
6. 将闲置的一辆汽车向B单位投资,该汽车原值150 000元,已提折旧30 000元。双方协议合营期5年。
7. 出售不需用机器一台,双方议价为20 000元。该机器原值为30 000元,已提折旧10 000元,价款已收到存入银行。
8. 以银行存款支付职工医药费计3 000元。

要求:编制会计分录(要求列出明细科目)。

(六) 某工贸有限公司2019年8月发生有关业务如下(购进、销售价款均含增值税13%):
1. 销售产品一批,计1 130 000元,货款已收,存入银行。
2. 购入材料一批,计226 000元,运费价款1 000元,增值税额90元,以银行存款支付,材料入库。
3. 向银行借入临时借款100 000元,存入银行,期限6个月,月息1.5%。
4. 以银行存款支付到期应付票据20 000元,月息1.2%,期限3个月。
5. 收到应收款项80 000元,存入银行。
6. 职工出差借支差旅费5 000元,以现金支付。
7. 以银行存款支付管理费用25 500元,产品销售费用3 700元。
8. 计算本月借款利息1 500元。
9. 结转本月产品销售成本859 640元。
10. 计算并交纳产品消费税9 000元。
11. 将本月各项收支账户余额转入"本年利润"账户。
12. 按利润总额计算和结转应交所得税(税率25%)。
13. 将"所得税"账户余额转入"本年利润"账户。
14. 按本月利润净额10%提取盈余公积。

要求:编制会计分录(要求列出明细科目)。

第六章　会　计　凭　证

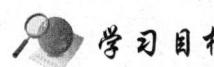

（一）知识目标

目标1　了解原始凭证与记账凭证的种类
目标2　能区分原始凭证与记账凭证的作用
目标3　了解凭证的传递与保管方法

（二）技能目标

目标1　能够识别相关的原始凭证
目标2　能够正确填制与审核原始凭证
目标3　能够正确填制与审核记账凭证

第一节　会计凭证概述

第六章第一节

一、会计凭证的概念与作用

（一）会计凭证的概念

会计凭证简称凭证，是记录经济业务发生或者完成情况的书面证明，是登记账簿的依据。会计凭证是表明经济业务已经发生和完成的证据（过去的交易或事项），是登记账簿的依据。填制和审核会计凭证是会计核算的一种专门方法。合法地取得、正确地填制和审核会计凭证，是会计核算的基本方法之一，是会计核算工作的起点和基本环节，也是对经济业务进行日常监督的重要环节。进行会计核算，必须要有会计凭证，对于发生的一切经济业务和账务处理，都必须取得书面证明；一切会计凭证只有经审核无误后，才能据此登记账簿。会计凭证，对于完成会计核算任务，发挥会计在经济管理中的职能作用，具有十分重要的意义。

（二）会计凭证的作用

进行会计核算，必须要有会计凭证。会计凭证主要有以下作用。

1. 记录经济业务，提供记账依据

通过会计凭证的填制和审核，可以如实反映各项经济业务的具体情况。任何单位都不能凭空记账，登记账簿必须以经过审核无误的会计凭证为依据。

2. 明确经济责任，强化内部控制

每一项经济业务都要填制或取得会计凭证，并由有关部门和人员签章明确责任，增强经办人员以及其他有关人员的责任感，有利于今后发现问题时查明责任归属。

3. 监督经济活动，控制经济运行

通过会计凭证的审核，可以检查企业的每一项经济业务是否符合政策、法律、法规和制度等规定。

二、会计凭证的种类

会计凭证通常按填制程序和用途的不同分为原始凭证和记账凭证两大类。

（一）原始凭证

原始凭证又称单据，是指在经济业务发生或完成时取得或填制的，用于记录或证明经济业务的发生或完成情况的原始凭据。

原始凭证是在经济业务发生的过程中直接产生的，是经济业务发生的最初证明，具有法律效力，是明确经济责任、进行会计核算的原始资料和重要依据，是登记账簿的原始凭据。如支票（见图6-1）、发票、收据、材料入库单、领料单等。

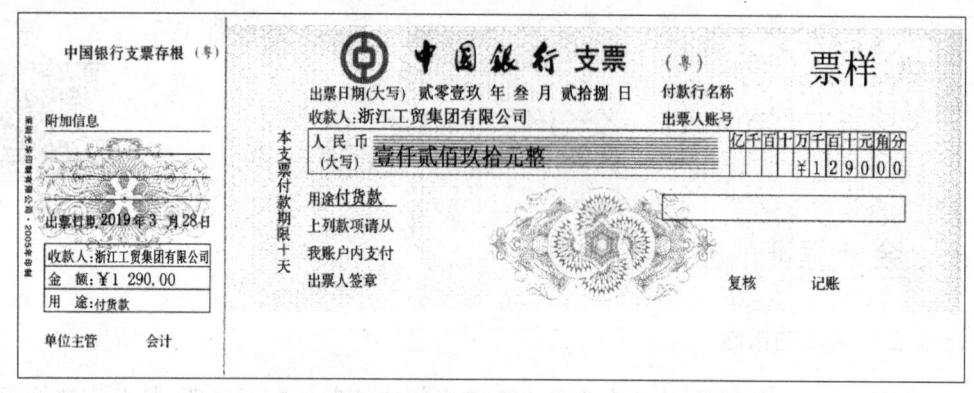

图 6-1 支票票样

（二）记账凭证

记账凭证又称记账凭单，是指会计人员根据审核无误的原始凭证，按照经济业务的内容加以归类，并据以确定会计分录后所填制的会计凭证，是登记账簿的直接依据。

记账凭证应记载经济业务的简要内容，明确会计分录，是介于原始凭证与账簿之间的中间环节，是登记明细分类账和总分类账的依据。

原始凭证和记账凭证虽然都是会计凭证，都是登记账簿的依据，但就其性质来讲两者截然不同。

（1）原始凭证记录的是经济信息，是编制记账凭证的依据，是会计核算的基础；原始凭证由经济交易或事项的经办人员填制或取得，用来作为编制会计分录的依据；原始凭证的内容不同，格式各异，种类繁多，对应关系不直观。

（2）记账凭证记录的是会计信息，是会计核算的起点；记账凭证由企业会计人员根

据所取得的原始凭证填制,用来登记账户;记账凭证将原始凭证中的一般数据转化为会计语言,介于原始凭证和账簿之间的中间环节,是登记明细分类账户和总分类账户的依据。

(3) 原始凭证和记账凭证两者的主要差别有:

① 原始凭证由经办人员填制,而记账凭证一律由会计人员填制。

② 原始凭证是根据发生或完成的经济业务填制的,而记账凭证是根据审核无误的原始凭证填制。

③ 原始凭证仅用于记录、证明经济业务的发生或完成情况,而记账凭证要依据会计科目对已经发生或完成的经济业务进行归类、整理编制。

④ 原始凭证是记账凭证的附件和填制记账凭证的依据,而记账凭证是登记账簿的直接依据。

【例6-1·单项选择题】(　　)是记录经济业务,明确经济责任,作为登账依据的书面证明。

A. 会计要素　　　　　　　　B. 会计账户
C. 会计凭证　　　　　　　　D. 会计报表

【答案】　C

【例6-2·单项选择题】会计凭证按其(　　)不同,分为原始凭证和记账凭证。

A. 填制人员和程序
B. 填制程序和方法
C. 填制格式和手续
D. 填制程序和用途

【答案】　D

【例6-3·单项选择题】会计凭证是(　　)的依据。

A. 业务活动　　　　　　　　B. 编制报表
C. 登记账簿　　　　　　　　D. 原始凭证

【答案】　C

【例6-4·单项选择题】经济业务发生或完成时取得或填制的凭证是(　　)。

A. 原始凭证　　B. 记账凭证　　C. 收款凭证　　D. 付款凭证

【答案】　A

【例6-5·单项选择题】记账凭证是根据(　　)填制的。

A. 经济业务　　　　　　　　B. 会计报表附注
C. 账簿记录　　　　　　　　D. 审核无误的原始凭证

【答案】　D

【例6-6·多项选择题】会计凭证可以(　　)。

A. 记录经济业务　　　　　　B. 明确经济责任
C. 作为登记账簿的依据　　　D. 作为编制报表的依据

【答案】　ABC

【例6-7·判断题】所有的会计凭证都是登记账簿的依据。　　　　　　　　(　　)

【答案】　×

第二节 原始凭证

一、原始凭证的种类

原始凭证可以按照取得来源、格式、填制的手续和内容进行分类。

（一）按取得的来源分类

原始凭证按照取得的来源可分为自制原始凭证和外来原始凭证。

1. 自制原始凭证

自制原始凭证是指由本单位有关部门和人员，在执行或完成某项经济业务时填制的，仅供本单位内部使用的原始凭证。例如，在验收材料时填制收料单、领用材料时填制的领料单、产品验收入库时的入库单、产品销售出库时的出库单、借款单、工资发放明细表、折旧计算表、发票记账联等。（注意：发票记账联属于自制原始凭证，而发票的发票联、抵扣联属于外来原始凭证）

部分自制原始凭证如表 6-1 至表 6-6 所示。

表 6-1　　　　　　　　　　借 款 单

资金性质　　　　　　　　2019 年 12 月 2 日

借款单位：采购部门		
借款理由：出差借款		
借款数额：人民币（大写）叁仟元整　　　¥ 3 000.00		
本单位负责人意见：　　　借款人：李勇		
会计主管核批： 王林	付款方式： 现金	出纳： 秦红

表 6-2　　　　　**浙江工贸集团固定资产验收单**(记账联)

2019 年 12 月 2 日

名称	规格型号	单位	数量	价格	预计使用年限	使用部门
电机	L-50	台	1	300 000.00	10	机械车间
备注						

负责人：　　　设备管理：　　　审核：　　　制单：

表 6-3

浙江工贸集团有限公司
产品出库单 No.0000101

购货单位：深圳万科汽车有限公司　　2019年12月2日

销货通知单号码	产品名称	规格	单位	数量	成本单价	成本金额	销售价格（不含税）单价	销售价格（不含税）金额
	电子点火器	XC-2	只	879			360.00	316 440.00
	启动机	DW-12	只	1 025			818.00	838 450.00
	合　计							1 154 890.00

制单：　　　　　仓库：　　　　　经办：

表 6-4

浙江工贸集团有限公司
收料报告单 No.0001151

供应者：温州市新桥金属材料有限公司　　2019年12月5日

编号	材料名称及规格	单位	发票数量	实收数量	单价	发票金额	运杂费	合计金额
	铜带 0.25-0.4	千克	5 120	5 120	58.974 359	301 948.72		301 948.72
	磷铜带 0.2*150	千克	1 570	1 570	62.393 162	97 957.26		97 957.26
	铍青铜带 0.2*400	千克	1 130	1 130	61.111 111	69 055.56		69 055.56

附发票　1　张，费用单据　　张。　　检验人：　　　　收料人：
号码　01419952　　　　　　　　　　登入材料明细分类账　　年　月　日

主管：　　　复核：　　　记账：　　　制单：

表 6-5

3300123246　　**浙江增值税专用发票**　　No 04730254

此联不作报销、扣税凭证使用　　开票日期：2019年12月05日

购货单位	名　称：光明机械厂 纳税人识别号：442012362682182 地址、电话：太原市深洲路 15 号 0455-86200230 开户行及账号：中国农业银行 41020100000400753	密码区	<*89<-09//18099+5*868 930/6+5<*8>+923307<46 030280099397922></99* />575<7206+786+85>>5>	加密版本:01 3300083140 04730251

货物或应税劳务名称	规格型号	单位	数量	单价	金额	税率	税额
制动器	DW-11	台	30	8 000.00	240 000.00	13%	31 200.00
					￥240 000.00		￥31 200.00

价税合计（大写）	贰拾柒万壹仟贰佰元整	（小写）￥271 200.00

销货单位	名　称：浙江工贸集团有限公司 纳税人识别号：33038214554587X 地址、电话：乐清市虹桥镇西工业区 B-2 号 62327666 开户行及账号：农行乐清市支行营业部 270100230056997	备注

收款人：　　　复核：　　　开票人：　　　销货单位：（章）

表 6-6

浙江工贸集团有限公司
领 料 单　　　NO.0001008
2019 年 12 月 2 日

用料部门　机械车间　　　生产通知单号　20090101
用　途　　生产

材料规格及名称	单位	请发数量	实发数量
焦碳	吨	17	17

发料人：　　　领料人：　　　仓库记账：　　　　月　日

③财务记账

2. 外来原始凭证

外来原始凭证是指在经济业务发生或完成时，从其他单位或个人直接取得的原始凭证。如购买货物取得的增值税专用发票（见表 6-7）、收款单位开出的收款收据、银行的各种结算凭证、普通发票、对外支付款项时所取得的收据、职工出差取得的飞机票、火车票（见图 6-2）、轮船票、住宿发票、航空运输电子客票行程单（见图 6-3）等，都是外来原始凭证。

从单位取得的外来原始凭证必须加盖填制单位的公章（一般盖财务公章），从个人处取得的外来原始凭证必须加盖个人名章，没有盖章的原始凭证不能作为报账的依据。

表 6-7

浙江增值税专用发票
发票联

No 08323455

开票日期：2019 年 12 月 17 日

购买方	名　　称：浙江工贸集团有限公司 纳税人识别号：33038214554587X 地址、电话：乐清市虹桥镇西工业区 B-2 号　62327666 开户行及账号：农行乐清市支行营业部　27010023005997	密码区	66+0478613712>7+79-92 3+53+>7-+/36+70980790 0026-19/9-8>69)<++<>5 +163>255562222437>>66	加密版本：01 3300083140 08323455

货物或应税劳务、服务名称	规格型号	单位	数量	单价	金　额	税率	税　额
接插件	UINI	只	15 000	3.24	48 600.00	13%	6 318.00
					￥48 600.00		￥6 318.00

价税合计（大写）　⊗伍万肆仟玖佰壹拾捌元整　　　（小写）￥54 918.00

销售方	名　　称：乐清市达利电子有限公司 纳税人识别号：330382145578410 地址、电话：乐清市经济开发区新区　62474121 开户行及账号：农行乐清市支行营业部　27010104000025411	备注	（乐清市达利电子有限公司 发票专用章 330382145578410）

收款人：　　　复核：　　　开票人：　　　销售方：（章）

第三联 发票联 购买方记账凭证

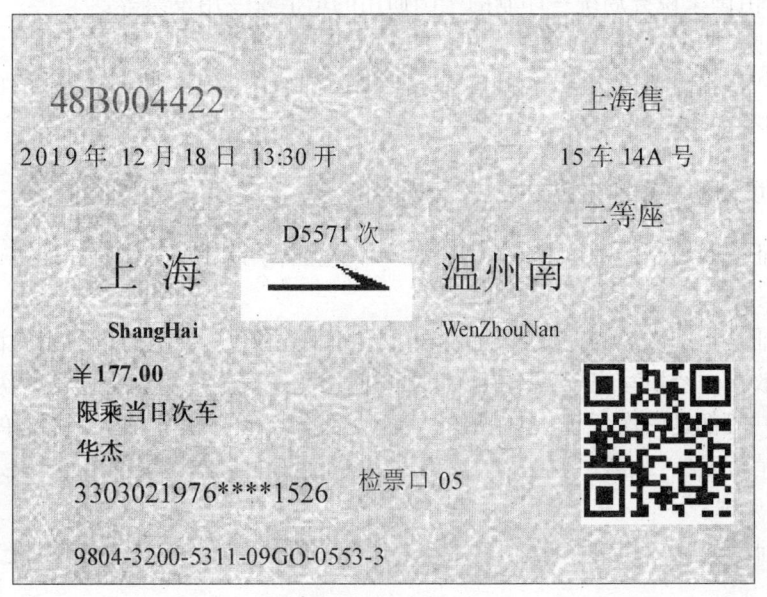

48B004422　上海售

2019年 12月 18日 13:30开　15车 14A 号

二等座

D5571 次

上 海 → 温州南

ShangHai　WenZhouNan

¥177.00

限乘当日次车

华杰

3303021976****1526　检票口 05

9804-3200-5311-09GO-0553-3

图 6-2　火车票样张

航空运输电子客票行程单　ITINERARY/RECEIPT OF E-TICKET FOR AIR TRANSPORT

印刷序号：SERIAL NUMER

旅客姓名 NAME OF PASSENGER	有效身份证件号码 ID. NO.	签注 ENDORSEMENTS/RFSTRI(TIONSICARBON)
刘卫兵	330302196012131227	

	承运人 CARRIER	航班号 FLIGHT	座位等级 CLASS	日期 DATE	时间 TIME	客票级别/客票类别 FARE DASIS	客票生效日期 NOTVALID BEFORE	有效截止日期 MOT VALID AFIER	免费行李 ALLOW
自 FROM NZ6FEW 至 TO 温州 至 TO 广州 至 TO VOID 至 TO	T2海航	Hu7755 VOID	B	2019-12-10	17：55	Y90			20K

票价 FARE	机场建设费 AIRPORT TAX	燃油附加费 FUEL SLRCHARGE	其他税费 OTHER ATXES	合计 TOTAL
CNY360.00CN	50.00YQ	100.00		CNY510.00

电子客票号码 E-TICKEINO	8802155578797	验证码 CK.	8679	提示信息 INFORMATION	保险费 INSURANCE
销售单位代号 AGENT CODE	HAK46908647801	填开单位 ISSUED BY	南分航空服务有限公司	填开日期 DATE OF ISSUE	2019-12-10

上海航空印刷有限公司　电话 201-64308100

付款凭证

手写无效

验真网址：WWW.TRAVELSKY.COM 服务热线：400-815-8888 短信验真：发送JP至10669018

请旅客乘机前认真阅读《旅客须知》及承运人的运输总条件内容

The Important Notice and the general conditions of carriage must be red before traveling

图 6-3　航空运输电子客票行程单

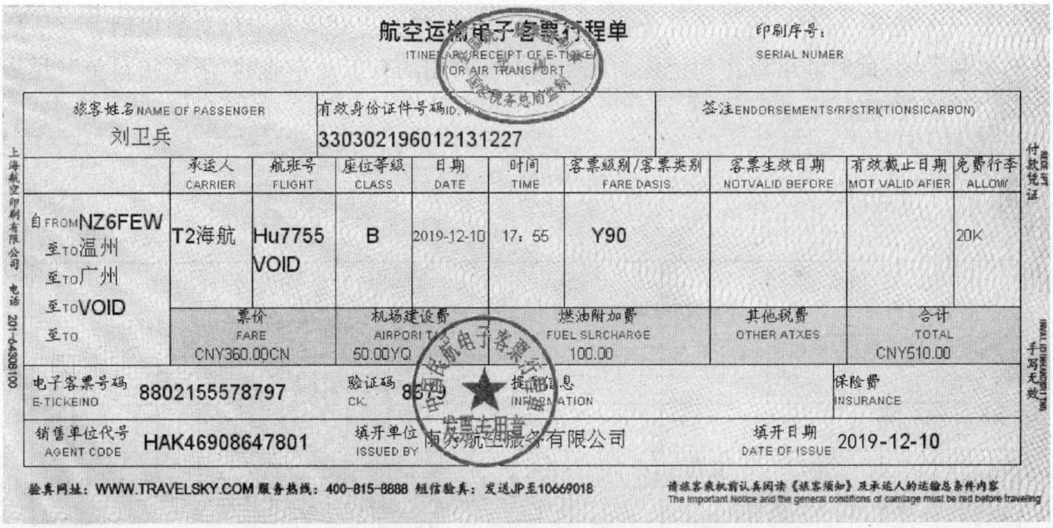

(二) 按照格式分类

原始凭证按照格式的不同可分为通用凭证和专用凭证。

1. 通用凭证

通用凭证是指由有关部门统一印制、在一定范围内使用的具有统一格式和使用方法的原始凭证。

通用凭证的使用范围，因制作部门不同而异。可以是某一地区、某一行业，也可以是全国通用。例如，省(市)印制的在该省(市)通用的发货票、由人民银行制作的在全国通用的银行结算凭证、由国家税务局统一印制的全国通用的增值税专用发票等。

2. 专用凭证

专用凭证是指由单位自行印制、仅在本单位内部使用的原始凭证。例如,收料单、领料单、工资费用分配表、折旧计算表。

(三) 按填制的手续和内容分类

原始凭证按照填制的手续和内容可分为一次凭证、累计凭证和汇总凭证。

1. 一次凭证

一次凭证是指一次填制完成,只记录一笔经济业务且仅一次有效的原始凭证。

一次有效指一经填写完毕就不能再次填写使用。一次凭证填制手续是一次完成的。外来原始凭证一般都是一次凭证;自制原始凭证大部分属于一次凭证,如领料单、工资单、收据、发货票、销货发票、收料单。

2. 累计凭证

累计凭证是指在一定时期内多次记录发生的同类型经济业务且多次有效的原始凭证。

累计凭证是在规定期限内,为了减少凭证数量和简化凭证填制手续,将不断重复发生且性质相同的经济业务登记在一起,进行连续反映的一种自制原始凭证。累计凭证的填制手续不是一次完成的,而是随着经济业务发生而分次进行的,直到期末求出总数以后才完成凭证的填制手续,此时才可以作为记账的原始依据。常用的有工业企业的"限额领料单"(见表6-8)、"费用限额卡"等。

表6-8   限额领料单

领料部门: 第 号
用 途: 年 月 日   发料仓库

材料编号	材料名称规格	计量单位	计划投产量	单位消耗定额	领用限额	实发		
						数量	单价 百十万千百十元角分	金额 千百十万千百十元角分

日期	领用			退料			限额结余数量
	数量	领料人	发料人	数量	退料人	收料人	

生产计划部门: 供销部门: 仓库:

3. 汇总凭证

汇总凭证是指对一定时期内反映经济业务内容相同的若干张原始凭证,按照一定标准综合填制的原始凭证。

汇总原始凭证只能将同类内容的经济业务汇总填列在一张汇总凭证中。在一张汇总凭证中不能将两类或两类以上的经济业务汇总填列。常用的汇总原始凭证有收料凭证汇总表、发出材料汇总表(见表 6-9)、工资结算汇总表、差旅费报销单(见表 6-10)等。

表 6-9　　　浙江工贸集团有限公司发出材料汇总表(一)

材料类别:原料及主要材料　　　2019年12月31日　　　金额单位:元

材料名称								合计
加权平均单价								
单位								
机械车间	生产耗用	数量						
		金额						
	一般耗用	数量						
		金额						
电器车间	生产耗用	数量						
		金额						
	一般耗用	数量						
		金额						
供汽车间		数量						
		金额						
销售部门		数量						
		金额						
管理部门		数量						
		金额						
合计		数量						
		金额						

复核:　　　　　制表:

表 6-10　　　　　　差 旅 费 报 销 单　　　　　NO.0000001

报销部门:				填报日期:　年　月　日					
姓名		职别			出差事由				
出差起止日期自　年　月　日起至　年　月　日止共　天附单据　张									
日期		起讫地点	天数	机票费	车船费	市内交通费	住宿费	出差伙食补助	住宿节约补助	其他	小计
月	日										
		合计									
总计金额(大写):			仟	佰	拾	万　仟	佰	拾	元　角　分	¥	

财务审核:　　　　出纳:　　　　部门经理:　　　　领款人:

要特别注意的是,凡是不能用来证明经济业务实际上发生或完成的文件和单据不属于原始凭证。例如,用工计划表、经济合同、银行存款余额调节表、派工单、材料请购单、生产通知单等原始单据不是原始凭证,因为它们不能证明经济业务已经发生或完成情况,不能作为编制记账凭证和登记账簿的依据。

二、原始凭证的基本内容

原始凭证的基本内容也称为原始凭证要素。各个单位发生的经济业务事项复杂多样,记录和反映经济业务事项的原始凭证来源于不同渠道,原始凭证的内容、格式不尽相同。作为反映经济业务事项已经发生或完成并承担明确经济责任的书面文件,无论是哪一种原始凭证,都应当具备以下基本内容:

(1) 原始凭证的名称。
(2) 填制原始凭证的日期。
(3) 凭证的编号。
(4) 接受原始凭证单位名称(抬头)。
(5) 经济业务内容(含数量、单价及金额等)。
(6) 填制单位签章。
(7) 有关人员(部门负责人、经办人员)的签章。
(8) 填制凭证单位名称或者填制人姓名。

有些原始凭证还要求附有凭证附件,如汇总原始凭证。

图 6-4 是以增值税专用发票为例说明原始凭证应具备的基本内容。

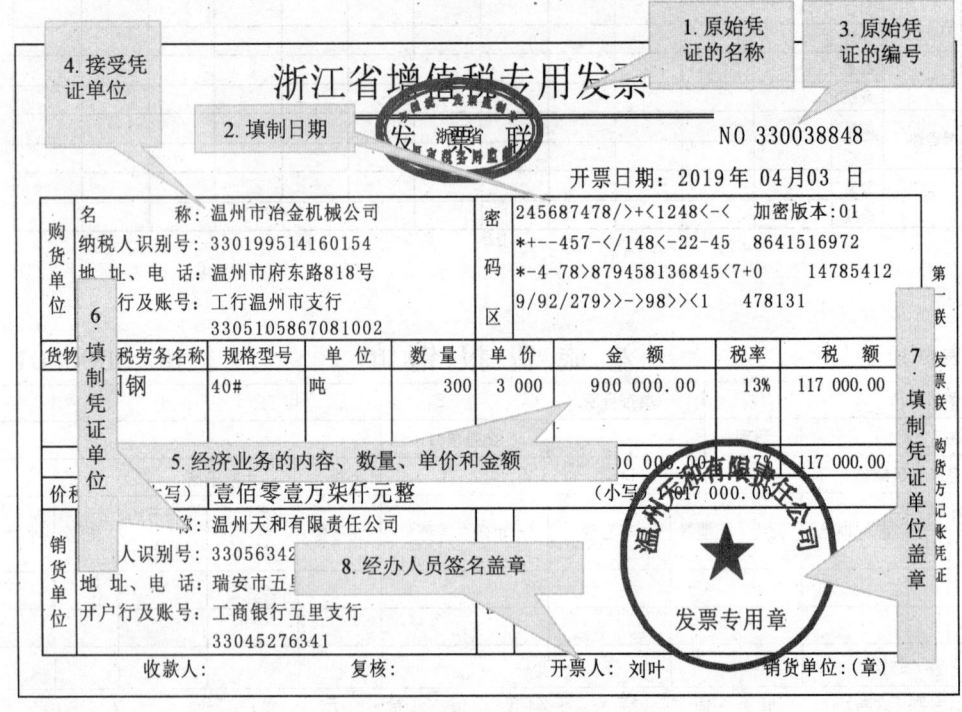

图 6-4 增值税专用发票

三、原始凭证的填制要求

(一) 原始凭证填制的基本要求

原始凭证是具有法律效力的证明文件,是进行会计核算的重要原始依据,因此,为了保证原始凭证能够正确、及时、清晰地反映经济业务的真实情况,原始凭证的填制必须符合下列七项基本要求。

1. 记录要真实

记录真实,就是要实事求是地填写经济业务,原始凭证填制日期、业务内容、数量、金额等必须与实际情况相一致,不得歪曲经济业务真相、弄虚作假。对于实物数量、质量和金额的计算,要准确无误,不得匡算或估计,确保凭证所记录的内容真实可靠。

2. 内容要完整

原始凭证上各项内容要逐项填制齐全,不得遗漏和简略。需要注意的是,年、月、日要按照原始凭证的实际日期填写;名称要齐全,不能简化;品名或用途要填写明确,不能含糊不清;有关人员的签章必须齐全。

另外,对于需要填写一式数联的原始凭证,必须用复写纸套写,各联的内容必须完全相同,联次不得缺少。

3. 手续要完备

单位自制的原始凭证必须附有经办单位领导人或其他指定的人员签名盖章;对外开出的原始凭证必须加盖本单位公章;从外部取得的原始凭证,必须盖有填制单位的公章;从个人取得的原始凭证,必须有填制人员的签名盖章。

这里所说的"公章",是指具有法律效力和特定用途,能够证明单位身份和性质的印鉴,包括业务公章、财务专用章、发票专用章、结算专用章等。

4. 书写要清楚、规范

(1) 原始凭证要按规定填写,文字要简要,字迹要清楚,易于辨认,不得使用未经国务院公布的简化汉字。

(2) 大小写金额必须相符且填写规范。

(3) 小写金额用阿拉伯数字逐个填写,不得写连笔字,在金额前应填写人民币符号"¥"。人民币符号"¥"与阿拉伯数字之间不得留有空白。金额数字一律填写到角分,无角分的,写"00"或符号"—"。有角无分的,分位写"0",不得用符号"—"代替。

(4) 大写金额用汉字壹、贰、叁、肆、伍、陆、柒、捌、玖、拾、佰、仟、万、亿、元、角、分、零、整等,一律用正楷或行书字书写,大写金额前未印有"人民币"字样的,应加写"人民币"三个字。"人民币"字样和大写金额之间不得留有空白。

(5) 大写金额到元或角为止的,后面要写"整"或"正"字,有"分"的,"分"后面不写"整"或"正"字。如小写金额¥1 006.00,大写金额应写成"壹仟零陆元整"。

(6) 阿拉伯数字之间有"0"的,汉字大写金额要写"零"字。例如,"¥305.00",汉字大写金额应写成"人民币叁佰零伍元整"。阿拉伯数字中间连续有几个"0"字,汉字大写金额中可以只写一个"零"字。阿拉伯数字元位是"0",或数字中间连续有几个"0",元位也是"0",但角位不是"0",汉字大写金额可只写一个"零"字,也可不写"零"字。如¥68 000.30 可写成"人民币陆万捌仟元零叁角整",也可写成"人民币陆万捌仟元零叁角整"。

5. 编号要连续

各种原始凭证要连续编号,以便查考。如果凭证已预先印定编号,如发票、收据、支票,都有连续编号,应按编号连续使用,在写坏作废时,应加盖"作废"戳记,与存根一起妥善保管,不得撕毁。

6. 不得涂改、刮擦、挖补

原始凭证有错误的,应当由出具单位重开或更正,更正处应当加盖出具单位印章。原始凭证金额有错误的,应当由出具单位重开,不得在原始凭证上更正。

7. 填制要及时

各种原始凭证一定要及时填写,并按规定的程序及时送交会计机构、会计人员进行

(二)自制原始凭证的填制要求

不同的自制原始凭证,填制要求也有所不同。

1. 一次凭证的填制

一次凭证应在经济业务发生或完成时,由相关业务人员一次填制完成。该凭证往往只能反映一项经济业务,或者同时反映若干项同一性质的经济业务。

2. 累计凭证的填制

累计凭证应在每次经济业务完成后,由相关人员在同一张凭证上重复填制完成。该凭证能在一定时期内不断重复地反映同类经济业务的完成情况。

3. 汇总凭证的填制

汇总凭证应由相关人员在汇总一定时期内反映同类经济业务的原始凭证后填制完成。该凭证只能将类型相同的经济业务进行汇总,不能汇总两类或两类以上的经济业务。

(三)外来原始凭证的填制要求

外来原始凭证应在企业同外单位发生经济业务时,由外单位的相关人员填制完成。外来原始凭证一般由税务局等部门统一印制,或经税务部门批准由经营单位印制,在填制时加盖出具凭证单位公章方为有效。对于一式多联的原始凭证必须用复写纸套写或打印机套打。

(四)原始凭证填制举例

【例 6-8】 2019 年 12 月 12 日,青江伟业钢板有限责任公司提取备用金 5 000 元。填制如表 6-11 所示的支票。

表 6-11

中国工商银行现金支票存根	中国工商银行现金支票 X045 支票号码 No 111121009
支票号码 No 111121009 科　　目: 对方科目: 签发日期:2019 年 12 月 12 日 收款人:青江伟业钢板有限责任公司 金　额:5 000.00 用途:备用金 备注: 单位主管　　　会计 复　核　　　记账	出票日期(大写)　贰零壹玖年壹拾贰月壹拾贰日 收款人:青江伟业钢板有限责任公司 付款行名称:工行青江市支行营业部　出票人账号:500600230053184 人民币(大写)　伍仟元整　　　　¥5 000 00 用途:备用金　　　　　　　　科目(借) 上列款项请从我账户内支付　　对方科目(贷) 　　　　　　　　　　　　　　转账日期　年　月　日 出票人签章　　　　　　　复核　　记账

【例 6-9】 2019 年 12 月 10 日,浙江工贸集团有限责任公司销售产品给宏达机电公司,收到部分货款。填制如表 6-12 至表 6-14 的凭证。

表 6-12

浙江增值税专用发票
记账联　　　　　　　　　　　　　　　　No 04730255
此联不作报销、扣税凭证使用　　开票日期：2019 年 12 月 10 日

购买方	名　称：宏达机电公司 纳税人识别号：330012362682182 地址、电话：鹿城区 0577-86200245 开户行及账号：中国农业银行 33020100000400753	密码区	<*89<-09//18099+5*868 930/6+5<*8>+923307<46 03028009939 7922></99* />575<7206+786+85>>5*	加密版本:01 3300083140 04730251

货物或应税劳务、服务名称	规格型号	单位	数量	单价	金额	税率	税额
变速器	DW-12	只	10	15 000.00	150 000.00	13%	19 500.00
制动器	DW-11	只	10	8 000.00	80 000.00	13%	10 400.00
					￥230 000.00		￥29 900.00

价税合计（大写）　⊗贰拾伍万玖仟玖佰元整　　（小写）￥259 900.00

销售方	名　称：浙江工贸集团有限公司 纳税人识别号：33038214554587X 地址、电话：乐清市虹桥镇西工业区 B-2 号 62327666 开户行及账号：农行乐清市支行营业部 270100230056997	备注

收款人：　　　　复核：　　　　开票人：　　　　销售方：（章）

国税函〔2012〕562号批准华泰印刷有限公司

第一联：记账联　销售方记账凭证

表 6-13

浙江工贸集团有限公司
产品出库单
2019 年 12 月 10 日　　　　　No.0000101

购货单位：宏达机电公司

销货通知单号码	产品名称	规格	单位	数量	成本		销售价格	
					单价	金额	单价	金额
	变速器	DW-12	只	10	15 000.00			150 000.00
	制动器	DW-11	只	10	8 000.00			80 000.00
	合　计							230 000.00

制单：王英兰　　　仓库：张顺华　　　经办：王立新

表 6-14

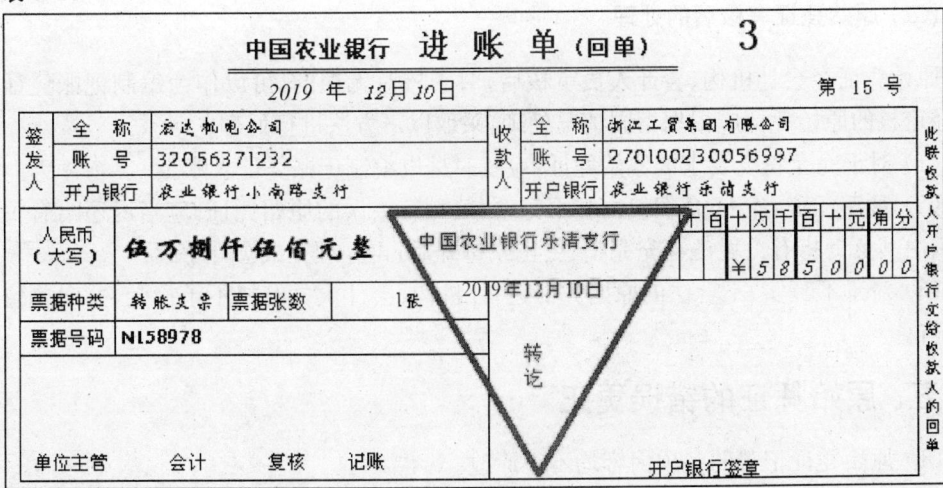

四、原始凭证的审核

（一）原始凭证审核的内容

为了如实反映经济业务的发生和完成情况，充分发挥会计的监督职能，保证会计信息的真实、合法、完整和准确，会计人员必须对原始凭证进行严格审核。任何原始凭证都必须经过严格的审核后，才能作为记账的依据。审核的主要内容如下。

1. 审核原始凭证的真实性

对原始凭证真实性的审核主要包括：凭证日期是否真实、业务内容是否真实、数据是否真实等。对外来原始凭证，必须有填制单位公章和填制人员签章；对自制原始凭证，必须有经办部门和经办人员的签名或盖章。

2. 审核原始凭证的合法性

合法性审核主要是审核原始凭证上记载的经济业务是否有违反国家的法律、法规的情况，是否履行了规定的凭证传递和审核程序，是否有贪污腐化等行为。

3. 审核原始凭证的合理性

合理性审核主要是审核原始凭证所记载经济业务是否符合企业生产经营活动的需要，是否符合有关的计划和预算等。

4. 审核原始凭证的完整性

审核原始凭证格式是否符合规定要求，各项要素是否齐全，内容是否完整，有关人员签章是否齐全，凭证联次是否正确等。如果手续不完备，应由经办人员补办。

5. 审核原始凭证的正确性

正确性审核主要是审核原始凭证各项数字金额的计算及填写是否正确，大小写金额是否一致，数字和文字的书写是否清楚，有无刮、擦、挖、补、涂改、伪造等现象。

6. 审核原始凭证的及时性

原始凭证的及时性是保证会计信息质量的基础。为此，要求在经济业务发生或完成时及时填制有关原始凭证，及时进行凭证的传递。

（二）原始凭证审核后的处理

原始凭证经会计机构、会计人员审核后，对于核对无误的，可以作为编制记账凭证的依据；经审核的原始凭证应根据不同情况处理，采取以下方法进行处理：

（1）对于完全符合要求的原始凭证，应及时据以编制记账凭证入账。

（2）对于真实、合法、合理但内容不完整、填写有错误的原始凭证，应当退还给有关经办人员，由其负责将有关凭证补充完整、更正或重开后，再办理正式会计手续。

（3）对于不真实、不合法的原始凭证，会计机构、会计人员有权不予接受，并向单位负责人报告。

五、原始凭证的错误更正

（1）原始凭证记载的各项内容均不得涂改。

（2）原始凭证内容有错误的，应当由出具单位重开或者更正，更正工作须由原始凭证出具单位进行,更正处应当加盖出具单位签章。

(3) 原始凭证金额错误的不得更正,只能由原始凭证开具单位重开。

(4) 原始凭证开具单位应当依法开具准确无误的原始凭证,对填制有误的原始凭证,负有更正和重新开具的法律义务,不得拒绝。

第三节 记 账 凭 证

记账凭证又称记账凭单或分录凭证,是会计人员根据审核无误的原始凭证按照经济业务的内容加以归类,并据以确定会计分录后所填制的会计凭证,它是登记会计账簿的直接依据。

我国会计记录具体程序的第一步是根据原始凭证编制记账凭证(见图6-5)。

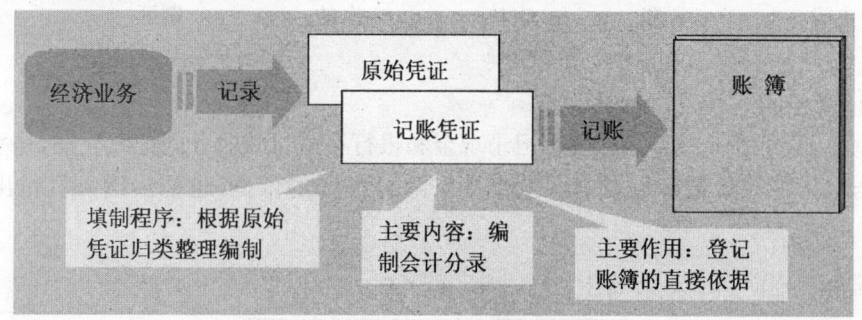

图 6-5 记账凭证

一、记账凭证的种类

记账凭证可按不同的标准进行分类,按照用途可分为专用记账凭证和通用记账凭证;按照填列方式可分为单式记账凭证和复式记账凭证。

(一) 按凭证的用途分类

记账凭证按照用途和所反映的经济业务内容的不同,可以分为专用记账凭证和通用记账凭证。

1. 专用记账凭证

专用记账凭证是指分类反映经济业务,专门用于某一类经济业务的记账凭证。

专用记账凭证按其反映的经济业务内容,可分为收款凭证、付款凭证和转账凭证。在实际工作中,为了便于识别,避免差错,提高会计工作效率,各种专用记账凭证通常用不同颜色的纸张印刷。

1) 收款凭证

收款凭证(见表6-15)是指用于记录现金和银行存款收款业务的记账凭证,是登记现金日记账和银行存款日记账以及有关明细账和总分类账的依据,也是出纳人员收入款项的依据。

表 6-15

收 款 凭 证

总 号 _____
分 号 _____

借方科目：　　　　　　　　　　年　月　日

摘　要	贷　方　科　目		金　额	记账符号	附凭证 张
	总账科目	明细科目	千百十万千百十元角分		
	合　计　金　额				

会计主管　　　记账　　　审核　　　出纳　　　制证

2) 付款凭证

付款凭证(见表 6-16)是指用于记录现金和银行存款付款业务的记账凭证,是登记现金日记账与银行存款日记账以及有关明细账和总分类账的依据,也是出纳人员付出款项的依据。

表 6-16

付 款 凭 证

总 号 _____
分 号 _____

贷方科目：　　　　　　　　　　年　月　日

摘　要	借　方　科　目		金　额	记账符号	附凭证 张
	总账科目	明细科目	千百十万千百十元角分		
	合　计　金　额				

会计主管　　　记账　　　审核　　　出纳　　　制证

3) 转账凭证

转账凭证(见表 6-17)是指用于记录不涉及现金和银行存款业务的记账凭证。转账凭证是登记有关明细账与总分类账的依据。

2. 通用记账凭证

通用记账凭证是指用来反映所有经济业务的记账凭证,为各类经济业务所共同使用,其格式与转账凭证基本相同。

通用记账凭证对全部经济业务不再区分收款、付款及转账业务,而将所有经济业务统一编号,在同一格式的凭证中进行记录。采用通用记账凭证的单位,无论是款项的收付还是转账业务,都采用统一格式的记账凭证(见表6-18)。

表6-17 转账凭证

表6-18 记账凭证

(二) 按凭证的填列方式分类

1. 单式记账凭证

单式记账凭证是指只填列经济业务所涉及的一个会计科目及其金额的记账凭证。

单式记账凭证优点是便于会计分工记账,方便了记账凭证汇总表的编制。缺点是不便于反映经济业务的全貌以及账户的对应关系,不便于查账。单式记账凭证一般适用于业务量较大,会计部门内部分工较细的单位。

2. 复式记账凭证

复式记账凭证是将每一笔经济业务所涉及的全部科目及其发生额均在同一张记账凭证中反映的一种凭证。

复式记账凭证能够反映账户之间的对应关系,便于了解有关经济业务的全貌,但不便于会计分工记账。

二、记账凭证的基本内容

记账凭证是登记账簿的依据,因其所反映经济业务的内容不同、各单位规模大小及其对会计核算繁简程度的要求不同,其内容有所差异,但应当具备以下基本内容:

第一,记账凭证的名称。

第二,填制记账凭证的日期。

记账凭证的日期一般应是会计人员受理事项填制凭证的当天日期,或月末日期。即记账凭证是在哪一天编制的,就写上哪一天。但月末结账的记账凭证,日期要填写月末日期。记账凭证的填制日期与所依据的原始凭证的填制日期可能相同也可能不同。记账凭证应及时填制,但一般稍后于原始凭证的填制。

第三,记账凭证的编号。

会计人员给记账凭证编号,是为了分清记账凭证处理的先后顺序,便于登记账簿和进行记账凭证与账簿记录的核对,防止会计凭证的丢失,并且方便日后查找。

记账凭证应由主管该项业务的会计人员按经济业务发生的先后顺序并按不同种类的记账凭证连续编号。

企业可以按照收款、付款和转账三类业务分收、付、转三类编号;企业也可以细分为现收、现付、银收、银付、转账五类编号;还可以将所有的记账凭证不分业务内容,按顺序统一编号。

(1)总字编号法:所有的记账凭证不分业务内容顺序编号。即把全部记账凭证作为一类统一编号,编为记字第××号,适用于采用通用记账凭证格式,经济业务较少的单位。

(2)三类编号法:按照收款、付款和转账三类业务分收、付、转三类编号,分别编为收字第××号、付字第××号、转字第××号,适用于采用专用记账凭证的单位。

(3)五类编号法:分别按现金和银行存款收入、现金和银行存款付出以及转账业务细分为现收、现付、银收、银付、转账五类编号,分别编为现收字第××号、现付字第××号、银收字第××号、银付字第××号、转字第××号。

第四,经济业务摘要。

经济业务摘要应真实准确,与所属原始凭证的内容相符,文字表述准确,简明扼要,完整清楚。

第五,经济业务涉及的会计科目及记账方向。

第六,经济业务事项的金额。

第七,记账标记。

第八,所附原始凭证张数。

第九,填制凭证人员、稽核人员、记账人员、会计机构负责人、会计主管人员签名或者盖章。

收款和付款记账凭证还应当由出纳人员签名或者盖章。以自制的原始凭证或者原始凭证汇总表代替记账凭证的,也必须具备记账凭证应有的项目(见图6-6)。

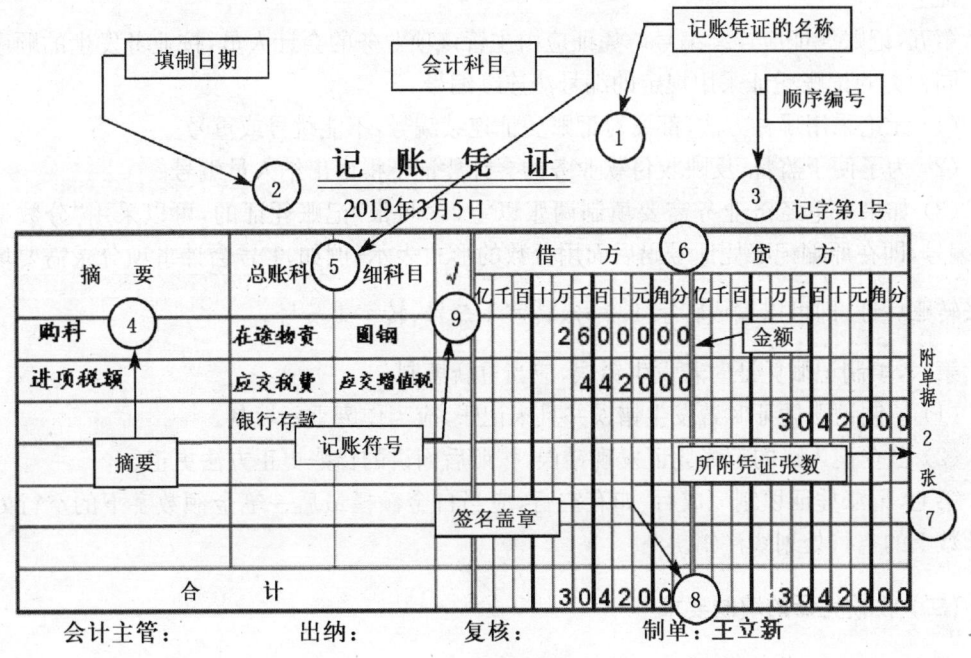

图 6-6 记账凭证的基本内容

三、记账凭证的填制要求

记账凭证根据审核无误的原始凭证或原始凭证汇总表填制。记账凭证填制正确与否,直接影响整个会计系统最终提供信息的质量。与原始凭证的填制相同,记账凭证也有记录真实、内容完整、手续齐全、填制及时等要求。

(一) 记账凭证填制的基本要求

第一,记账凭证各项内容必须完整。

第二,记账凭证的书写应当清楚、规范。

第三,除结账和更正错账可以不附原始凭证外,其他记账凭证必须附原始凭证。

(1) 所附原始凭证张数的计算,一般以原始凭证的自然张数为准。

(2) 如果记账凭证中附有原始凭证汇总表,则应把所附原始凭证和原始凭证汇总表的张数一起计入附件的张数之内。但报销差旅费等零散票券,可以粘贴在一张纸上,作为一张原始凭证。

(3) 当一张原始凭证涉及几张记账凭证时,可将原始凭证附在一张主要的记账凭证后面,在其他记账凭证上注明附有该原始凭证的记账凭证的编号或者附上该原始凭证的复印件。

(4) 如果一张原始凭证所列支出需要几个单位共同负担的,应由保存该原始凭证的单位开具原始凭证分割单给其他应负担的单位。

第四,记账凭证可以根据每一张原始凭证填制,或根据若干张同类原始凭证汇总填制,也可以根据原始凭证汇总表填制;但不得将不同内容和类别的原始凭证汇总填制在一张记账凭证上。

第五,记账凭证应连续编号。凭证应由主管该项业务的会计人员,按业务发生的顺序并按不同种类的记账凭证采用规定的编号法连续编号。

(1) 无论采用哪种方法,都要对记账凭证连续编号,不能跳号或重号。

(2) 为了便于监督,反映收付款业务的会计凭证不得由出纳人员编号。

(3) 如果一笔经济业务需要填制两张以上(含两张)记账凭证的,可以采用"分数编号法"编号,即在原编记账凭证号码后面用分数的形式表示,例如,1 号会计事项分录需要填制三张转账凭证,即可以编成转字 $1\frac{1}{3}$ 号、转字 $1\frac{2}{3}$ 号、转字 $1\frac{3}{3}$ 号。

第六,填制记账凭证时若发生错误,应当重新填制。

(1) 填制记账凭证时若发生错误并且未记账,应当作废重新填制。

(2) 已登记入账的记账凭证发现错误,按照后面讲的错账更正方法更正。

第七,记账凭证填制完成后,如有空行,应当自金额栏最后一笔金额数字下的空行处至合计数上的空行处划线注销。

(二) 收款凭证的填制要求

收款凭证左上角的"借方科目"按收款的性质填写"库存现金"或"银行存款";日期填写的是填制本凭证时的日期;右上角填写填制收款凭证的顺序号;"摘要"填写对所记录的经济业务的简要说明;"贷方科目"填写与收入"库存现金"或"银行存款"相对应的会计科目;"记账"是指该凭证已登记账簿的标记,防止经济业务重记或漏记;"金额"是指该项经济业务的发生额;该凭证右边"附件×张"是指本记账凭证所附原始凭证的张数;最下边分别由有关人员签章,以明确经济责任。

(三) 付款凭证的填制要求

付款凭证是根据审核无误的有关库存现金和银行存款的付款业务的原始凭证填制的。付款凭证的填制方法与收款凭证基本相同,不同的是在付款凭证的左上角应填列贷方科目,即"库存现金"或"银行存款"科目,"借方科目"栏应填写与"库存现金"或"银行存款"相应的一级科目和明细科目。

注意:对于涉及"库存现金"和"银行存款"之间的相互划转业务,为了避免重复记账,一般只填制付款凭证,不再填制收款凭证。如:从银行提取现金,要编制银行存款付款凭证;将现金存入银行,要编制现金付款凭证。

(四) 转账凭证的填制要求

转账凭证通常是根据有关转账业务的原始凭证填制的。转账凭证中"总账科目"和"明细科目"栏应填写应借、应贷的总账科目和明细科目,借方科目应记金额应在同一行的"借方金额"栏填列,贷方科目应记金额应在同一行的"贷方金额"栏填列,"借方金额"栏合计数与"贷方金额"栏合计数应相等。

此外,某些既涉及收款业务,又涉及转账业务的综合性业务,可分开填制不同类型的记账凭证。即在同一项经济业务中,如果既有现金或银行存款的收付业务,又有转账业务时,

第六章 会计凭证

应分别填制收（或付）款凭证和转账凭证。例如，李强出差回来，报销差旅费 500 元，出差前已预借 800 元，剩余款项交回现金。对于这项经济业务，应根据收款收据的记账联填制现金收款凭证，同时根据差旅费报销凭单填制转账凭证。

【例 6-10】 根据温州冶金机械公司购货业务原始凭证填制记账凭证。

温州冶金机械公司购货业务原始凭证如表 6-19 至表 6-21 所示。

表 6-19　　　　工商银行电子银行转账凭证（回单联）

汇款人	户名	温州市冶金机械公司			
	账号	3305105867081002	汇出地点	浙江省	
	汇出行	工行温州市支行			
收款人	户名	温州天和有限责任公司			
	账号	33045276341	汇入地点	浙江省	
	汇入行	工商银行五里支行			
金额大写		壹佰零伍万叁仟元整			
金额小写		¥1 053 000.00	用途	货款	
加急标志	普通	客户标识：33999912440	渠道：网上银行	流水号：36062406274	

2019 年 04 月 05 日　　序号：3300051209074l5036

上列款项已按委托办理
工商银行瑞安市五里支行（经办行盖章）
2019.04.05
业务处理讫章
(4)

联系人：　　　联系电话：

第一联　付款通知

电脑打印　手工无效

表 6-20　　　　浙江省增值税专用发票

NO 330038848

开票日期：2019 年 04 月 03 日

购买方	名　称：温州市冶金机械公司	密码区	245687478/>+<1248<-<	加密版本：01
	纳税人识别号：330199514160154		*+—457-</148<-22-45	8641516972
	地址、电话：温州市府东路818号		*-4-78>879458136845<7+0	14785412
	开户行及账号：工行温州市支行3305105867081002		9/92/279>>->98>><1	478131

货物或应税劳务、服务名称	规格型号	单位	数量	单价	金额	税率	税额
圆钢	40#	吨	300	3 000	900 000.00	13%	117 000.00
合　计					¥900 000.00		117 000.00
价税合计（大写）	⊗壹佰零壹万柒仟元整				（小写）¥1 017 000.00		

销售方	名　称：温州天和有限责任公司
	纳税人识别号：330563426735637
	地址、电话：瑞安市五里路223号
	开户行及账号：工商银行五里支行33045276341

备注：发票专用章

收款人：　　复核：　　开票人：刘叶　　销售方：（章）

第三联　发票联　购货方记账凭证

167

表 6-21

浙江省增值税专用发票

NO330038848

开票日期：2019年04月03日

	名　称：	温州市冶金机械公司	密码区	245687478/>+<1248<-<	加密版本：01
购买方	纳税人识别号：	330199514160154		*+-457-</148<-22-45	8641516972
	地址、电话：	温州市府东路818号		*-4-78/879458136845<7+0	14785412
	开户行及账号：	工行温州市支行33051058675081002		9/92/279>>->98>><1	478131

货物或应税劳务、服务名称	规格型号	单位	数量	单价	金额	税率	税额
圆钢	40#	吨	300	3 000	900 000.00	13%	117 000.00
合　计					￥900 000.00	13%	117 000.00

价税合计（大写）	⊗壹佰零壹万柒仟元整	（小写）1 017 000.00

	名　称：	温州天和有限责任公司	
销售方	纳税人识别号：	330563426735637	备注
	地址、电话：	瑞安市五里路223号	
	开户行及账号：	工商银行五里路支行33045276341	

收款人：　　　　复核：　　　　开票人：刘十　　　　销售方：（章）

根据以上原始凭证，编制记账凭证如表 6-22 所示（该公司使用通用记账凭证）。

表 6-22

记　账　凭　证

2019年4月5日　　　　　记字第 1 号

摘要	总账科目	明细科目	√	借方金额 亿千百十万千百十元角分	贷方金额 亿千百十万千百十元角分	
购材料	在途物资	圆钢	√	9 0 0 0 0 0 0 0		附单据
	应交税费	应交增值税	√	1 1 7 0 0 0 0 0		2张
	银行存款		√		1 0 1 7 0 0 0 0 0	
	合　计			￥1 0 1 7 0 0 0 0 0	￥1 0 1 7 0 0 0 0 0	

财务主管：潘毅　　记账：王立新　　出纳：许甜甜　　审核：童雨婷　　制单：王立新

四、记账凭证的审核

为了保证会计信息的质量，在记账之前应由有关稽核人员对记账凭证进行严格的审核，才能登记账簿。审核的内容主要包括：

（1）内容是否真实。

（2）项目是否齐全。

（3）科目是否正确。

（4）金额是否正确。

(5) 书写是否规范。

(6) 手续是否完备。

注意：出纳人员应根据会计人员审核无误的收款凭证和付款凭证办理收付款业务。出纳人员在办理收款或付款业务后，应在原始凭证上加盖"收讫"或"付讫"的戳记，以免重收重付。

【例 6-11·单项选择题】 A 企业销售产品一批，产品已发出，发票已交给购货方，货款尚未收到，A 企业会计人员应根据有关原始凭证编制（ ）。

A. 收款凭证　　　B. 转账凭证　　　C. 汇总凭证　　　D. 付款凭证

【答案】 B

【例 6-12·单项选择题】 中小型企业为简化核算，可以采用统一格式的是（ ）。

A. 收款凭证　　　B. 付款凭证　　　C. 通用记账凭证　　　D. 转账凭证

【答案】 C

【例 6-13·单项选择题】 对于现金和银行存款之间的相互划转业务，为避免重复记账，一般只编制（ ）。

A. 收款凭证　　　B. 付款凭证　　　C. 转账凭证　　　D. 结算凭证

【答案】 B

【例 6-14·单项选择题】 产品生产领用材料，应编制的记账凭证是（ ）。

A. 收款凭证　　　B. 付款凭证　　　C. 转账凭证　　　D. 一次凭证

【答案】 C

【例 6-15·单项选择题】 记账凭证的填制是由（ ）完成的。

A. 稽核人员　　　B. 会计人员　　　C. 经办人员　　　D. 主管人员

【答案】 B

【例 6-16·单项选择题】 企业所编制的会计分录体现在（ ）上。

A. 记账凭证　　　B. 外来凭证　　　C. 汇总凭证　　　D. 自制凭证

【答案】 A

【例 6-17·多项选择题】 收款凭证可以作为出纳人员（ ）的依据。

A. 收入货币资金　　　　　　　B. 付出货币资金

C. 登记现金日记账　　　　　　D. 登记银行存款日记账

【答案】 CD

【例 6-18·判断题】 收、付款的记账凭证，出纳人员可以不用签名或盖章。 （ ）

【答案】 ×

【例 6-19·多项选择题】 付款凭证左上角可填制的会计科目有（ ）。

A. "库存现金"　　　　　　　B. "应收账款"

C. "银行存款"　　　　　　　D. "实收资本"

【答案】 AC

【例 6-20·多项选择题】 记账凭证应具备的基本内容包括（ ）。

A. 填制单位盖章

B. 记账凭证的填制日期和编号

C. 经济业务的内容摘要和所附原始凭证的张数

D. 有关人员的签章

【答案】 BCD

第四节　会计凭证的传递与保管

一、会计凭证的传递

（一）会计凭证的传递概念

会计凭证传递是指从会计凭证取得或填制时起至归档保管过程中,在单位内部有关部门和人员之间的传送程序。

各种会计凭证,其所记录的经济业务不尽相同,所以办理会计手续的程序和占用的时间也不同。实际工作中,应该为每种会计凭证的传递程序和在各个环节上的停留时间作出规定。即会计凭证填制后,应当交到哪个部门、哪个工作岗位上,由谁接办业务手续,直到归档保管为止。会计凭证的传递是会计制度的一个重要组成部分,应在会计制度中作出明确的规定。

（二）会计凭证传递的意义

正确组织会计凭证的传递具有以下意义：
(1) 有利于及时反映各项经济业务发生或完成情况。
(2) 有利于正确组织经济活动,贯彻经济责任制。
(3) 能加强会计监督。

（三）会计凭证传递的要求

会计凭证的传递具体包括传递程序和传递时间。各单位应根据具体情况确定每一种会计凭证的传递程序和方法。在制定会计凭证传递程序时,应该着重考虑以下几点：
(1) 能够满足内部控制制度的要求。会计凭证的传递是会计制度的一个重要组成部分,也是内部控制制度的一个重要组成部分,会计凭证传递必须符合内部控制制度的要求。
(2) 使传递程序合理有效。科学的传递程序,应该使会计凭证按最快捷、最合理的流向运行。
(3) 尽量节约传递时间,减少传递的工作量。各单位应根据经济业务特点、内部机构设置、人员分工和管理要求,具体规定各种凭证的传递程序；根据有关部门和经办人员办理业务的情况,确定凭证的传递时间。

（四）会计凭证传递的程序和方法

(1) 会计凭证的传递程序,要视经济业务的手续程序而定。
(2) 会计凭证的传递时间,要根据办理经济业务手续在正常情况下完成所需的时间而定。

(3) 会计凭证的传递过程中的衔接手续,应该做到既完备严密,又简便易行。
(4) 要通过调查研究和协商来制定建立会计凭证传递程序和传递时间。

二、会计凭证的保管

会计凭证的保管是指会计凭证记账后的整理、装订、归档和存查工作。会计凭证作为记账的依据,是重要的会计档案和经济资料。本单位以及其他有关单位,可能因为各种需要查阅会计凭证,特别是发生贪污、盗窃、违法乱纪行为时,会计凭证还是依法处理的有效证据。因此,任何单位在完成经济业务手续和记账后,必须将会计凭证按规定的立卷归档制度形成会计档案资料,妥善保管,防止丢失,不得任意销毁,以便日后随时查阅。

会计凭证的保管要求主要有:

(1) 会计凭证应定期装订成册,防止散失。会计部门在依据会计凭证记账以后,应定期(每天、每旬或每月)对各种会计凭证进行分类整理,将各种记账凭证按照编号顺序,连同所附的原始凭证一起加具封面和封底,装订成册,并在装订线上加贴封签,由装订人员在装订线封签处签名或盖章。

从外单位取得的原始凭证遗失时,应取得原签发单位盖有公章的证明,并注明原始凭证的号码、金额、内容等,由经办单位会计机构负责人(会计主管人员)和单位负责人批准后,才能代作原始凭证。若确实无法取得证明的,如车票丢失,则应由当事人写明详细情况,由经办单位会计机构负责人(会计主管人员)和单位负责人批准后,代作原始凭证。

(2) 会计凭证封面应注明单位名称、凭证种类、凭证张数、起止号数、年度、月份、会计主管人员和装订人员等有关事项,会计主管人员和保管人员应在封面上签章。

(3) 会计凭证应加贴封条,防止抽换凭证。原始凭证不得外借,其他单位如有特殊原因确实需要使用时,经本单位会计机构负责人(会计主管人员)批准,可以复制。向外单位提供的原始凭证复制件,应在专设的登记簿上登记,并由提供人员和收取人员共同签名、盖章。

(4) 原始凭证较多时,可单独装订,但应在凭证封面注明所属记账凭证的日期、编号和种类,同时在所属的记账凭证上应注明"附件另订"及原始凭证的名称和编号,以便查阅。

对各种重要的原始凭证,如押金收据、提货单等,以及各种需要随时查阅和退回的单据,应另编目录,单独保管,并在有关的记账凭证和原始凭证上分别注明日期和编号。

(5) 每年装订成册的会计凭证,在年度终了时可暂由单位会计机构保管1年,期满后应当移交本单位档案机构统一保管;未设立档案机构的,应当在会计机构内部指定专人保管。出纳人员不得兼管会计档案。

(6) 严格遵守会计凭证的保管期限要求,期满前不得任意销毁。

【例6-21·判断题】 从外单位取得的原始凭证如果丢失,可由当事人写出详细情况,代作原始凭证。   (   )

【答案】 ×

【例6-22·单项选择题】 为便于查阅,原始凭证和记账凭证应当(   )。

A. 分别装订

B. 原始凭证较多时可单独装订

C. 原始凭证按业务性质装订,记账凭证按业务日期装订

D. 不予装订

【答案】 B

【例6-23·多项选择题】 会计凭证的传递应结合企业( )的特点。
A. 经济业务　　B. 内部组织机构　　C. 人员分工　　D. 管理需要

【答案】 BCD

【例6-24·多项选择题】 每年装订完成的会计凭证,正确的保管方法是( )。
A. 在年度终了后,可暂由会计机构保管1年
B. 会计机构保管1年期满后,移交本单位档案机构统一保管
C. 未设立档案机构的,应当在会计机构内部指定专人保管
D. 出纳人员不得兼管会计档案

【答案】 ABCD

练习题

一、单项选择题

1. 下列各项中,不属于原始凭证的是( )。
   A. 发货票　　　　B. 借据　　　　C. 经济合同　　　　D. 运费结算凭证
2. 在一定时期内连续记录若干同类经济业务的会计凭证是( )。
   A. 原始凭证　　B. 记账凭证　　C. 累计凭证　　D. 一次凭证
3. 从银行提取现金的业务,应编制( )。
   A. 现金收款凭证　　　　　　　　B. 银行存款收款凭证
   C. 现金付款凭证　　　　　　　　D. 银行存款付款凭证
4. 限额领料单属于( )。
   A. 自制一次凭证　　B. 累计凭证　　C. 外来一次凭证　　D. 原始凭证汇总表
5. 收款凭证的贷方科目可能是( )。
   A. 库存现金　　B. 银行存款　　C. 管理费用　　D. 其他应收款
6. 外来原始凭证一般都是( )。
   A. 一次凭证　　B. 汇总凭证　　C. 累计凭证　　D. 联合凭证

二、多项选择题

1. 下列各项中,一般不作为原始凭证的有( )。
   A. 购货合同　　　　　　　　　　B. 车间派工单
   C. 材料清单　　　　　　　　　　D. 产品成本计算表和工资结算汇总表
2. 企业的领料单、借款单是( )。
   A. 原始凭证　　B. 一次凭证　　C. 自制凭证　　D. 累计凭证
3. 记账凭证审核的主要内容有( )。
   A. 与所附原始凭证的内容是否一致
   B. 有关项目是否填列齐全
   C. 会计科目与账户对应关系是否正确
   D. 所记金额是否同所附原始凭证的合计数相一致
4. 填制记账凭证应根据( )。
   A. 原始凭证　　B. 原始凭证汇总表　　C. 自制原始凭证　　D. 外来原始凭证

5. 企业购入原材料一批已验收入库,货款已付,根据这项业务所填制的会计凭证有( )。
   A. 收款凭证　　　B. 付款凭证　　　C. 收料单　　　D. 一次凭证
6. 在填制的付款凭证中"借方科目"可能涉及( )科目。
   A. "库存现金"　B. "银行存款"　C. "应付账款"　D. "应交税费"
7. 关于记账凭证,其中( )的描述是正确的。
   A. 收款凭证是以会计分录形式记录与库存现金、银行存款收入有关的经济业务
   B. 付款凭证是以会计分录形式记录与库存现金、银行存款付出有关的经济业务
   C. 转账凭证是以会计分录形式记录与库存现金、银行存款收付无关的经济业务
   D. 收、付、转三种凭证可结合成为联合凭证
8. 一次凭证是( )。
   A. 原始凭证的一种
   B. 经济业务填制的手续一次完成,已填列的凭证不能重复使用
   C. 用于记录一项或若干项同类经济业务的原始凭证
   D. 由会计人员根据原始凭证填制的会计凭证
9. 转账凭证属于( )。
   A. 记账凭证　　　B. 原始凭证　　　C. 复式记账凭证　　　D. 通用记账凭证
10. 原始凭证和记账凭证之间的联系有( )。
    A. 原始凭证是记账凭证的基础
    B. 原始凭证是记账凭证的附件
    C. 记账凭证是对原始凭证内容的概括和说明
    D. 原始凭证可作为登记明细账的依据

三、判断题
1. 企业财会部门在取得原始凭证后就可据以编制记账凭证。（　）
2. 填制和审核会计凭证是会计工作的第一步。（　）
3. 自制原始凭证是由企业财会部门自行填制的原始凭证。（　）
4. 对于涉及现金和银行存款之间的收付款业务,一般应编制转账凭证。（　）
5. 一次凭证只能反映一项经济业务,累计凭证可以反映若干项经济业务。（　）
6. 根据会计核算资料经过一定计算而编制的原始凭证是证明凭证。（　）
7. 记账凭证和原始凭证填制的要求是相同的。（　）
8. 记账凭证是根据审核后的原始凭证或原始凭证汇总表编制的,用来证明经济业务已经发生或完成的会计凭证。（　）
9. 记账凭证按其填制方式不同可分为一次凭证和累计凭证。（　）

四、综合题
(一)练习记账凭证的编制:(以普天公司2019年6月份发生如下经济业务为例)
1. 向诚信工厂购进 A 材料一批,货款 5 000 元和运杂费 200 元,已通过银行存款支付,材料已验收入库,增值税税率为 13%。
2. 通过银行向华星公司预付材料货款 2 000 元。
3. 收到投资者追加投资 50 000 元存入银行。
4. 采购员王冬预借差旅费 500 元,以现金付讫。

5. 领用 A 材料一批,其中生产甲产品耗用 30 000 元,管理部门一般耗用 5 000 元。
6. 从银行提取现金 20 000 元,备发工资。
7. 以现金 20 000 元发放职工工资。
8. 向 ST 红光公司销售甲产品一批,货款 100 000 元,增值税额 13 000 元尚未收到。
9. 收到天元公司预付的货款 70 000 元,存入银行。
10. 采购员王冬回到公司报销差旅费 400 元,余款以现金交回。
11. 签发现金支票 200 元,支付行政管理部门办公费用。
12. 通过银行付生产用房租金 3 000 元。
13. 以银行存款 450 元支付产品销售广告费。
14. 以现金 400 元支付职工退休金。
15. 结算本月职工工资,其中生产甲产品工人工资 14 000 元,企管人员工资 6 000 元。
16. 计提生产用固定资产折旧 3 000 元,行政管理部门用固定资产折旧 800 元。
17. 企业发生固定资产修理费,其中车间修理费 600 元,管理部门修理费 400 元,以银行存款支付。
18. 以银行存款支付本月生产用房屋租金 1 000 元。
19. 结转本月完工产品成本 20 000 元。
20. 结转已售产品生产成本 6 000 元。
21. 经批准将无法支付的应付账款 3 000 元转作营业外收入。
22. 计算本月应交所得税 6 000 元。
23. 结转各收支账户于"本年利润"账户。
24. 提取盈余公积 5 000 元。

(二) 某单位 2019 年 4 月份发生下列经济业务:
1. 4 月 4 日,收到 A 公司归还前欠货款 20 000 元存入银行。
2. 4 月 9 日,向 B 工厂购入甲材料,进价 45 200 元(含增值税,增值税税率 13%),货款以商业承兑汇票支付。材料已验收入库。
3. 4 月 11 日,从银行提取现金 52 000 元。
4. 4 月 16 日,销售甲产品一批计 36 160 元(含增值税,增值税税率 13%),款项已收,存入银行。
5. 4 月 22 日,车间领用甲材料 18 000 元用于生产甲产品。
6. 4 月 23 日,管理人员王某出差回来,报销差旅费 2 230 元,原预支 2 500 元,交回现金 270 元。
7. 4 月 26 日,销售给 C 公司乙产品一批,计价 38 646 元(含增值税,增值税税率 13%)。
8. 4 月 29 日,以银行存款支付电费 1 240 元,水费 480 元。

要求:
1. 根据上列经济业务,确定应编制的记账凭证的种类。
2. 编制记账凭证。

第七章 会计账簿

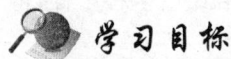

(一) 知识目标
目标1　熟悉会计账簿的种类及适用范围
目标2　理解会计账簿与会计凭证之间的关系
目标3　了解会计账簿的管理规定
(二) 技能目标
目标1　能够正确设置、启用、保管会计账簿
目标2　能够正确地登记日记账和分类账
目标3　能够熟练地进行对账、结账等工作

第一节　会计账簿概述

第七章第一节

在会计核算中,通过会计凭证的填制和审核,可以反映和监督每项经济业务的完成情况。但会计凭证的数量繁多,对经济业务的反映往往比较零星、分散,且每一张凭证只能就个别的经济业务进行详细的记录和反映,不能把某一时期的全部经济业务活动情况完整地反映出来。设置账簿就可以把会计凭证提供的大量分散的核算资料,加以归类整理,以全面、连续和系统地反映企业、单位的经济活动情况。

一、会计账簿的概念与作用

(一) 会计账簿的概念

会计账簿的
概念和种类

会计账簿是指由一定格式的账页组成的,以经过审核的会计凭证为依据,全面、系统、连续地记录各项经济业务的簿籍。

设置和登记账簿是编制财务报表的基础,是连接会计凭证和财务报表的中间环节。

会计账簿是会计账户的表现形式。各单位应当按照国家统一会计制度的规定和会计业务的需要设置会计账簿。

(二) 会计账簿的作用

(1) 通过账簿的设置和登记,可以记载、储存会计信息。利用账簿记录,既可以提供总括的核算资料,又可以提供明细的核算资料。

(2)通过账簿的设置和登记,可以分类、汇总会计信息,可以全面、系统地反映各项资产、负债、所有者权益的增减变动,收入、费用的发生,利润的实现和分配情况。

(3)通过账簿的设置和登记,可以检查、校正会计信息。

(4)通过账簿的设置和登记,可以编报、输出会计信息。账簿记录和设置真实、及时与否,直接影响会计报表的质量。

二、会计账簿的基本内容

在实际工作中,由于各种会计账簿所记录的经济业务不同,账簿的格式也多种多样,但各种账簿都应具备封面、扉页和账页三个部分。

1. 封面

封面主要用来标明会计账簿的名称(见图7-1)。

图 7-1 会计账簿封面

2. 扉页

扉页的主要内容包括科目索引(见表7-1)、账簿启用和经管人员一览表(见表7-2)。

表 7-1　　　　　　　　　　会计账簿扉页

目　录

编号	科目	起讫页码	编号	科目	起讫页码
1001	库存现金	1	1131	应收股利	7
1002	银行存款	2	1132	应收利息	8
1101	交易性金融资产	3	1221	其他应收款	9
1121	应收票据	4	1231	坏账准备	10
1122	应收账款	5	1402	在途物资	11
1123	预付账款	6	1403	原材料	12

(续表)

编号	科目	起讫页码	编号	科目	起讫页码
1404	材料成本差异	13	2501	长期借款	33
1405	库存商品	14	4001	实收资本	34
1411	周转材料	15	4002	资本公积	35
1511	长期股权投资	16	4101	盈余公积	36
1512	长期股权投资减值准备	17	4103	本年利润	37
1521	投资性房地产	18	4104	利润分配	38
1601	固定资产	19	5001	生产成本	39
1602	累计折旧	20	5101	制造费用	40
1603	固定资产减值准备	21	6001	主营业务收入	41
1604	在建工程	22	6051	其他业务收入	42
1605	工程物资	23	6111	投资收益	43
1606	固定资产清理	24	6301	营业外收入	44
2001	短期借款	25	6401	主营业务成本	45
2202	应付账款	26	6403	税金及附加	46
2203	预收账款	27	6402	其他业务成本	47
2211	应付职工薪酬	28	6601	销售费用	48
2221	应交税费	29	6603	财务费用	49
2231	应付利息	30	6602	管理费用	50
2232	应付股利	31	6711	营业外支出	51
2241	其他应付款	32	6801	所得税费用	52

表 7-2

账簿启用及交接登记表

账簿名称		编号		企业名称	
起讫日期		验印日期		企业盖章	
账簿册数	共 册 第 册				
账簿页数	号至 号共 页				
会计主管		记账员			
交 接 记 录					
移交日期	移交人	接管日期	接管人	监交人	
审 核 记 录					
审核人	职务		审核时间	起讫	
	姓名				
	签章				
税务局签章			贴印花处		

3. 账页

会计账簿由若干账页组成，每一账页应包括以下内容：

(1) 账户名称（即会计科目）。

(2) 登记账簿的日期栏。

(3) 凭证的种类和号数栏。

(4) 摘要栏。

(5) 金额栏。

(6) 总页次和分页次栏。

会计账簿如表7-3所示。

表7-3

最高储存量			原材料				明细账					账号			总页数		
最低储存量												页数			10		

编号：　　　类别：钢材　　规格：30m/m圆钢　　单位：千克　　存放地点：第一仓库　　计划单价：

2019年		凭证		摘要	收入			发出			借或贷	结存			核对
月	日	种类	号数		数量	单价	金额	数量	单价	金额		数量	单价	金额	
12	1			期初余额							借	1 202	3.80	4 567 60	

三、会计账簿与账户的关系

账簿与账户的关系是形式和内容的关系。账户是根据会计科目开设的，账户存在于账簿之中，账簿是由若干账页组成的一个整体，账簿中的每一账页就是账户的具体存在形式和载体，没有账簿，账户就无法存在；账簿序时、分类地记录经济业务，是在各个具体的账户中完成的。因此，账簿只是一个外在形式，账户才是它的实质内容。

四、会计账簿的种类

会计账簿的种类很多，不同类别的会计账簿可以提供不同的信息，满足不同的需要。

（一）按用途分类

按用途的不同，会计账簿可分为序时账簿、分类账簿和备查账簿。

1. 序时账簿

序时账簿是按照经济业务发生时间的先后顺序逐日、逐笔登记的账簿。在实际工作中，通常是按记账凭证编号的先后顺序逐日进行登记的，所以又称日记账。日记账的特点是序时登记和逐笔登记。序时账簿按其记录的内容,可分为普通日记账和特种日记账。

普通日记账是对全部经济业务按其发生时间的先后顺序逐日、逐笔登记的账簿。

特种日记账是对某一特定种类的经济业务按其发生时间的先后顺序逐日、逐笔登记的账簿。库存现金日记账和银行存款日记账是典型的特种日记账。

在实际工作中,由于经济业务的复杂性,应用一本账簿登记企业的全部经济业务比较困难,也不便于分工记账,目前已较少使用普通日记账,应用广泛的是特种日记账。在我国,大多数单位一般只设置现金日记账和银行存款日记账,而不设置转账日记账。

2. 分类账簿

分类账簿是按照会计要素的具体类别而设置的分类账户进行登记的账簿。账簿按其反映经济业务的详略程度,可分为总分类账簿和明细分类账簿。

总分类账簿又称总账,是根据总分类账户开设的,能够全面地反映企业的经济活动;明细分类账簿又称明细账,是根据明细分类账户开设的,用来提供明细的核算资料。总账对所属的明细账起统驭作用,明细账对总账进行补充和说明。

3. 备查账簿

备查账簿又称辅助登记簿或补充登记簿,是指对某些在序时账簿和分类账簿中未能记载或记载不全的经济业务进行补充登记的账簿。备查账簿只是对其他账簿记录的一种补充,与其他账簿之间不存在严密的依存和勾稽关系。备查账簿根据企业的实际需要设置,没有固定的格式要求。比如,租入固定资产登记簿(见表 7-4)、支票登记簿(见表 7-5)等。

表 7-4　　　　　　　　　　租入固定资产登记簿

第　　页

名称及规格	租约	租出单位	租入日期	租金	使用部门		归还日期
					日期	单位	

表 7-5　　　　　　支　票　登　记　簿

年		支票号码	用途	金　额									经办人	收回日期	备注
月	日			千	百	十	万	千	百	十	元	角	分			

备查账簿与序时账簿和分类账簿相比,存在两点不同之处:一是登记依据可能不需要记账凭证,甚至不需要一般意义上的原始凭证;二是账簿的格式和登记方法不同,备查账簿的

主要栏目不记录金额,它更注重用文字来表述某项经济业务的发生情况,无固定格式。各单位可以根据辅助账簿反映的内容的不同和实际需要设计相应的格式。

(二) 按账页格式分类

1. 两栏式账簿

两栏式账簿是指只有借方和贷方两个金额栏目的账簿。普通日记账和转账日记账一般采用两栏式。

2. 三栏式账簿

三栏式账簿是指设有借方、贷方和余额三个金额栏目的账簿。特种日记账、总分类账以及资本、债权、债务明细账都可采用三栏式账簿(见表7-6至表7-8)。三栏式账簿又分为设对方科目和不设对方科目两种,区别是在摘要栏和借方科目栏之间是否有一栏"对方科目"。

表7-6   应收账款 明细账   账号 ___ 总页数 ___
                                    页数 5

2019年		凭证		摘要	借方	贷方	借或贷	余额	核对
月	日	种类	号数						
12	1			期初金额			借	3628000	
12	17		8	销售商品	9600000			13228000	
12	31			本月合计	9600000		借	13228000	
12	31			本年合计	9600000				
				结转下年					

表7-7   应收账款 总账   第10页

2019年		凭证		摘要	借方	贷方	借或贷	余额	核对
月	日	种类	号数						
12	1			期初金额			借	18464000	
12	17		08	销售商品	9600000			28064000	
12	31		13	销售商品	8000000			33064000	
12	31			本月合计	17600000		借	33064000	
12	31			本年合计	17600000				
				结转下年					

表 7-8   现金日记账

年		凭证编号	摘要	对应科目	借方 百十万千百十元角分	✓	贷方 百十万千百十元角分	✓	余额 百十万千百十元角分
月	日								

3. 多栏式账簿

多栏式账簿是指在账簿的两个金额栏目(借方和贷方)按需要分设若干专栏的账簿。但是,专栏设在借方还是贷方,或两方同时设专栏,专栏的数量等,均根据需要确定。收入、费用、成本、利润明细账一般均采用这种格式的账簿(见表7-9和表7-10)。

表 7-9   生产成本明细账   账号 410101 总页码   科目 A产品   页次

2019年		凭证编号	摘要	合计	直接材料	直接人工	制造费用	
月	日							
1	1		上年结转					
	31		本月合计					
	31		本年累计					

表 7-10   **应交税费(应交增值税)明细账**   第 55 页   分页019-1

2019年		凭证字号	摘要	借方			贷方			借或贷	余额
				合计	进项税额	已交税金	合计	销项税额	进项税额转出		
月	日			千百十万千百十元角分							千百十万千百十元角分
12	1		期初余额							贷	105098
12	1	付1	购原材料	3400000	3400000						
12	10	收2	销售产品				17000000	17000000			
12	16	付12	交纳税金	3505098		105098				贷	13600000

4. 数量金额式账簿

数量金额式账簿是指在账簿的借方、贷方和余额三个栏目内,每个栏目再分设数量、单价和金额三小栏,借以反映财产物资的实物数量和价值量的账簿。原材料、库存商品等存货类明细账一般都采用数量金额式账簿(见表7-11)。

表 7-11

原材料 明细账

最高储存量												账号					
最低储存量												页数			总页数 10		

编号: 类别:钢材 规格:30m/m圆钢 单位:千克 存放地点:第一仓库 计划单价:

2019年		凭证		摘要	收入			发出			借或贷	结存			核对	金额		核对
月	日	种类	号数		数量	单价	百十万千百十元角分	数量	单价	百十万千百十元角分		数量	单价	百十万千百十元角分		数量	单价	百十万千百十元角分
12	1			期初余额							借	1 202	3.80	4567 60				

5. 横线登记式账簿

横线登记式账簿又称平行式账簿,是指将前后密切相关的经济业务登记在同一行上,以便检查每笔业务的发生和完成情况的账簿。例如,"在途物资""材料采购"明细账可以采用横线登记式账簿。

(三) 按外形特征分类

1. 订本式账簿

订本式账簿简称订本账,是在启用前将编有顺序页码的一定数量账页装订成册的账簿。订本账的优点是可以避免账页散失和防止抽换账页。订本账的缺点是同一本账簿在同一时间内只能由一人登记,不能分工记账,不能准确为各账户预留账页。订本账账页固定,不能根据需要增减,因而必须预先估计每一个账户需要的页数,以保留空白账页。如保留的空白账页不够,就要影响账户登记的连续性;如保留空白账页太多,又会造成不必要的浪费。

在实际工作中,总分类账、现金日记账和银行存款日记账采用订本账。

2. 活页式账簿

活页式账簿简称活页账,是将一定数量的账页置于活页夹内,可根据记账内容的变化而随时增加或减少部分账页的账簿。

活页账的优点是记账时可以根据实际需要,随时将空白账页装入账簿,或抽去不需用的账页,便于分工记账;其缺点是如果管理不善,可能会造成账页散失或故意抽换账页。通常各种明细分类账一般采用活页账形式。

3. 卡片式账簿

卡片式账簿简称卡片账,是将一定数量的卡片式账页存放于专设的卡片箱中,可以根据需要随时增添账页的账簿。使用时按类别排列、按顺序编号，并加盖有关人员的印章。卡片账簿应由专人保管，以保证其安全。严格来说，卡片账是一种活页账。卡片式账簿的优缺点与活页式账簿大体相同。在我国，一般情况只对固定资产的明细账采用卡片账（见表7-12），也有少数企业在材料核算中使用材料卡片。

表 7-12　　　　　　　　固定资产卡片

建造单位＿＿＿ 建造年份＿＿＿ 交接凭证编号＿＿ 技术特征规格＿＿ 购入来源＿＿＿ 验收日期＿＿＿	固定资产卡片 第　号 固定资产名称＿＿ 固定资产类别＿＿ 固定资产编号＿＿	原价＿＿＿ 预计折旧年限＿＿ 年（月）折旧率＿ 购入时已折旧年限＿ 购入时已提折旧＿ 开始使用日期＿＿
完工大修记录	使用单位和内部转移记录	停用记录

日期	凭证	摘要	金额	日期	凭证	使用单位	存放地点	停用原因	停用日期	启用日期

第二节　会计账簿的启用与登记要求

第七章第二节

一、会计账簿的启用

启用会计账簿时，应当在账簿封面上写明单位名称和账簿名称，并在账簿扉页上附启用表。内容包括：单位名称、账簿名称、账簿编号、账簿页数、启用日期、记账人员和会计主管人员姓名，并加盖名章和单位公章。

记账人员或会计主管人员调动工作时，应按规定办理交接及监交手续，在交接记录内填明移交日期、接管日期、移交人员、接管人员和监交人员姓名，并由移交、接管和监交人员签名或盖章。

启用订本式账簿应当从第一页到最后一页顺序编定页数，不得跳页、缺号。使用活页式账簿应当按账户顺序编号，并须定期装订成册，装订后再按实际使用的账页顺序编定页码，另加目录以便于记明每个账户的名称和页次。

二、会计账簿的登记要求

为了保证账簿记录的正确性，必须根据审核无误的会计凭证登记会计账簿，并符合有关法律、行政法规和国家统一的会计准则制度的规定：

第一，会计人员应当根据审核无误的会计凭证登记会计账簿。登记会计账簿时，应当将会计凭证日期、编号、业务内容摘要、金额和其他有关资料逐项记入账内，做到数字准确、摘要清楚、登记及时、字迹工整。账簿记录中的日期，应该填写记账凭证上的日期（见表7-13）。

表 7-13

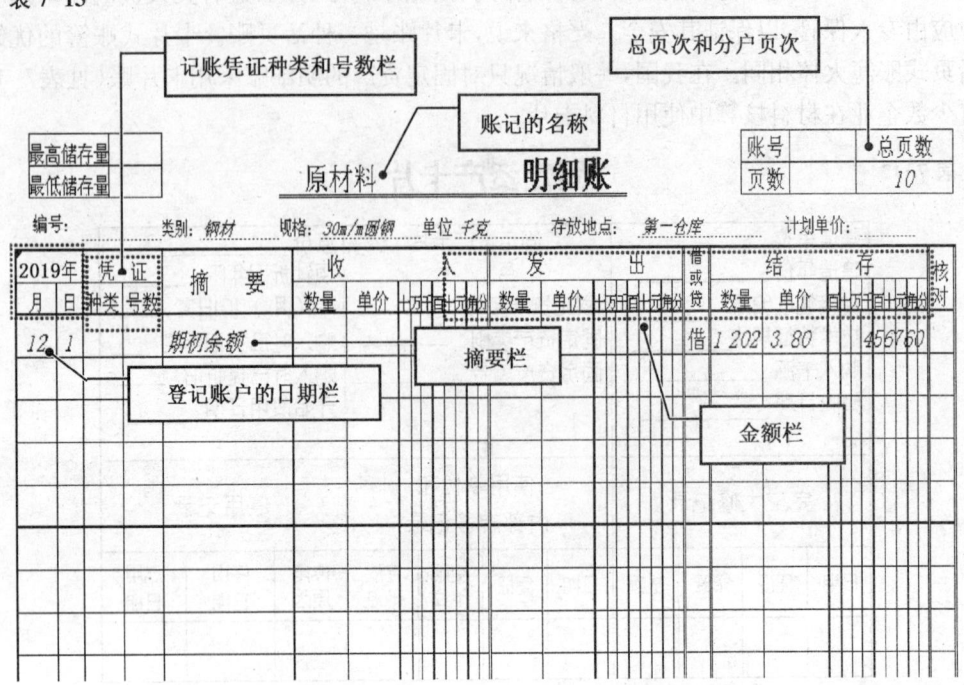

第二,登记完毕后,要在记账凭证上签名或者盖章,并注明已经登账的符号,表示已经记账,避免重记、漏记(见表 7-14)。

表 7-14

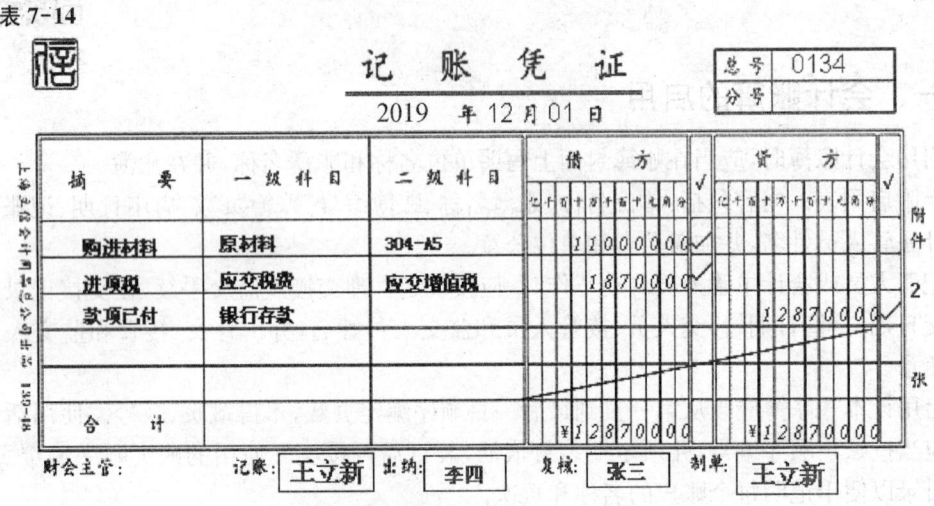

第三,账簿中书写的文字和数字应紧靠底线书写,上面要留有适当空格,不要写满格,一般应占格距的 1/2(分别见图 7-2 和表 7-15)。

图 7-2　手写体字样

表 7-15 银行存款日记账

第　　页

2019年		凭证		摘要	借方	贷方	借或贷	余额	核对
月	日	种类	日数		亿千百十万千百十元角分	亿千百十万千百十元角分		亿千百十万千百十元角分	
12	01			期初余额			借	100 000 00	
12	10	记	134	支付手续费		300 00	借	99 970 00	

第四,登记账簿要用蓝黑墨水或者碳素墨水书写,不得使用圆珠笔(银行的复写账簿除外)或者铅笔书写。

第五,下列情况,可以用红色墨水记账:

(1) 按照红字冲账的记账凭证,冲销错误记录。

(2) 在不设借、贷等栏的多栏式账页中,登记减少数。

(3) 在三栏式账户的余额栏前,如未印明余额方向的,在余额栏内登记负数余额。

(4) 根据国家统一会计制度的规定可以用红字登记的其他会计记录。

由于会计中的红字表示负数,因而除上述情况外,不得用红色墨水登记账簿。

第六,账簿按页次顺序连续登记,不得跳行、隔页。如果发生跳行、隔页,应当将空行、空页划线注销,或者注明"此行空白""此页空白"字样,并由记账人员签名或者盖章(见表7-16和表7-17)。

表 7-16 总　　账

会计科目: <u>原材料</u>

2019年		凭证		摘要	借方	贷方	借或贷	余额
月	日	种类	号数					
2	5			承前页			借	20 000
	5	转	25	入库	10 000		借	30 000
				此行空白		王立新		
	7	转	30	出库		5 000	借	25 000

表 7-17

总　账

会计科目：__原材料__

2019年		凭证		摘要	借方	贷方	借或贷	余额
月	日	种类	号数					
				此页空白	王立新			

第七，凡需要结出余额的账户，结出余额后，应当在"借或贷"等栏内写明"借"或者"贷"等字样。没有余额的账户，应当在"借或贷"等栏内写"平"字，并在余额栏内用"⊘"表示（见表 7-18）。现金日记账和银行存款日记账必须逐日结出余额。

表 7-18　　　　　　　　明　细　分　类　账　　　　第 __1__ 页
　　　　　　　　　　　　　　　　　　　　　　　连续第 __　__ 页

科目编号 __112201__　　明细科目 __安信公司__　　总账科目 __应收账款__
A/C NO.　　　　　　　SUB.LED.A/C　　　　　　GEN.LED.A/C

> 这里为余额方向栏，有余额时写"借"或"贷"

2019年		凭证字号	摘要	借方 亿千百十万千百十元角分	√	贷方 亿千百十万千百十元角分	√	借或贷	余额 亿千百十万千百十元角分
月	日								
12	1		期初余额					借	4640 00
	2	收1	托收货款收回			4640 00		平	⊘

> 没有余额时写"平"

第八，每一账页登记完毕结转下页时，应当结出本页合计数及余额，写在本页最后一行和下页第一行有关栏内，并在摘要栏内注明"过次页"和"承前页"字样；也可以将本页合计数及金额只写在下页第一行有关栏内，并在摘要栏内注明"承前页"字样，以保持账簿记录的连续性，便于对账和结账。

（1）对需要结计本月发生额的账户，结计"过次页"的本页合计数应当为自本月初起至本页末止的发生额合计数（见表 7-19）。

（2）对需要结计本年累计发生额的账户，结计"过次页"的本页合计数应当为自年初起至本页末止的累计数（见表 7-20）。

(3) 对既不需要结计本月发生额也不需要结计本年累计发生额的账户,可以只将每页末的余额结转次页。

表 7-19　账页最后一行示意表　　　　第 4 页 连续第 页

12	11	记12134	销售产品	6600000		借	21675000 0
12	12	记12156	收前欠账款		570000	借	21618000 0
12	13	记12167	收前欠账款		1025000	借	21515500 0
12	14	记12214	销售产品	4520000		借	21967500 0
12	20	记12223	收前欠账款		12200000	借	9767500 0
			过次页	20896700 0	21678000 0	借	9767500 0

↑ 账页的最后一行

表 7-20　新账页第一行示意表　　　　第 5 页 连续第 页

← 新账页的第一行

2019年		凭证字号 VOU.NO.	摘要 DESCRIPTION	借方 DEBIT	贷方 CREDIT	借或贷	余额 BALANCE
月	日			千百十万千百十元角分	千百十万千百十元角分		千百十万千百十元角分
12	21		承前页	20896700 0	21678000 0	借	9767500 0
	21	记12251	销售产品	8650000			10632500 0

第九,账簿记录发生错误时,不得刮、擦、挖补,随意涂改或用褪色药水更改字迹,应根据错误的情况,按规定的方法进行更正。

【例 7-1·单项选择题】 登记账簿的依据是( )。
A. 经济合同　　B. 会计凭证　　C. 会计报表　　D. 经济活动
【答案】 B

【例 7-2·单项选择题】 ( )为编制会计报表提供依据。
A. 填制和审核凭证　　　　　B. 编制记账凭证
C. 设置和登记账簿　　　　　D. 编制会计分录
【答案】 C

【例 7-3·单项选择题】 现金和银行存款日记账一般采用( )账簿。
A. 活页式　　B. 备查登记簿　　C. 卡片式　　D. 订本式
【答案】 D

【例 7-4·多项选择题】 账簿按其外形特征不同可分为( )。
A. 总分类账簿　　　　　　　B. 订本账簿
C. 活页账簿　　　　　　　　D. 卡片账簿
【答案】 BCD

【例 7-5·单项选择题】 活页账簿与卡片账簿可适用于( )。
A. 现金日记账　　　　　　　B. 总账
C. 通用日记账　　　　　　　D. 明细分类账
【答案】 D

【例 7-6·单项选择题】 从外形特征看,材料明细账可采用( )。

A. 数量金额式 B. 活页式
C. 三栏式 D. 多栏式

【答案】 B

【例7-7·单项选择题】 必须逐日逐笔登记的账簿是(　　)。
A. 明细账　　　B. 总账　　　C. 日记账　　　D. 备查账

【答案】 C

【例7-8·单项选择题】 下列各项中,采用三栏式的明细账是(　　)。
A. 库存商品明细账 B. 制造费用明细账
C. 固定资产明细账 D. 债权债务明细账

【答案】 D

【例7-9·多项选择题】 下列账簿中,须采用订本式账簿的是(　　)。
A. 明细账 B. 总账
C. 现金日记账 D. 银行存款日记账

【答案】 BCD

【例7-10·判断题】 使用订本账时,要为每一账户预留若干空白账页。(　　)

【答案】 √

第三节　会计账簿的格式与登记方法

第七章第三节　　会计账簿的登记方法

一、日记账的格式与登记方法

日记账是按照经济业务发生或完成的时间先后顺序逐日逐笔进行登记的账簿。设置日记账的目的是为了使经济业务的时间顺序清晰地反映在账簿记录中。日记账按其所核算和监督经济业务的范围,可分为特种日记账和普通日记账。在我国,大多数企业一般只设现金日记账和银行存款日记账。

(一)现金日记账的格式与登记方法

现金日记账是用来核算和监督库存现金日常收、付和结存情况的序时账簿。现金日记账的格式主要有三栏式和多栏式两种,现金日记账必须使用订本账。

1. 三栏式现金日记账

三栏式现金日记账是用来登记库存现金的增减变动及其结果的日记账。设借方、贷方和余额三个金额栏目,一般将其分别称为收入、支出和结余三个基本栏目。

三栏式现金日记账是由出纳人员根据现金收款凭证、现金付款凭证以及银行存款的付款凭证,按照现金收付款业务和银行存款付款业务发生时间的先后顺序逐日逐笔登记。其借方根据现金的收款凭证或银行存款的付款凭证登记,贷方根据现金的付款凭证登记。每天登记完毕后,应在余额栏内结出现金余额。现金日记账每天结账后必须与库存现金实存金额进行核对。

三栏式现金日记账的具体登记方法如下(见表7-21):

表 7-21

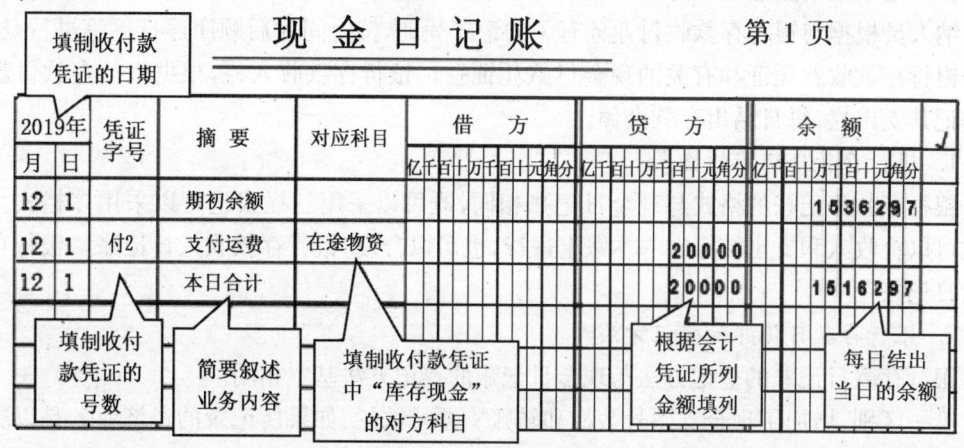

(1) 日期栏。即记账凭证的日期，应与现金实际收付的日期一致。

(2) 凭证栏。即登记入账收付款凭证的种类和编号。

(3) 摘要栏。摘要说明登记入账的经济业务的内容。文字要简练，但要能说明问题。

(4) 对方科目栏。即现金收入的来源科目或现金支出的用途科目。其作用在于了解经济业务的来龙去脉。

(5) 收入、支出栏。即现金实际收付的金额。

每日终了，应分别计算现金收入和付出的合计数，结出余额，同时将余额与实有库存现金核对，即通常所说的"日清"。如账款不符，应查明原因，并记录备案。月终，同样要计算现金收付和结存的合计数并与实有库存现金核对相符，通常称为"月结"。

2. 多栏式现金日记账

多栏式现金日记账是在三栏式现金日记账的基础上发展起来的。这种日记账的借方（收入）和贷方（支出）金额栏都按对方科目设专栏，也就是按收入的来源和支出的用途设专栏。这种格式在月末结账时，可以结出各收入来源专栏和支出用途专栏的合计数，便于对现金收支的合理性、合法性进行审核分析，便于检查财务收支计划的执行情况，其全月发生额还可以作为登记总账的依据。

在实际工作中，如果要设多栏式现金日记账，一般要把现金收入业务和支出业务分设"现金收入日记账"和"现金支出日记账"两本账。其中，"现金收入日记账"按对应的贷方科目设置专栏，另设"支出合计"栏和"结余"栏。"现金支出日记账"则只按支出的对方科目设置专栏，不设"支出合计"栏和"结余"栏。

借方、贷方分设的多栏式现金日记账的登记方法是：

(1) 先根据有关现金收入业务的记账凭证登记现金收入日记账，根据有关现金支出业务的记账凭证登记现金支出日记账。

(2) 每日营业终了，根据现金支出日记账结计的支出合计数，一笔转入现金收入日记账的"支出合计"栏中，并结出当日余额。

（二）银行存款日记账的格式与登记方法

银行存款日记账是用来核算和监督银行存款每日的收入、支出和结余情况的账簿。银行存款日记账应按企业在银行开立的账户和币种分别设置,每个银行账户设置一本日记账。由出纳人员根据与银行存款收付业务有关的记账凭证,按时间先后顺序逐日逐笔进行登记。根据银行存款收款凭证和有关的现金付款凭证登记银行存款收入栏,根据银行存款付款凭证登记其支出栏,每日结出存款余额。

1. 银行存款日记账的格式

银行存款日记账的格式与现金日记账相同,既可以采用三栏式也可以采用多栏式。多栏式可以将收入和支出核算在一本账上进行,也可以分设"银行存款收入日记账""银行存款支出日记账"。

2. 银行存款日记账的登记方法

银行存款日记账的登记方法与现金日记账的登记方法基本相同。

唯一区别:增加了现金支票号数栏和转账支票号数栏:如果所记录的经济业务是以支票付款结算的,应在这两栏内填写相应的支票号数,以便与开户银行对账。

注意:

(1) 所有单位都要设置现金日记账和银行存款日记账。

(2) 无论采用三栏式还是多栏式,现金日记账和银行存款日记账必须采用订本式账簿。

银行存款日记账如表7-22和表7-23所示。

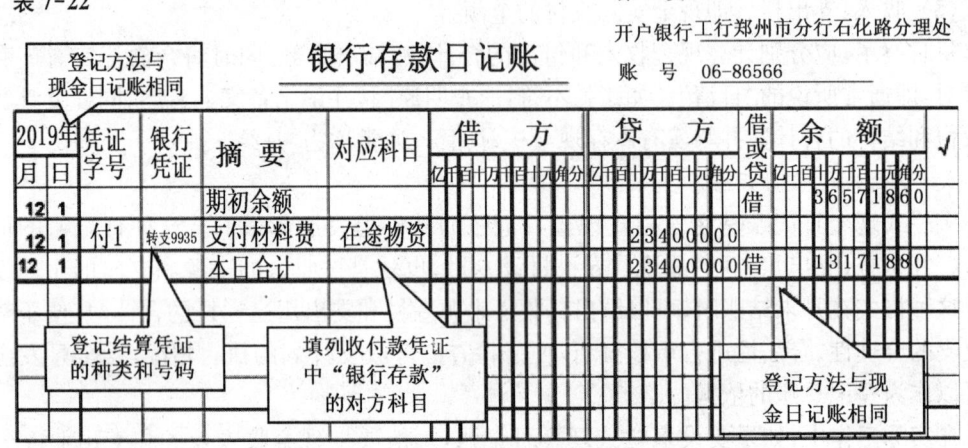

表7-22

表7-23

二、总分类账的格式与登记方法

(一) 总分类账的格式

总分类账是指按照总分类账户分类登记以提供总括会计信息的账簿,可以为编制会计报表提供所需的资料。因此,每一企业都应设置总分类账。总分类账必须使用订本账,最常用的格式为三栏式,设有借方、贷方和余额三个金额栏目。

(二) 总分类账的登记方法

总分类账的登记方法取决于账务处理程序,由于账务处理程序的不同而不同。三栏式总账的登记方法因登记的依据不同而有所不同。经济业务少的小型单位的总分类账可以根据记账凭证逐笔登记;经济业务多的大中型单位的总分类账可以根据记账凭证汇总表(又称科目汇总表)或汇总记账凭证等定期登记(见表7-24)。

表 7-24

总 分 类 账

会计科目:其他应收款

2019年		凭证		摘要	借方	贷方	借或贷	余额
月	日	种类	号数					
6	1			期初结存			借	8,960.00
	10	科汇	1	1~10日发生额合计	10,000.00	1,320.00	借	17,640.00
	20	科汇	2	11~20日发生额合计	4,000.00	4,760.00	借	16,880.00
	30	科汇	3	21~30日发生额合计	3,500.00	8,500.00	平	
6	30			本月发生额合计及余额	17,500.00	26,460.00	平	

三、明细分类账的格式与登记方法

明细分类账是根据有关明细分类账户设置并登记的账簿。它能提供交易或事项比较详细、具体的核算资料,以补充总账所提供核算资料的不足。因此,各企业单位在设置总账的同时,还应设置必要的明细账。

(一) 明细分类账的格式

明细分类账一般采用活页式账簿、卡片式账簿。明细分类账一般根据记账凭证和相应的原始凭证来登记。

根据各种明细分类账所记录经济业务的特点,明细分类账的常用格式主要有以下四种。

1. 三栏式

三栏式账页是设有借方、贷方和余额三个栏目,用于分类核算各项经济业务,提供详细核算资料的账簿,其格式与三栏式总账格式相同(见表7-25)。

表7-25

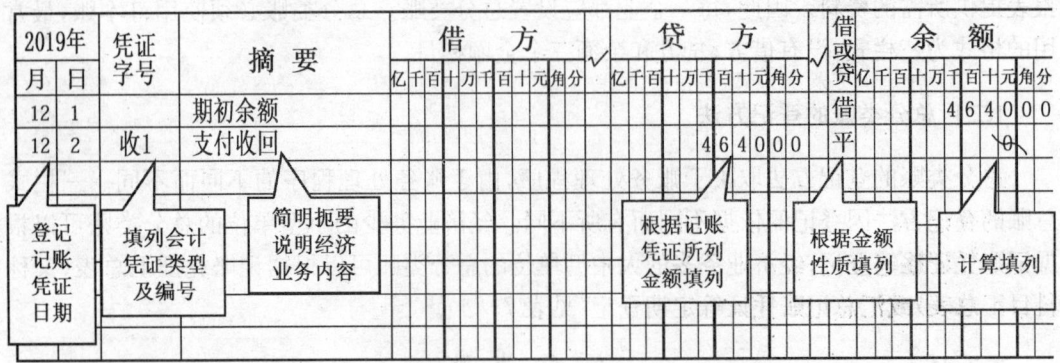

2. 多栏式

多栏式账页是将属于同一个总账科目的各个明细科目合并在一张账页上进行登记,即在这种格式账页的借方或贷方金额栏内按照明细项目设若干专栏(见表7-26)。这种格式适用于收入、成本、费用类科目的明细核算。

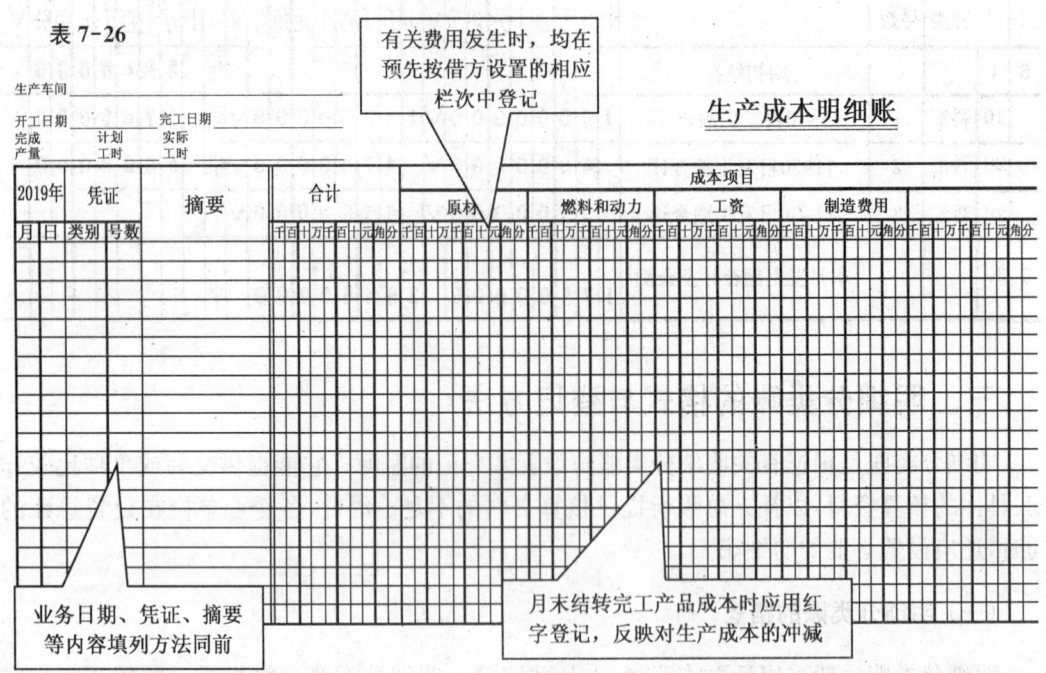

3. 数量金额式

数量金额式账页适用于既要进行金额核算又要进行数量核算的账户,如原材料(见表7-27)、库存商品等存货账户,其借方(收入)、贷方(发出)和余额(结存)都分别设有数量、单价和金额三个专栏。

数量金额式账页提供了企业有关财产物资数量和金额收、发、存的详细资料,从而能加强财产物资的实物管理和使用监督,保证这些财产物资的安全完整。

表7-27

原材料明细账

材料类别:原料
材料名称或规格:圆钢
材料编号:0164
计量单位:千克
存放地点:8号库
储备定额:8000千克

20××年		凭证号数	摘要	借方(收入)			贷方(发出)			借或贷	余额(结存)		
月	日			数量	单价	金额	数量	单价	金额		数量	单价	金额
3	1		月初余额							借	4 000	1.8	7 200
	7	转10	入库	1 000	1.5	1 500					4 000	1.8	7 200
											1 000	1.5	1 500
	10	转32	发出				2 000	1.8	3 600		2 000	1.8	3 600
											1 000	1.5	1 500
3	31	—	本月合计	1 000	—	1 500	2 000	—	3 000	借	3 000	1.5	4 500

（填写明细核算内容的相关资料；日期、凭证和摘要等填法同前；根据验收入库数量填列；根据材料成本计算结果填列；计算填列；根据领用出库数量填列；可采用先进先出法、后进先出法、加权平均法等方法计算填列；计算填列）

4. 横线登记式

横线登记式账页是采用横线登记,即将每一相关的业务登记在一行,从而可依据每一行各个栏目的登记是否齐全来判断该项业务的进展情况。这种格式适用于登记材料采购、在途物资、应收票据和一次性备用金业务。

（二）明细分类账的登记方法

明细分类账的登记方法有三种:一是根据原始凭证直接登记明细账;二是根据汇总原始凭证登记明细账;三是根据记账凭证登记明细账。

不同类型经济业务的明细分类账,可根据管理需要,依据记账凭证、原始凭证或汇总原始凭证逐日逐笔或定期汇总登记。

（1）固定资产、债权、债务等明细账应逐日逐笔登记。

（2）库存商品、原材料、产成品收发明细账以及收入、费用明细账可逐笔登记,也可定期汇总登记。

提示:"库存现金""银行存款"账户由于已设置了日记账,不必再设明细账,其日记账实质上也是一种明细账。

四、总分类账户与明细分类账户的平行登记

（一）总分类账户与明细分类账户的关系

总分类账户是所属明细分类账户的统驭账户,对所属明细分类账户起着控制作用;明细

分类账户则是总分类账户的从属账户,对其所隶属的总分类账户起着辅助作用。总分类账户及其所属明细分类账户的核算对象是相同的,它们所提供的核算资料互相补充,只有把两者结合起来,才能既总括又详细地反映同一核算内容。因此,总分类账户和明细分类账户必须平行登记。

(二) 总分类账户与明细分类账户平行登记的要点

平行登记是指对所发生的每项经济业务都要以会计凭证为依据,一方面记入有关总分类账户,另一方面记入所属明细分类账户的方法。

总分类账户与明细分类账户平行登记的要点是:

(1) 依据相同。即所依据的会计凭证相同。对于发生的同一笔经济业务,要根据相同的会计凭证在总分类账户和其所属的明细分类账户中进行登记。

(2) 方向相同。即借贷方向相同。对于发生的同一笔经济业务,在记入总分类账户的方向应该与记入所属明细分类账户的记账方向保持一致。总分类账户登记在借方,明细分类账户也应登记在借方;总分类账户登记在贷方,明细分类账户也应登记在贷方。

(3) 时期相同。即所属的会计期间相同,总账和明细账的登记应登记在同一个会计期间的账簿上。

(4) 金额相同。即记入总分类账户的金额与记入其所属明细分类账户的合计金额相等。

平行登记的结果为:

(1) 总账账户的期初余额=所属明细账户期初余额合计

(2) 总账账户的本期借方发生额=所属明细账户本期借方发生额合计

(3) 总账账户的本期贷方发生额=所属明细账户本期贷方发生额合计

(4) 总账账户的期末余额=所属明细账户期末余额合计

利用总分类账户与其所属的明细分类账户平行登记所形成的有关数字必然相等的关系,可以通过定期核对双方有关数字来检查账户的记录是否正确、完整。

【例 7-11·多项选择题】 账簿扉页上的内容包括( )。
A. 启用日期 B. 账簿起止页数 C. 账户目录 D. 账簿交接时间
【答案】 ABCD

【例 7-12·多项选择题】 在会计账簿扉页上填列的内容包括( )。
A. 账簿名称 B. 单位名称 C. 账户名称 D. 起止页次
【答案】 ABD

【例 7-13·单项选择题】 启用账簿时,不能在扉页上书写的是( )。
A. 单位名称 B. 账簿名称 C. 账户名称 D. 启用日期
【答案】 C

【例 7-14·多项选择题】 账页包括的内容有( )。
A. 账户名称 B. 起止页次 C. 摘要栏 D. 总页次和分页次
【答案】 ACD

【例 7-15·判断题】 登记账簿必须用蓝黑墨水笔或碳素墨水笔书写,不得使用圆珠笔或铅笔书写。 ( )

【答案】 √

【例7-16·判断题】 记账时,既可用蓝黑墨水笔、碳素墨水笔书写,也可用圆珠笔或铅笔书写,但不得使用红色水笔书写。 (   )

【答案】 ×

【例7-17·多项选择题】 下列各项中,符合登记会计账簿基本要求的是(   )。
A. 文字和数字的书写应占格距的1/3
B. 不得使用圆珠笔书写
C. 应连续登记,不得跳行、隔页
D. 无余额的账户,在"借或贷"栏内写"平"

【答案】 BCD

【例7-18·单项选择题】 登记账簿时,错误的做法是(   )。
A. 文字和数字的书写占格距的1/2
B. 发生的空行、空页一定要补充书写
C. 用红字冲销错误记录
D. 在发生的空页上注明"此页空白"

【答案】 B

【例7-19·多项选择题】 登记账簿的基本要求包括(   )等内容。
A. 根据审核无误的会计凭证登记账簿
B. 用蓝黑和碳素墨水书写,不得用圆珠笔或铅笔书写
C. 不得用红色墨水记账
D. 按顺序连续登记,不得跳行、隔页

【答案】 ABD

【例7-20·单项选择题】 在登记账簿时,每记满一页时,应(   )。
A. 只计算本页的发生额
B. 只计算本页的余额
C. 计算本页的发生额和余额,同时在摘要栏注明"转次页"字样
D. 不计算本页的发生额和余额,但应在摘要栏注明"转次页"字样

【答案】 C

【例7-21·单项选择题】 需要结计本年累计发生额的账户,结计"过次页"的合计数为(   )。
A. 自年初起至本日止累计数
B. 自年初起至本页末止累计数
C. 自月初至本页末止累计数
D. 自本页初至本页末止累计数

【答案】 B

【例7-22·多项选择题】 可以采用三栏式明细分类账核算的是(   )。
A. 原材料   B. 实收资本
C. 生产成本   D. 应收账款

【答案】 BD

【例7-23·单项选择题】 应收账款、应付账款、应交税费的明细核算一般采用(　　)。
A. 多栏式明细分类账
B. 数量金额式明细分类账
C. 三栏式明细分类账
D. 横线登记式明细分类账

【答案】 C

【例7-24·单项选择题】 下列适合采用多栏式明细账核算的是(　　)。
A. 应收账款　　　　　　　　B. 实收资本
C. 应付账款　　　　　　　　D. 生产成本

【答案】 D

【例7-25·多项选择题】 采用多栏式明细账的有(　　)。
A. 生产成本　　　　　　　　B. 主营业务收入
C. 制造费用　　　　　　　　D. 原材料

【答案】 ABC

【例7-26·多项选择题】 采用数量金额式明细账的有(　　)。
A. 实收资本　　　　　　　　B. 原材料
C. 库存商品　　　　　　　　D. 应付账款

【答案】 BC

【例7-27·判断题】 各种明细账的登记依据,既可以是原始凭证,也可以是记账凭证。
(　　)

【答案】 √

第四节　对账与结账

第七章第四节

对账与结账

一、对账

(一) 对账的概念

对账就是核对账目,是对账簿记录所进行的核对工作。核对账目,是为了保证账簿记录的正确性,而进行的有关账项的核对工作。通过对账,应当做到账证相符、账账相符、账实相符。

对账工作一般在月末进行,即在记账之后、结账之前进行。

(二) 对账的内容

对账一般可以分为账证核对、账账核对和账实核对。

1. 账证核对

账簿是根据经过审核之后的会计凭证登记的,但实际工作中仍有可能发生账证不符的情况,记账后,应将账簿记录与会计凭证核对,核对账簿记录与原始凭证、记账凭证的时间、凭证字号、内容、金额等是否一致,记账方向是否相符,做到账证相符。账证核对一般是在日常编制凭证和记账过程中进行。

会计期末,如果发现账账不符,也可以再将账簿记录与有关会计凭证进行核对,以保证账证相符。

2. 账账核对

账账核对是核对不同会计账簿之间的账簿记录是否相符,账账核对的内容主要包括:

(1) 总分类账簿之间的核对,即总分类账簿有关账户的余额核对:

$$资产类账户的余额合计 = 权益类账户的余额合计$$

(2) 总分类账簿与所属明细分类账簿之间的核对。

(3) 总分类账簿与序时账簿之间的核对。

(4) 明细分类账簿之间的核对。主要是会计部门的财产物资明细账与财产物资保管和使用部门的有关明细账核对等。

3. 账实核对

账实核对是指各项财产物资、债权债务等账面余额与实有数额之间的核对。

账实核对的内容主要包括:

(1) 现金日记账账面余额与库存现金实际库存数逐日核对是否相符。

(2) 银行存款日记账账面余额与银行对账单的余额定期核对是否相符。

(3) 各项财产物资明细账账面余额与财产物资的实有数额定期核对是否相符。

(4) 有关债权债务明细账账面余额与对方单位的账面记录核对是否相符等。

二、结账

(一) 结账的概念与内容

结账是一项将账簿记录定期结算清楚的账务工作。在一定时期结束时(如月末、季末或年末),为了编制财务报表,需要进行结账,具体包括月结、季结和年结。

结账为了了解某一会计期间(月份、季度、年度)的经济活动情况,考核经营成果,在每一会计期间终了时,必须进行结账。同时,结账工作也是编制会计报表的先决条件。

结账的内容通常包括两个方面:一是结清各种损益类账户,并据以计算确定本期利润;二是结出各资产、负债和所有者权益账户的本期发生额合计和期末余额。

(二) 结账的程序

结账具体按以下程序进行:

(1) 结账前,将本期发生的经济业务全部登记入账,并保证其正确性。对于发现的错误,应采用适当的方法进行更正。不得为赶编会计报表而提前结账,不得将本期发生的经济业务延至下期登账,也不得先编会计报表后结账。

(2) 在本期经济业务全面入账的基础上,根据权责发生制的要求,调整有关账项,合理确定应计入本期的收入和费用。例如,各项待摊的费用应按规定摊配,分别记入本期有关科目;借款利息等应按规定标准预先提取,分别记入本期有关科目。又如,计提固定资产折旧、进行无形资产摊销等;对于需要在本月办理的有关转账业务,如销售成本的结转、税金及附

加的计算结转等,均应编制有关记账凭证并登记入账。

(3)将各损益类账户余额全部转入"本年利润"账户,结平所有损益类账户。例如,月末将共同性的"制造费用"分配转入"生产成本"账户,将完工入库产品的成本从"生产成本"账户转入"库存商品"账户,将已销产品成本从"库存商品"账户转入"主营业务成本"账户。将本期实现的各种收入从"主营业务收入"等收入类账户转入"本年利润"账户的贷方,将本期发生的各项费用从"主营业务成本""管理费用"等费用类账户转入"本年利润"账户的借方,以便计算确定本期财务成果。

(4)结出资产、负债和所有者权益账户的本期发生额和余额,并转入下期。

上述工作完成后,就可以根据总分类账和明细分类账的本期发生额和期末余额,分别进行试算平衡。

(三)结账的方法

结账有月结、季结和年结之分,有些账户需要随时结出余额,如现金、银行存款日记账;有些账户只需按月结出余额,如总账。有的需要计算累计发生额,如成本、费用、收入等账户;有的不需要计算累计发生额,如债权债务账户。因此有不同的结账方法,结账方法的要点主要有:

(1)对不需按月结计本期发生额的账户,每次记账以后,都要随时结出余额,每月最后一笔余额是月末余额,即月末余额就是本月最后一笔经济业务记录的同一行内余额。月末结账时,只需要在最后一笔经济业务记录之下通栏划单红线,不需要再次结计余额。

(2)现金、银行存款日记账和需要按月结计发生额的收入、费用等明细账,每月结账时,要在最后一笔经济业务记录下面通栏划单红线,结出本月发生额和余额,在摘要栏内注明"本月合计"字样,并在下面通栏划单红线。

(3)对于需要结计本年累计发生额的明细账户,每月结账时,应在"本月合计"行下结出自年初起至本月末止的累计发生额,登记在月份发生额下面,在摘要栏内注明"本年累计"字样,并在下面通栏划单红线。12月末的"本年累计"就是全年累计发生额,全年累计发生额下通栏划双红线。

(4)总账账户平时只需结出月末余额。年终结账时,为了总括地反映全年各项资金运动情况的全貌,核对账目,要将所有总账账户结出全年发生额和年末余额,在摘要栏内注明"本年合计"字样,并在合计数下通栏划双红线。

(5)年度终了结账时,有余额的账户,应将其余额结转下年,并在摘要栏注明"结转下年"字样;在下一会计年度新建有关账户的第一行余额栏内填写上年结转的余额,并在摘要栏注明"上年结转"字样,使年末有余额账户的余额如实地在账户中加以反映,以免混淆有余额的账户和无余额的账户。

注意:在账簿中,结账通过划"结账线"表示;平时结账划单红线,年末结账划双红线。"结账线"应用通栏红线表示,不能只在账页中的金额部分划线。

结出余额后,应在余额栏前的"借或贷"栏内写明"借"或"贷"字样,没有余额的账户,应在余额栏前的"借或贷"栏内写"平"字,并在余额栏内用"0"表示。

具体如表7-28至表7-32所示。

表 7-28

银行存款日记账

2019年		凭证		支票		摘要	借方	贷方	借或贷	余额
月	日	字	号	种类	号数		亿千百十万千百十元角分	亿千百十万千百十元角分		亿千百十万千百十元角分
1	1					上年结转			借	2300000 0
	1	银付	1	支票	2101	提现		350000 0	借	1950000 0
	1	银收	1	支票	3201	销售商品收入	1170000		借	2067000 0
	1	银收		委收	5805	收回前欠货款	57800 0		借	2124800 0
	2	银收	3	支票	3202	销售商品收入	653000 0		借	2777800 0
						(略)				
1	31					本月合计	18459320	2643690 0	借	1502242 0
						1~11月累计	1849382600	1598732800		73649800
12	1	银收	1	支票	4703	收回前欠货款	850000 0		借	82149800
	1	银收	2	转账	1137	向银行取得借款	6000000 0		借	142149800
	1	银付	1	支票	4712	支付购料款		11700000 0	借	25149800
						(略)				
12	31					本月合计	314684000	357928000	借	30405800
12	31					本年累计	1964066000	1956608000	借	30405800
						续转下页				

表 7-29

银行存款日记账

2019年		凭证		支票		摘要	借方	贷方	借或贷	余额
月	日	字	号	种类	号数		亿千百十万千百十元角分	亿千百十万千百十元角分		亿千百十万千百十元角分
1	1					上年结转			借	30405800
						过次页				

表 7-30

总 分 类 账

页码 32
本户页次 8

账户名称：应收账款

2019年		凭证号	摘要	借方	贷方	借或贷	余额
月	日			十万千百十元角分	十万千百十元角分		十万千百十元角分
			承前页	22600000	32000000	借	600000
11	30	银收48	销售产品	1170000		借	1770000
11	30		本月合计	3400000	2630000	借	1770000
11	30		本年累计	23770000	32000000	借	1770000
12	1		月初余额			借	1770000
12	5	银收5	收回货款		200000	借	1570000
12	18	转10	销售产品	702000		借	859000
12	20	银收12	收回货款		60000	借	799000
12	22	转14	销售产品	819000		借	1618000
			此行空白 刘明				
12	23	银收14	收回货款		30000	借	1588000
12	25	转16	销售产品	351000		借	1939000
			过次页	4249000	331000	借	1939000

表 7-31

总 分 类 账

总页码	33
本户页次	9

账户名称：应收账款

| 2019年 || 凭证号 | 摘要 | 借方 十万千百十元角分 | 贷方 十万千百十元角分 | 借或贷 | 余额 十万千百十元角分 |
月	日						
12	26		承前页	4 2 4 9 0 0 0 0	3 3 1 0 0 0 0 0	借	1 9 3 9 0 0 0 0
12	26	转20	销售产品	5 8 5 0 0 0 0		借	2 5 2 4 0 0 0 0
	29	银收21	收回货款		5 0 0 0 0 0 0	借	2 4 7 4 0 0 0 0
	31	转30	销售产品	4 6 8 0 0 0 0		借	2 9 4 2 0 0 0 0
12	31		本月合计	2 9 2 5 0 0 0 0	1 6 0 0 0 0 0 0	借	2 9 4 2 0 0 0 0
12	31		本年累计	5 3 0 2 0 0 0 0	3 3 6 0 0 0 0 0	借	2 9 4 2 0 0 0 0
			结转下年			借	2 9 4 2 0 0 0 0

表 7-32

总 分 类 账

总页码	
本户页次	

账户名称：应收账款

| 2019年 || 凭证号 | 摘要 | 借方 十万千百十元角分 | 贷方 十万千百十元角分 | 借或贷 | 余额 十万千百十元角分 |
月	日						
1	1		上年结转			借	2 9 4 2 0 0 0 0

第五节 错账查找与更正的方法

第七章第五节

错账更正

一、错账查找方法

如果对账中发现错误，就应该查找原因，为了提高查账效率，有几种错账查找方法可供使用。

1. 差数法

差数法是指按照错账的差数查找错账的方法。

例如,在记账过程中只登记了会计分录的借方或贷方,漏记了另一方,从而形成试算平衡中借方合计与贷方合计不等。其表现形式是:借方金额遗漏,会使该金额在贷方超出;贷方金额遗漏,会使该金额在借方超出。对于这样的差错,可由会计人员通过回忆和相关金额的记账核对来查找。

2. 尾数法

尾数法是指对于发生的差错只查其末位数,以提高查错效率的方法。这种方法适合于借贷方金额其他位数都一致,而只有末位数出现差错的情况。

3. 除2法

除2法是指以差数除以2来查找错账的方法。当某个借方金额错记入贷方(或相反)时,出现错账的差数表现为错误的2倍,将此差数用2去除,得出的商即是反向的金额。

例如,应记入"原材料——甲材料"科目借方的4 000元误记入贷方,则该明细科目的期末余额将小于其总分类科目期末余额8 000元,被2除的商4 000元即为借贷方向反向的金额。同理,如果借方总额大于贷方600元,即应查找有无300元的贷方金额误记入借方。如非此类错误,则应另寻差错的原因。

4. 除9法

除9法是指以差数除以9来查找错账的方法,适用于以下三种情况:

(1) 将数字写小。如将400写为40,错误数字小于正确数字9倍。查找的方法是:以差数除以9后得出的商即为写错的数字,商乘以10即为正确的数字。上例差数360(即400-40)除以9,商40即为错数,扩大10倍后即可得出正确的数字400。

(2) 将数字写大。如将50写为500,错误数字大于正确数字9倍。查找的方法是:以差数除以9后得出的商为正确的数字,商乘以10后所得的积为错误数字。上例差数450(即500-50)除以9后,所得的商50为正确数字,50乘以10(即500)为错误数字。

(3) 邻数颠倒。如将78写为87,将96写为69,将36写为63等。查找的方法是:将差数除以9,得出的商连续加11,直到找出颠倒的数字为止。如78与87的差数为9,除9得1,连加11为12、23、34、45、56、67、78、89,如有78数字的业务,即有可能为颠倒的数字。

以上方法只是为了提高错账查找效率而使用的方法,如果以上方法不能找出错账,就需要逐项进行核对。

二、错账类型

错账类型主要有两种:

(1) 记账凭证编制正确,登记的账簿发生错误。在记账后结账前,如果发现账簿记录有错误,而记账凭证无错误,即单纯笔误造成登账时文字或数字出现的错误。

(2) 记账凭证错误,导致登账错误。记账凭证与账簿同错。一种情况是科目用错,另一种情况是金额多记或少记。

如果账簿记录发生错误,必须按照规定的方法予以更正,不准涂改、挖补、刮擦或者用药水消除字迹,不准重新抄录。

三、错账更正方法

错账更正方法通常有:划线更正法、红字更正法、补充登记法予以更正。

(一) 划线更正法

1. 适用范围

划线更正法又称红线更正法,适用于在结账前发现账簿记录有文字或数字错误,而记账凭证没有错误。即纯属登账时文字或数字上的笔误,采用划线更正法。

2. 更正方法

在错误的文字或数字上划一条红线,在红线上方填写正确的文字或数字,并由记账及相关人员在更正处盖章。划线时,对于错误的数字,应全部划红线更正,不能只更改其中的错误数字。对于文字错误,可只划去错误的部分。

【例 7-28】 刘明在记账过程中将"630"误写成"360",发现后更改时应将"360"用单红线全部划去,再在红线上用蓝笔书写"630"字样,并在旁边加盖私章,不能只划去"36"两字(见表 7-33 和表 7-34)。

表 7-33

现 金 日 记 账

2019年		凭证号	摘要	借方	贷方	借或贷	余额
月	日			十万千百十元角分	十万千百十元角分		十万千百十元角分
5	15		承前页	9 0 0 0 0 0	8 2 0 0 0 0	借	4 0 0 0 0 0
	15	现付28	退刘洋押金		6 3 0 0 0 刘明 3 6 0 0 0	借	刘明 3 3 7 0 0 0 3 6 4 0 0 0

表 7-34

其他应付款 明细账

账户名称: 刘洋

2019年		凭证号	摘要	借方	贷方	借或贷	余额
月	日			十万千百十元角分	十万千百十元角分		十万千百十元角分
3	1	现收12	收押金		1 6 3 0 0 0	贷	1 6 3 0 0 0
5	15	现付28	退刘洋押金	6 3 0 0 0 3 6 0 0 0 刘明		刘明 贷	1 0 0 0 0 0 1 2 7 0 0 0

注意:被划掉的文字或数字仍应清晰可辨,不得涂成模糊一片。

(二) 红字更正法

1. 适用范围

红字更正法,适用于以下两种情形:

(1) 记账后发现记账凭证中的应借、应贷会计科目有错误所引起的记账错误,也包括记账方向错误。

(2) 记账后发现记账凭证和账簿记录中应借、应贷会计科目无误,只是所记金额大于应记金额所引起的记账错误。

2. 更正方法

(1) 记账后在当年内发现记账凭证科目错误,先用红字金额填写一张与错误凭证相同的记账凭证,摘要栏注明"冲销某月某日×字第×号错误凭证",然后,再用蓝字填写一张正确的记账凭证,摘要栏注明"更正某月某日×字第×号错误凭证",并据以登记入账。即先用红字冲销错误分录,后用蓝字填制正确分录。

【例7-29】 2019年5月13日,以银行存款支付5月份车间办公用品费6 300元。编制记账凭证如表7-35所示。

表7-35

付 款 凭 证

贷方科目:银行存款　　2019年05月13日　　银付 字第18号

摘要	借方科目		金额	记账
	总账科目	明细科目	百十万千百十元角分	
支付车间办公用品费	管理费用	办公费	3 6 0 0 0 0	✓
合 计 金 额			¥ 3 6 0 0 0 0	✓

会计主管 蒋榕　记账 刘明　出纳 黄江　审核 蒋榕　制单 刘明

附件2张

账已登记完毕,18日发现记账凭证借方科目错误,应为"制造费用";金额少记,应为6 300元。采用红字更正法更正。

第一步:填制一张红字金额的记账凭证,其中:填制日期,填写错账的更正日期;摘要栏,注明"注销5月13日银付字18号凭证"字样;会计科目及金额,与原错填记账凭证相同;编号,接更正日已填记账凭证的序号连续编写"银付字20号";附件张数,不必填写(见表7-36)。

第二步:用蓝字填制一张正确的记账凭证,其中:填制日期,填写错账的更正日期;摘要栏,注明"订正5月13日银付字18号凭证"字样;编号,接上述红字金额的记账凭证序号连续编写"银付字21号";附件张数,不必填写(见表7-37)。

表 7-36

付款凭证

贷方科目：银行存款　　2019年 05月 18日　　银付 字第 20号

摘要	借方科目		金额	记账
	总账科目	明细科目	百十万千百十元角分	
注销5月13日银付字18号凭证	管理费用	办公费	3 6 0 0 0 0	✓
合　计　金　额			¥ 3 6 0 0 0 0	

会计主管：蒋裕　　记账：刘明　　出纳：黄江　　审核：蒋裕　　制单：刘明

表 7-37

付款凭证

贷方科目：银行存款　　2019年 05月 18日　　银付 字第 21号

摘要	借方科目		金额	记账
	总账科目	明细科目	百十万千百十元角分	
订正5月13日银付字18号凭证	制造费用	办公费	6 3 0 0 0 0	✓
合　计　金　额			¥ 6 3 0 0 0 0	

会计主管：蒋裕　　记账：刘明　　出纳：黄江　　审核：周正亿　　制单：刘明

第三步：记账（见表 7-38）。

表 7-38

银行存款日记账

2019年		凭证号	摘要	借方	贷方	借或贷	余额
月	日			十万千百十元角分	十万千百十元角分		十万千百十元角分
5	13		承前页	9 5 0 6 5 0 0 0	2 2 6 5 0 0 0	借	8 7 2 2 4 0 0 0
	13	银付18	付办公费		3 6 0 0 0 0	借	8 6 8 6 4 0 0 0
	15	银付19	支付咨询费		8 6 4 0 0	借	8 6 0 0 0 0 0
	18	银付20	注销5月13日银付18号凭证		3 6 0 0 0 0	借	8 6 3 6 0 0 0 0
	18	银付21	订正5月13日银付18号凭证		6 3 0 0 0 0	借	8 5 7 3 0 0 0 0

管理费用明细账和制造费用明细账略。

（2）在记账以后，发现记账凭证中科目正确而所记金额大于应记的金额，将多记金额用红字填写一张与原记账凭证应借、应贷科目完全相同的记账凭证，冲销多记的金额，摘要栏注明"冲销某月某日×字第×号错误凭证多记的金额"，并据以记账。

【例7-30】 某企业从银行提取现金30 000元，备发工资，误作下列记账凭证，并已登记入账。

　　借：库存现金　　　　　　　　　　　　　　　　　　　　　　　50 000
　　　　贷：银行存款　　　　　　　　　　　　　　　　　　　　　　50 000

更正方法：红字更正法，只填写一张差额的红字记账凭证。更正的会计分录为：

　　借：库存现金　　　　　　　　　　　　　　　　　　　　　　　20 000
　　　　贷：银行存款　　　　　　　　　　　　　　　　　　　　　　20 000

（三）补充登记法

1. 适用范围

记账后发现记账凭证和账簿记录中应借、应贷会计科目无误，只是所记金额小于应记金额时，采用补充登记法。

2. 更正方法

将少记金额用蓝字填写一张与原凭证应借、应贷科目完全相同的记账凭证，摘要栏注明"更正某月某日×字第×号凭证"，补充少记的金额并据以登记入账。

【例7-31】 接受外单位投入资金180 000元，已存入银行。在填制记账凭证时，误将其金额记为150 000元，并登记入账。

　　借：银行存款　　　　　　　　　　　　　　　　　　　　　　　150 000
　　　　贷：实收资本　　　　　　　　　　　　　　　　　　　　　　150 000

采用的更正方法是：补充登记法，将差额补足。更正的会计分录为：

　　借：银行存款　　　　　　　　　　　　　　　　　　　　　　　30 000
　　　　贷：实收资本　　　　　　　　　　　　　　　　　　　　　　30 000

【例7-32·判断题】 对账也包括账表核对。　　　　　　　　　　　　　（　　）
【答案】 ×

【例7-33·多项选择题】 对账的内容包括（　　）。
　A. 证证核对　　　B. 账证核对　　　C. 账账核对　　　D. 账实核对
【答案】 BCD

【例7-34·多项选择题】 账实核对是指账簿与财产物资实有数额是否相符，具体包括（　　）核对。
　A. 现金日记账余额与现金实际库存数
　B. 银行存款日记账余额与银行对账单余额
　C. 各种财产物资明细账余额与其实存数额
　D. 债权、债务明细账余额与对方单位或个人的记录

【答案】 ABCD

【例7-35·多项选择题】 账账核对包括( )的核对是否相符。
A. 所有总账的借方发生额合计和贷方发生额合计
B. 总账余额和所属明细账余额合计
C. 现金日记账和银行存款日记账余额与其总账余额
D. 银行存款日记账和银行对账单

【答案】 ABC

【例7-36·单项选择题】 更正错账时,划线更正法的适用范围是( )。
A. 记账凭证上会计科目或记账方向错误,导致账簿记录错误
B. 记账凭证正确,在记账时发生错误,导致账簿记录错误
C. 记账凭证上会计科目或记账方向正确,所记金额大于应记金额,导致账簿记录错误
D. 记账凭证上会计科目或记账方向正确,所记金额小于应记金额,导致账簿记录错误

【答案】 B

【例7-37·单项选择题】 采用补充登记法,是因为( ),导致账簿记录错误。
A. 记账凭证上会计科目错误
B. 记账凭证上记账方向错误
C. 记账凭证上会计科目、记账方向正确,所记金额大于应记金额
D. 记账凭证上会计科目、记账方向正确,所记金额小于应记金额

【答案】 D

【例7-38·多项选择题】 记账后,发现记账凭证中的金额有错误,导致账簿记录错误,不能采用的错账更正方法是( )。
A. 划线更正法　　B. 红字更正法　　C. 补充登记法　　D. 重新抄写法

【答案】 AD

【例7-39·多项选择题】 红字更正法通常适用的情况是( )。
A. 记账后在当年内发现记账凭证所记的会计科目错误
B. 发现上一年度的记账凭证所记的会计科目错误
C. 记账后发现会计科目无误而所记金额大于应记金额
D. 记账后发现会计科目无误而所记金额小于应记金额

【答案】 AC

【例7-40·单项选择题】 某企业7月份"以银行存款支付前欠货款10 000元",会计人员依据有关原始凭证填制了记账凭证:"借:应收账款 10 000元,贷:银行存款 10 000元"。记账凭证经审核后登记入账。年末,在进行往来账清查时发现了错误,会计人员应采取的更正方法是( )。
A. 补充登记法
B. 红字更正法
C. 划线更正法
D. 重新编制一张记账凭证

【答案】 B

【例7-41·判断题】 采用划线更正法时,对错误的文字和数字,可以只划去错误的部

分进行改正。   ( )

【答案】 ×

【例 7-42·判断题】 错账更正的方法也适用于会计凭证错误的更正。   ( )

【答案】 ×

【例 7-43·多项选择题】 结账时,正确的做法是(   )。
A. 结出当月发生额的,在"本月合计"下面通栏划单红线
B. 平时,结出本年累计发生额的,在"本年累计"下面通栏划单红线
C. 12月末,结出全年累计发生额的,在下面通栏划单红线
D. 12月末,结出全年累计发生额的,在下面通栏划双红线

【答案】 ABD

【例 7-44·多项选择题】 下列结账方法中,正确的是(   )。
A. 对于不需要按月结计发生额的账户,每月最后一笔余额即为月末余额。月末结账时,只需要在最后一笔经济业务记录之下通栏划单红线
B. 年末结账时,"全年累计"发生额通栏划双红线
C. 账户在年终结账时,在"本年合计"栏下通栏划双红线
D. 现金、银行存款日记账,每月结账时,在摘要栏注明"本月合计"字样,并在下面通栏划双红线

【答案】 ABC

【例 7-45·单项选择题】 年终结账,将余额结转下年时(   )。
A. 不需要编制记账凭证,但应将上年账户的余额反向结平才能结转下年
B. 应编制记账凭证,并将上年账户的余额反向结平
C. 不需编制记账凭证,也不需将上年账户的余额结平,直接注明"结转下年"即可
D. 应编制记账凭证予以结转,但不需要将上年账户的余额反向结平

【答案】 C

【例 7-46·判断题】 结账时,没有余额的账户,应当在"借或贷"栏内用"0"表示。
                                              ( )

【答案】 ×

【例 7-47·判断题】 年末结账时,应当在全年累计发生额下面划通栏的双红线。
                                              ( )

【答案】 √

【例 7-48·判断题】 对需要按月进行月结的账簿,结账时,应在"本月合计"字样下面通栏划单红线,而不是划双红线。   ( )

【答案】 √

【例 7-49·判断题】 对既不需要结计本月发生额也不需要结计本年累计发生额的账户,可以只将每页末的余额结转次页。   ( )

【答案】 √

【例 7-50·判断题】 在登记账簿时,应在记账凭证上注明所记账簿的页数,或勾"√"符号,表示已经入账,避免重记、漏记。   ( )

【答案】 √

第六节　会计账簿的更换与保管

第七章第六节

一、会计账簿的更换

会计账簿的更换通常在新会计年度建账时进行。在每一会计年度结束，新的会计年度开始时，会计人员应按会计制度规定，更换会计账簿。

（1）总账、日记账、大部分明细分类账，要每年更换一次。备查账簿可以连续使用。年初，将旧账簿中各账户的余额直接记入新账簿相应账户新账页的第一行"余额"栏内。同时，在"摘要"栏内注明"上年结转"字样，将旧账页最后一行数字下划双红线注销。

（2）对新旧账户之间的余额转记，不必填制凭证。在年度内，订本账记满更换新账时，办理与年初更换新账簿相似的手续。

（3）部分明细账，如"固定资产明细账"等，因年度内变动不多，年初可不必更换账簿。但在"摘要"栏内，要加盖"结转下年"戳记，以划分新旧年度之间的金额。

二、会计账簿的保管

（1）会计账簿、会计凭证和会计报表等都是企业的重要档案，必须妥善保管，不得任意丢失和销毁。

年度终了，各种账户在结转下年、建立新账后，一般应将旧账集中统一管理。会计账簿暂由本单位财务会计部门保管1年，期满后，由本单位财务会计部门编造清册移交本单位的档案部门保管。

（2）对于活页账簿，会计人员应于年末结账后在前面加放"账簿启用表"和"经管账簿人员一览表"装订成册，并加上封面，统一编号后，与各种订本账一并归档。

（3）各种账簿应当按年度分类归档，编造目录，妥善保管。既保证在需要时迅速查阅，又保证各种账簿的安全和完整。保管期满后，还要按照规定的审批程序经批准后才能销毁。

【例7-51·多项选择题】　出纳人员可以登记和保管的账簿是(　　)。
　　A．现金日记账　　　　　　　　B．银行存款日记账
　　C．现金总账　　　　　　　　　D．银行存款总账
【答案】　AB

【例7-52·多项选择题】　关于银行存款日记账的登记方法，下列说法中，正确的是(　　)。
　　A．由会计负责登记　　　　　　B．按时间先后顺序逐日逐笔进行登记
　　C．每日结出存款余额　　　　　D．月终计算出全月收入、支出的合计数
【答案】　BCD

【例7-53·单项选择题】　所谓日清月结，是指出纳人员办理现金出纳业务，必须做到(　　)。
　　A．按日清理，按月结账　　　　B．按月清理，按日结账
　　C．按日清理和结账　　　　　　D．按月清理和结账

【答案】 A

【例 7-54·判断题】 为了满足内部牵制原则,实行钱、账分管,通常由出纳人员根据收、付款凭证进行现金收支;然后由会计人员登记三栏式现金日记账。 ( )

【答案】 ×

练习题

一、单项选择题

1. 登记账簿的依据是( )。
   A. 会计分录   B. 会计凭证   C. 经济合同   D. 财务会计报告
2. 发现记账凭证应记科目正确,但所记金额大于应记金额并已登账,更正时采用( )。
   A. 划线更正法   B. 红字冲销法
   C. 补充登记法   D. 平行登记法
3. 将现金存入银行,登记银行存款日记账的依据是( )。
   A. 现金收款凭证   B. 银行存款收款凭证
   C. 银行存款付款凭证   D. 现金付款凭证
4. 受托加工材料备查账簿按用途分类属于( )。
   A. 备查账簿   B. 序时账簿
   C. 订本账簿   D. 分类账簿
5. 某会计人员根据记账凭证登记入账时,误将 600 元填写为 6 000 元,而记账凭证无误,应用( )予以更正。
   A. 红字更正法   B. 补充登记法
   C. 划线更正法   D. 平行登记法
6. 用来记录某一类经济业务的发生情况的序时账簿是( )。
   A. 普通日记账   B. 分录簿
   C. 专栏日记账   D. 特种日记账
7. 生产成本"明细账"宜采用( )结构。
   A. 三栏式   B. 多栏式   C. 数量金额式   D. 都可以选择使用
8. 补充登记纠正错账时,应( )。
   A. 编制红字记账凭证   B. 编制蓝字记账凭证
   C. 编制红字或蓝字记账凭证   D. 同时使用红、蓝字记账凭证
9. 做好总账与明细账的相互核对,相互补充,关键是( )。
   A. 编制会计分录   B. 过账   C. 平行登记   D. 结账
10. 银行存款日记账同开户银行账目的核对,是( )核对。
    A. 账证   B. 账账   C. 账实   D. 账表

二、多项选择题

1. 银行存款日记账的登记依据是( )。
   A. 银行存款收款凭证   B. 银行存款付款凭证
   C. 转账凭证   D. 现金付款凭证
2. 会计账簿按用途可分为( )。

    A. 订本账　　　　　　　　　　　　B. 备查账
    C. 分类账　　　　　　　　　　　　D. 日记账
3. 多栏式总分类账簿是(　　)。
    A. 总分类账簿　　　　　　　　　　B. 联合账簿
    C. 日记总账　　　　　　　　　　　D. 日记账簿
4. 下列适用多栏式格式明细账的有(　　)。
    A. 生产成本　　　　　　　　　　　B. 制造费用
    C. 材料采购　　　　　　　　　　　D. 应收账款
5. 任何会计主体必须设置的账簿有(　　)
    A. 现金日记账　　　　　　　　　　B. 总分类账
    C. 银行存款日记账　　　　　　　　D. 明细分类账

三、判断题

1. 各种明细分类账户的登记依据是原始凭证、原始凭证汇总表,也可以是记账凭证。(　　)
2. 备查账等也是编制企业会计报表的直接依据。(　　)
3. 红色墨水仅限于结账、划线更正时使用。(　　)
4. 用划线法更正错误时,应编制红字纠正分录,即红字记账凭证。(　　)
5. 记账错误均可采用褪色药水消除字迹,而不必采用麻烦的更正方法。(　　)

四、综合题

(一) 资料:某企业在记账后发现以下错误:
1. 以银行存款购买材料165 000元,增值税额(进项税额)28 050元,材料已验收入库,编制以下分录,并已登记入账。(该企业按实际成本计价)

    借:材料采购　　　　　　　　　　　　　　　　　　　　　　156 000
        应交税费——应交增值税(进项税额)　　　　　　　　　　28 050
      贷:银行存款　　　　　　　　　　　　　　　　　　　　　　184 050

2. 本月应计提车间用固定资产折旧10 000元,编制以下分录,并已登记入账。

    借:生产成本　　　　　　　　　　　　　　　　　　　　　　10 000
      贷:累计折旧　　　　　　　　　　　　　　　　　　　　　　10 000

3. 本月生产产品领用材料25 600元,编制以下分录,并已登记入账。

    借:生产成本　　　　　　　　　　　　　　　　　　　　　　26 500
      贷:原材料　　　　　　　　　　　　　　　　　　　　　　　26 500

4. 以现金120元购买办公用品,编制以下会计分录:

    借:管理费用　　　　　　　　　　　　　　　　　　　　　　120
      贷:库存现金　　　　　　　　　　　　　　　　　　　　　　120

    登账时误记为102元。

5. 以银行存款200元支付车床零星修理费,编制以下会计分录:

借：制造费用　　　　　　　　　　　　　　　　　　　　200
　　　贷：银行存款　　　　　　　　　　　　　　　　　　　　　200

登账时，借方误记入"生产成本"账户。

要求：
1. 指出更正错账的方法。
2. 更正错账。

(二) 练习登记银行存款和现金日记账并结出10天累计余额。

某工厂2019年4月30日银行存款日记账余额为300 000元；现金日记账的余额为3 000元。5月份上旬发生下列银行存款和现金收付业务：

1. 1日，投资者投入现金25 000元，存入银行(银收×××号)。
2. 1日，以银行存款10 000元归还短期借款(银付×××号)。
3. 2日，以银行存款20 000元偿还应付账款(银付×××号)。
4. 2日，以现金1 000元存入银行(现付×××号)。
5. 3日，用现金暂付职工差旅费800元(现付×××号)。
6. 3日，从银行提取现金2 000元备用(银付×××号)。
7. 4日，收到应收账款50 000元存入银行(银收×××号)。
8. 5日，以银行存款1 000元支付购买材料款(银付×××号)。
9. 5日，以银行存款1 000元支付购入材料运费(银付×××号)。
10. 6日，从银行提取现金18 000元，准备发放工资(银付×××号)。
11. 6日，用现金18 000元发放职工工资(现付×××号)。
12. 7日，以银行存款支付本月电费1 800元(银付×××号)。
13. 8日，销售产品一批，货款51 750元存入银行(银收×××号)。
14. 9日，用银行存款支付销售费用410元(银付×××号)。
15. 10日，用银行存款上交消费税3 500元(银付×××号)

现金日记账和银行存款日记账如表7-39和表7-40所示。

表7-39　　　　　　　　　　现金日记账　　　　　　　　　　第　页

年		凭证号数	摘要	对方科目	收入								支出								结存							
月	日				万	千	百	十	元	角	分	万	千	百	十	元	角	分	万	千	百	十	元	角	分			

表 7-40　　　　　　　　　　　銀行存款日记账　　　　　　　第　页

年		凭证号数	摘要	对方科目	收入							支出							结存						
月	日				万	千	百	十	元	角	分	万	千	百	十	元	角	分	万	千	百	十	元	角	分

（三）请更正下列错误：

某企业将账簿记录与记账凭证进行核对时，发现下列经济业务内容的账簿记录有误：

1. 开出现金支票 600 元，支付管理部门日常零星开支。原编记账凭证的会计分录为：

  借：管理费用　　　　　　　　　　　　　　　　　　　　　　600
   贷：库存现金　　　　　　　　　　　　　　　　　　　　　　600

2. 签发转账支票 3 000 元预付本季度厂部办公用房租金。原编记账凭证的会计分录为：

  借：制造费用　　　　　　　　　　　　　　　　　　　　　　3 000
   贷：银行存款　　　　　　　　　　　　　　　　　　　　　　3 000

3. 结转本月实际完工产品的生产成本 49 000 元。原编记账凭证的会计分录为：

  借：库存商品　　　　　　　　　　　　　　　　　　　　　　94 000
   贷：生产成本　　　　　　　　　　　　　　　　　　　　　　94 000

4. 购入材料一批，计货款 7 600 元（含增值税 13%）。原编记账凭证的会计分录为：

  借：材料采购　　　　　　　　　　　　　　　　　　　　　　7 600
   贷：银行存款　　　　　　　　　　　　　　　　　　　　　　7 600

5. 计提本月厂部办公大楼固定资产折旧费 4 100 元。原编记账凭证的会计分录为：

  借：管理费用　　　　　　　　　　　　　　　　　　　　　　1 400
   贷：累计折旧　　　　　　　　　　　　　　　　　　　　　　1 400

6. 结算本月应付职工工资，其中生产工人工资为 14 000 元，管理人员工资为 3 400 元。原编记账凭证的会计分录为：

借：生产成本　　　　　　　　　　　　　　　　　　　　　　　　　1 400
　　　　管理费用　　　　　　　　　　　　　　　　　　　　　　　　　　340
　　　　贷：应付职工薪酬　　　　　　　　　　　　　　　　　　　　　　　　1 740

7. 结转本期商品销售收入 480 000 元，原编记账凭证的会计分录为：

　　借：本年利润　　　　　　　　　　　　　　　　　　　　　　　　450 000
　　　　贷：主营业务收入　　　　　　　　　　　　　　　　　　　　　　450 000

8. 用银行存款支付所欠供货单位货款 7 600 元，原编记账凭证的会计分录为：

　　借：应付账款　　　　　　　　　　　　　　　　　　　　　　　　　6 700
　　　　贷：银行存款　　　　　　　　　　　　　　　　　　　　　　　　6 700

9. 以现金支付采购人员差旅费 2 000 元，原编记账凭证的会计分录为：

　　借：其他应付款　　　　　　　　　　　　　　　　　　　　　　　　2 000
　　　　贷：库存现金　　　　　　　　　　　　　　　　　　　　　　　　2 000

10. 车间管理人员出差回来报销差旅费 1 900 元，交回现金 100 元，予以转账。原编记账凭证的会计分录为：

　　借：管理费用　　　　　　　　　　　　　　　　　　　　　　　　　1 900
　　　　库存现金　　　　　　　　　　　　　　　　　　　　　　　　　　100
　　　　贷：其他应收款　　　　　　　　　　　　　　　　　　　　　　　2 000

（四）练习审查记账凭证，改正错误的方法。

某工厂 2019 年 6 月份发生下列经济业务：
1. 向银行借入为期 3 个月的借款 3 000 000 元，存入银行存款户。
2. 用现金支票支付车间用房租 2 000 元。
3. 生产车间领用一般消耗性材料 650 元。
4. 以转账支票 780 元支付购料运杂费。

要求：
1. 根据上述经济业务，编制下列记账凭证（以会计分录代替）：

　（1）借：银行存款　　　　　　　　　　　　　　　　　　　　　　　300 000
　　　　　贷：短期借款　　　　　　　　　　　　　　　　　　　　　　　300 000

　（2）借：管理费用　　　　　　　　　　　　　　　　　　　　　　　　2 000
　　　　　贷：库存现金　　　　　　　　　　　　　　　　　　　　　　　2 000

　（3）借：制造费用　　　　　　　　　　　　　　　　　　　　　　　　　560
　　　　　贷：原材料　　　　　　　　　　　　　　　　　　　　　　　　　560

　（4）借：材料采购　　　　　　　　　　　　　　　　　　　　　　　　　870
　　　　　贷：银行存款　　　　　　　　　　　　　　　　　　　　　　　　870

2. 根据以上业务编制会计分录并登记入账（见图 7-3）：

借方	银行存款	贷方		借方	短期借款	贷方
① 300 000		④ 870				① 300 000

借方	管理费用	贷方		借方	库存现金	贷方
② 2 000						② 2 000

借方	制造费用	贷方		借方	原材料	贷方
③ 560						③ 560

借方	材料采购	贷方
④ 870		

图 7-3 登记入账示意图

第八章　账务处理程序

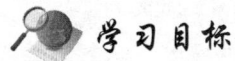 学习目标

(一) 知识目标
目标 1　明确各种账务处理程序的异同
目标 2　了解科目汇总表账务处理程序的操作方法和步骤
目标 3　知道怎样选择账务处理程序
(二) 技能目标
目标 1　能够熟练地编制记账凭证,并登记总分类账
目标 2　能够熟练地编制科目汇总表,并登记总分类账
目标 3　能够区分通过记账凭证登记总账与通过汇总记账凭证登记总账的不同

第一节　账务处理程序概述

第八章第一节

一、账务处理程序的概念与意义

1. 账务处理程序的概念

账务处理程序又称会计核算组织程序或会计核算形式,是指会计凭证、会计账簿、财务报表相结合的方式,包括账簿组织和记账程序。

账簿组织是指会计凭证和会计账簿的种类、格式,会计凭证与账簿之间的联系方法。

记账程序是指由填制、审核原始凭证到填制、审核记账凭证,登记日记账、明细分类账和总分类账,编制财务报表的工作程序和方法等。

2. 账务处理程序的意义

科学、合理地选择账务处理程序的意义主要有:
(1) 有利于规范会计工作,保证会计信息加工过程的严密性,提高会计信息质量。
(2) 有利于保证会计记录的完整性和正确性,增强会计信息的可靠性。
(3) 有利于减少不必要的会计核算环节,提高会计工作效率,保证会计信息的及时性。

二、账务处理程序的种类

账务处理程序有记账凭证账务处理程序、汇总记账凭证账务处理程序、科目汇总表账务处理程序、多栏式日记账账务处理程序、日记总账账务处理程序五种。

企业常用的账务处理程序主要有记账凭证账务处理程序、汇总记账凭证账务处理程序和科目汇总表账务处理程序等。这些账务处理程序有许多共同之处，它们之间的主要区别为登记总分类账的依据和方法不同。

（一）记账凭证账务处理程序

记账凭证账务处理程序是指对发生的经济业务，先根据原始凭证或汇总原始凭证填制记账凭证，再直接根据记账凭证登记总分类账的一种账务处理程序。

（二）汇总记账凭证账务处理程序

汇总记账凭证账务处理程序是指先根据原始凭证或汇总原始凭证填制记账凭证，定期根据记账凭证分类编制汇总收款凭证、汇总付款凭证和汇总转账凭证，再根据汇总记账凭证登记总分类账的一种账务处理程序。

（三）科目汇总表账务处理程序

科目汇总表账务处理程序又称记账凭证汇总表账务处理程序，是指根据记账凭证定期编制科目汇总表，再根据科目汇总表登记总分类账的一种账务处理程序。

【例8-1·单项选择题】 单位的会计凭证、会计账簿、会计报表相结合的方式称为（　　）。
A. 会计组织体制　　　　　　B. 账务处理程序
C. 会计机构　　　　　　　　D. 记账工作步骤
【答案】 B

【例8-2·单项选择题】 各种会计核算程序的主要区别在于登记（　　）的依据和方法不同。
A. 总分类账　　　　　　　　B. 现金日记账
C. 明细分类账　　　　　　　D. 银行存款日记账
【答案】 A

【例8-3·多项选择题】 在实际工作中，常用的账务处理程序有（　　）。
A. 日记总账账务处理程序
B. 记账凭证账务处理程序
C. 科目汇总表账务处理程序
D. 汇总记账凭证账务处理程序
【答案】 BCD

【例8-4·判断题】 会计凭证、会计账簿、会计报表之间的结合方式不同，就形成了不同的账务处理程序。（　　）
【答案】 √

【例8-5·判断题】 由于各单位业务性质、规模大小、业务繁简程度各有不同，所以它们所采取的账务处理程序也可能不同。（　　）
【答案】 √

【例8-6·判断题】 在不同的账务处理程序下，各种账务处理程序的根本区别在于会

计报表的编制依据不同。   ( )

【答案】 ×

第二节 记账凭证账务处理程序

一、一般步骤

记账凭证账务处理程序的一般步骤是：
(1) 根据原始凭证填制汇总原始凭证。
(2) 根据原始凭证或汇总原始凭证，填制收款凭证、付款凭证和转账凭证，也可以填制通用记账凭证。
(3) 根据收款凭证和付款凭证逐笔登记现金日记账和银行存款日记账。
(4) 根据原始凭证、汇总原始凭证和记账凭证，登记各种明细分类账。
(5) 根据记账凭证逐笔登记总分类账。
(6) 期末，将现金日记账、银行存款日记账和明细分类账的余额与有关总分类账的余额核对相符。
(7) 期末，根据总分类账和明细分类账的记录，编制财务报表。

记账凭证账务处理程序如图 8-1 所示。

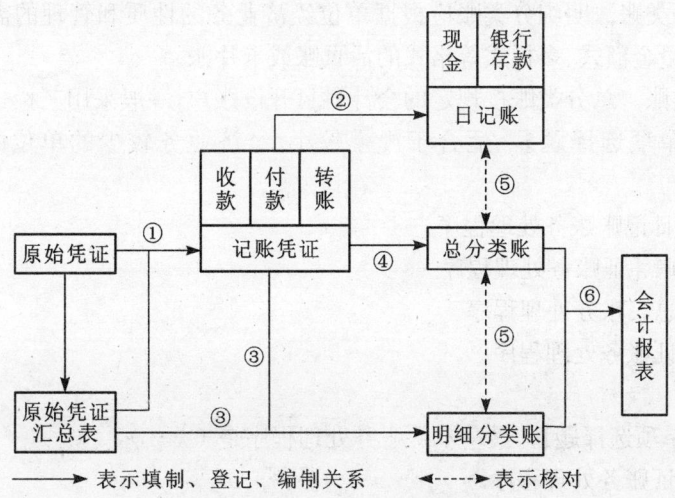

图 8-1　记账凭证账务处理程序

二、记账凭证账务处理程序的内容

(一) 特点

记账凭证账务处理程序的特点是直接根据记账凭证逐笔登记总分类账。它是最基本的账务处理程序，其他各种账务处理程序基本上是在这种账务处理程序的基础上发展和演变

而形成的。

(二) 优缺点

记账凭证账务处理程序的优点是简单明了,易于理解;总分类账可以较详细地反映经济业务的发生情况。其缺点是登记总分类账的工作量较大;总分类账账页耗用多,预留账页多少难以把握。

(三) 适用范围

该账务处理程序适用于规模较小、经济业务量较少的单位。

(四) 会计凭证和账簿的设置

1. 凭证设置

采用记账凭证会计核算组织程序时,记账凭证的设置有两种方式:

(1) 采取通用记账凭证,所有经济业务发生后都编制此种记账凭证。

(2) 采用专用记账凭证,可以采用收款凭证、付款凭证和转账凭证三种格式。经济业务发生后,根据经济业务的性质分别编制不同的记账凭证。

2. 账簿设置

采用记账凭证会计核算组织程序一般应该设置以下账簿:

(1) 日记账。主要是现金日记账、银行存款日记账,一般采用三栏式格式的订本账。

(2) 明细分类账。明细分类账应根据单位经济业务的性质和管理的需要而确定,一般采用三栏式、数量金额式、多栏式等格式的活页账或卡片账。

(3) 总分类账。总分类账按规定的会计科目开设账户,一般采用三栏式格式的订本账。

【例 8-7·单项选择题】 适合于规模较小,经济业务较少的单位的账务处理程序是(   )。

A. 多栏式日记账账务处理程序

B. 汇总记账凭证账务处理程序

C. 科目汇总表账务处理程序

D. 记账凭证账务处理程序

【答案】 D

【例 8-8·单项选择题】 最基本的账务处理程序是(   )。

A. 记账凭证账务处理程序

B. 汇总记账凭证账务处理程序

C. 科目汇总表账务处理程序

D. 日记总账账务处理程序

【答案】 A

【例 8-9·多项选择题】 记账凭证核算组织程序的优点有(   )。

A. 在记账凭证上能够清晰地反映账户之间的对应关系

B. 在总分类账上能够比较详细地反映经济业务的发生情况

C. 方法易于掌握

D. 可以减轻总分类账登记的工作量

【答案】 ABC

【例 8-10·单项选择题】 记账凭证核算程序的主要缺点是( )。

A. 不便于会计合理分工
B. 不能体现账户的对应关系
C. 登记总账的工作量较大
D. 方法不易于掌握

【答案】 C

【例 8-11·单项选择题】 ( )的主要特点是直接根据记账凭证逐笔登记总分类账。

A. 记账凭证账务处理程序
B. 科目汇总表账务处理程序
C. 汇总记账凭证账务处理程序
D. 多栏式日记账务处理程序

【答案】 A

【例 8-12·单项选择题】 总分类账的登记方法,取决于所采用的( )。

A. 账簿体系　　　　　　　　B. 会计凭证的类别
C. 会计科目的设置　　　　　D. 账务处理程序(会计核算形式)

【答案】 D

第三节　汇总记账凭证账务处理程序

第八章第三节

一、汇总记账凭证的编制方法

汇总记账凭证是指对一段时期内同类记账凭证进行定期汇总而编制的记账凭证。汇总记账凭证可以分为汇总收款凭证、汇总付款凭证和汇总转账凭证,三种凭证有不同的编制方法。

(一) 汇总收款凭证的编制

汇总收款凭证根据"库存现金"和"银行存款"账户的借方进行编制。汇总收款凭证是在对各账户对应的贷方分类之后,进行汇总编制。总分类账根据各汇总收款凭证的合计数进行登记,分别记入"库存现金""银行存款"总分类账户的借方,并将汇总收款凭证上各账户贷方的合计数分别记入有关总分类账户的贷方。

(二) 汇总付款凭证的编制

汇总付款凭证根据"库存现金"和"银行存款"账户的贷方进行编制。汇总付款凭证是在对各账户对应的借方分类之后,进行汇总编制。总分类账根据各汇总付款凭证的合计数进行登记,分别记入"库存现金""银行存款"总分类账户的贷方,并将汇总付款凭证上各账户借方的合计数分别记入有关总分类账户的借方。

(三) 汇总转账凭证的编制

汇总转账凭证通常根据所设置账户的贷方进行编制。汇总转账凭证是在对所设置账户相对应的借方账户分类之后,进行汇总编制。总分类账根据各汇总转账凭证的合计数进行登记,分别记入对应账户的总分类账户的贷方,并将汇总转账凭证上各账户借方的合计数分别记入有关总分类账户的借方。值得注意的是,在编制的过程中贷方账户必须唯一,借方账户可一个或多个,即转账凭证必须一借一贷或多借一贷。

如果在1个月内某一贷方账户的转账凭证不多,可不编制汇总转账凭证,直接根据单个的转账凭证登记总分类账。

二、一般步骤

汇总记账凭证账务处理程序的一般步骤是:
(1) 根据原始凭证填制汇总原始凭证。
(2) 根据原始凭证或汇总原始凭证,填制收款凭证、付款凭证和转账凭证,也可以填制通用记账凭证。
(3) 根据收款凭证、付款凭证逐笔登记现金日记账和银行存款日记账。
(4) 根据原始凭证、汇总原始凭证和记账凭证,登记各种明细分类账。
(5) 根据各种记账凭证编制有关汇总记账凭证(见图8-2)。

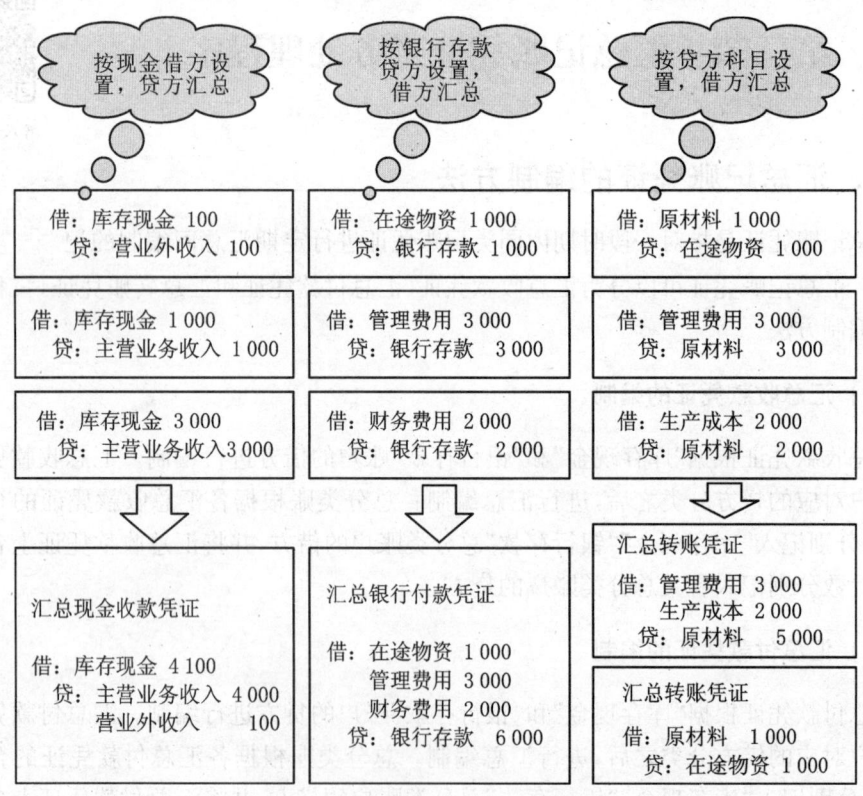

图8-2 编制有关汇总记账凭证

(6) 根据各种汇总记账凭证登记总分类账。

(7) 期末,将现金日记账、银行存款日记账和明细分类账的余额与有关总分类账的余额核对相符。

(8) 期末,根据总分类账和明细分类账的记录,编制财务报表。

汇总记账凭证账务处理程序如图 8-3 所示。

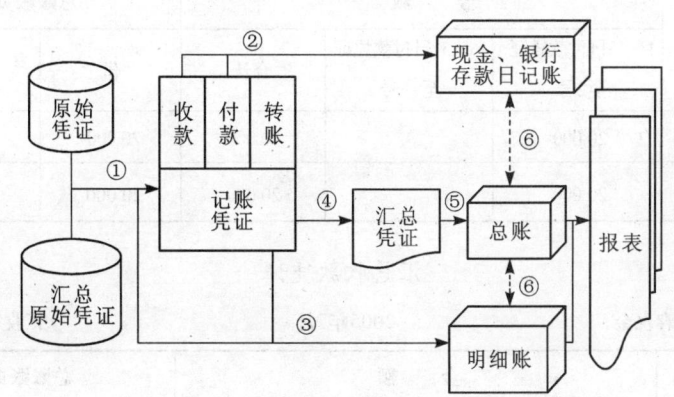

图 8-3　汇总记账凭证账务处理程序

三、汇总记账凭证账务处理程序的内容

(一) 特点

汇总记账凭证账务处理程序的特点是先根据记账凭证编制汇总记账凭证,再根据汇总记账凭证登记总分类账。汇总记账凭证账务处理程序是在记账凭证账务处理程序的基础上发展起来的,它与记账凭证账务处理程序的主要区别是在记账凭证和总分类账之间增加了汇总记账凭证。

(二) 优缺点

汇总记账凭证账务处理程序的优点是减轻了登记总分类账的工作量。由于按照账户对应关系汇总编制记账凭证,便于了解账户之间的对应关系。其缺点是当转账凭证较多时,编制汇总转账凭证的工作量较大,并且按每一贷方账户编制汇总转账凭证,不利于会计核算的日常分工。

(三) 适用范围

该账务处理程序适用于规模较大、经济业务较多的单位。

(四) 会计凭证和账簿的设置

1. 凭证设置

在汇总记账凭证账务处理程序下,记账凭证的设置有两种类型:

(1) 设置现金收款凭证、现金付款凭证、银行收款凭证、银行付款凭证和转账凭证据以登记明细分类账。

(2) 设置汇总现金收款凭证、汇总现金付款凭证、汇总银行收款凭证、汇总银行付款凭证和汇总转账凭证据以登记总分类账。格式如表 8-1 和表 8-2 所示。

表 8-1　　　　　　　　　　　汇总转账凭证

贷方科目　在途物资　　　　　　　2005年7月　　　　　　　　　汇转字第1号

贷方科目	金额		合计	总账账页	
	1~15日付款凭证至2号	16~31日付款凭证至　号		借	贷
原材料	20 000		20 000	20 000	
合计	20 000		20 000	20 000	

表 8-2　　　　　　　　　　　汇总收款凭证

借方科目　库存现金　　　　　　　2005年7月　　　　　　　　　汇收字第1号

贷方科目	金额		合计	总账账页	
	1~15日收款凭证至　号	16~31日收款凭证至　号		借	贷
其他应收款	100		100		100
合计	100		100		100

在此种记账程序中,一般情况下不能编制贷方有多个对应账户的转账凭证,即只能编制一借一贷或多借一贷的记账凭证,而不能相反。

2. 账簿设置

应设置现金日记账、银行存款日记账、各种明细分类账和总分类账。

【例 8-13·单项选择题】　在汇总记账凭证账务处理程序下,总分类账的记账依据是(　　)。

　A. 原始凭证　　　　　　　　　　B. 记账凭证
　C. 科目汇总表　　　　　　　　　D. 汇总记账凭证

【答案】　D

【例 8-14·单项选择题】　汇总记账凭证核算组织程序的特点是(　　)。

　A. 根据各种汇总记账凭证,直接登记明细分类账
　B. 根据各种汇总记账凭证,直接登记总分类账
　C. 根据各种汇总记账凭证,直接登记日记账
　D. 根据各种记账凭证,直接登记总分类账

【答案】　B

【例 8-15·单项选择题】　既能减轻登记总账的工作量,又便于了解科目对应关系和查对账目的账务处理程序是(　　)。

　A. 记账凭证账务处理程序
　B. 汇总记账凭证账务处理程序

C. 科目汇总表账务处理程序
D. 日记总账账务处理程序

【答案】 B

【例 8-16·单项选择题】 汇总记账凭证账务处理程序下,汇总转账凭证应按(　　)设置。

A. 借方科目　　　　　　　　B. 贷方科目
C. 借方或贷方科目　　　　　D. 以上都不对

【答案】 B

【例 8-17·判断题】 汇总转账凭证是按每一贷方科目分别设置的记账凭证。(　　)

【答案】 √

【例 8-18·判断题】 汇总记账凭证账务处理程序的优点之一是汇总记账凭证反映了科目之间的对应关系。(　　)

【答案】 √

第四节　科目汇总表账务处理程序

一、科目汇总表的编制方法

科目汇总表又称记账凭证汇总表,是企业通常定期对全部记账凭证进行汇总后,按照不同的会计科目分别列示各账户借方发生额和贷方发生额的一种汇总凭证。科目汇总表的编制方法是,根据一定时期内的全部记账凭证,按照会计科目进行归类,定期汇总出每一个账户的借方本期发生额和贷方本期发生额,填写在科目汇总表的相关栏内。科目汇总表可每月编制一张,按旬汇总,也可以每旬汇总一次编制一张。任何格式的科目汇总表,都只反映各个账户的借方本期发生额和贷方本期发生额,不反映各个账户之间的对应关系。

二、一般步骤

科目汇总表账务处理程序的一般步骤是:
(1) 根据原始凭证填制汇总原始凭证。
(2) 根据原始凭证或汇总原始凭证填制记账凭证。
(3) 根据收款凭证、付款凭证逐笔登记现金日记账和银行存款日记账。
(4) 根据原始凭证、汇总原始凭证和记账凭证,登记各种明细分类账。
(5) 根据各种记账凭证编制科目汇总表。
(6) 根据科目汇总表登记总分类账。
(7) 期末,将现金日记账、银行存款日记账和明细分类账的余额同有关总分类账的余额核对相符。
(8) 期末,根据总分类账和明细分类账的记录,编制财务报表。
科目汇总表账务处理程序如图 8-4 所示。

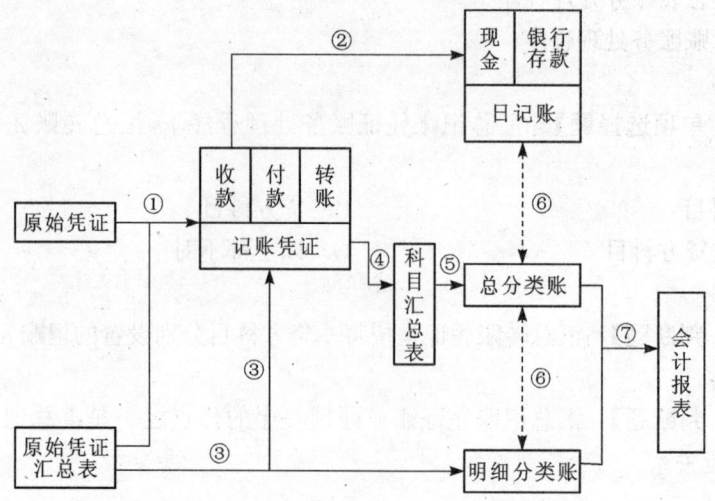

图 8-4 科目汇总表账务处理程序

三、科目汇总表账务处理程序的内容

(一) 特点

科目汇总表账务处理程序的特点是先将所有记账凭证汇总编制成科目汇总表(见表 8-3),然后以科目汇总表为依据登记总分类账。

表 8-3　　　　　　　　　　科 目 汇 总 表　　　　　　　　　科汇字第 12-2 号

会计科目	本期发生额	
	借方	贷方
库存现金		1 500.00
银行存款		128 992.00
应收票据	527 436.00	489 590.00
原材料	185 400.00	428 000.00
库存商品	939 952.00	924 726.00
生产成本	497 952.00	939 952.00
制造费用	33 800.00	34 000.00
主营业务收入	1 222 000.00	450 800.00
营业外收入	17 000.00	17 000.00
主营业务成本	922 200.00	922 200.00
税金及附加	65 200.00	65 200.00
销售费用		8 000.00
管理费用	20 474.00	21 454.00
财务费用	4 400.00	4 400.00
所得税费用	54 536.50	54 536.50
合计	4 490 350.50	4 490 350.50

2019 年 12 月 10 日至 20 日　　　　　　　凭证 21 号至 47 号共 27 张

（二）优缺点

科目汇总表账务处理程序的优点是易于理解，方便学习；在科目汇总表账务处理程序下，可根据科目汇总表上有关账户的汇总发生额，在月中定期或月末一次性地登记总分类账，可以使登记总分类账的工作量大为减轻；在科目汇总表上的汇总结果体现了一定会计期间所有账户的借方发生额和贷方发生额之间的相等关系，利用这种发生额的相等关系，可以进行全部账户记录的试算平衡，保证总分类账登记的正确性。其缺点是科目汇总表不能反映各个账户之间的对应关系，不利于对账目进行检查；如果记账凭证较多，根据记账凭证编制科目汇总表本身也是一项很复杂的工作，如果记账凭证较少，运用科目汇总表登记总账又起不到简化登记总账的作用。

（三）适用范围

该账务处理程序适用于经济业务较多的单位。

（四）会计凭证和账簿的设置

1. 凭证设置

采用科目汇总表账务处理程序时，记账凭证的设置如下：

采用收款凭证、付款凭证和转账凭证三种格式（经济业务量较多的单位可以采用现金收款凭证和银行存款收款凭证、现金付款凭证和银行存款付款凭证及转账凭证五种格式）。经济业务发生后，根据经济业务的性质分别编制不同的记账凭证。

2. 账簿设置

日记账、明细账、总分类账。

【例8-19·单项选择题】 在科目汇总表账务处理程序下，总分类账的记账依据是（ ）。

A. 原始凭证　　　B. 记账凭证　　　C. 科目汇总表　　　D. 汇总记账凭证

【答案】 C

【例8-20·单项选择题】 科目汇总表账务处理程序适用于（ ）。

A. 规模较小，业务较少的单位　　　B. 所有单位
C. 规模较大，业务较多的单位　　　D. 工业企业

【答案】 C

【例8-21·单项选择题】 科目汇总表核算组织程序的特点是（ ）。

A. 根据各种记账凭证直接登记总分类账
B. 根据科目汇总表登记总分类账
C. 根据汇总记账凭证登记总分类账
D. 根据科目汇总表登记明细分类账

【答案】 B

【例8-22·多项选择题】 科目汇总表账务处理程序的优点是（ ）。

A. 总账详细反映经济业务的发生情况
B. 可以起到试算平衡的作用

C. 便于了解账户之间的对应关系

D. 减轻登记总账的工作量

【答案】 BD

【例8-23·判断题】 采用科目汇总表账务处理程序,既可以减轻登记总分类账的工作量,又可以做到试算平衡。 （ ）

【答案】 √

【例8-24·判断题】 各种账务处理程序之间的区别在于登记总分类账的依据和方法不同。 （ ）

【答案】 √

【例8-25·多项选择题】 各种账务处理程序的相同之处有( )。

A. 根据原始凭证编制记账凭证

B. 根据原始凭证和记账凭证登记明细账

C. 根据记账凭证登记总分类账

D. 根据总分类账和明细分类账编制会计报表

【答案】 ABD

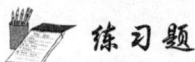

一、单项选择题

1. 记账凭证账务处理程序的主要特点是( )。

   A. 根据各种记账凭证编制汇总记账凭证

   B. 根据各种记账凭证逐笔登记总分类账

   C. 根据各种记账凭证编制科目汇总表

   D. 根据各种汇总记账凭证登记总分类账

2. 记账凭证账务处理程序的适用范围是( )。

   A. 规模较大、经济业务量较多的单位

   B. 采用单式记账的单位

   C. 规模较小、经济业务量较少的单位

   D. 会计基础工作薄弱的单位

3. 各种账务处理程序的主要区别是( )。

   A. 登记明细分类账的依据和方法不同

   B. 登记总分类账的依据和方法不同

   C. 总账的格式不同

   D. 编制会计报表的依据不同

4. 直接根据记账凭证逐笔登记总分类账,这种账务处理程序是( )。

   A. 记账凭证账务处理程序   B. 科目汇总表账务处理程序

   C. 汇总记账凭证账务处理程序 D. 日记总账账务处理程序

5. 在会计凭证方面,科目汇总表账务处理程序比记账凭证账务处理程序增设了( )。

   A. 原始凭证汇总表   B. 汇总原始凭证

   C. 科目汇总表   D. 汇总记账凭证

6. 既能汇总登记总分类账,减轻总账登记工作,又能明确反映账户对应关系,便于查账、对账的账务处理程序是( )。
   A. 科目汇总表账务处理程序   B. 汇总记账凭证账务处理程序
   C. 多栏式日记账账务处理程序   D. 日记总账账务处理程序

7. 科目汇总表账务处理程序的缺点是( )。
   A. 登记总分类账的工作量大
   B. 程序复杂,不易掌握
   C. 不能对发生额进行试算平衡
   D. 不便于查账、对账

8. 下列各项中,属于最基本的账务处理程序的是( )。
   A. 记账凭证账务处理程序   B. 汇总记账凭证账务处理程序
   C. 科目汇总表账务处理程序   D. 日记总账账务处理程序

9. 记账凭证账务处理程序的缺点是( )。
   A. 不便于分工记账   B. 程序复杂、不易掌握
   C. 不便于查账、对账   D. 登记总分类账的工作量大

二、多项选择题

1. 目前,我国常用的账务处理程序有( )。
   A. 记账凭证   B. 汇总记账凭证
   C. 科目汇总表   D. 日记总账

2. 总账的登记依据有( )。
   A. 记账凭证   B. 汇总记账凭证
   C. 科目汇总表   D. 多栏式现金日记账

3. 科目汇总表账务处理程序的优点有( )。
   A. 简化登记总账的工作   B. 总账中能反映账户的对应关系
   C. 可以进行试算平衡   D. 总账能逐笔反映经济业务发生情况

4. 各种账务处理程序的相同之处表现在( )。
   A. 根据原始凭证编制汇总原始凭证
   B. 根据原始凭证或原始凭证汇总表编制记账凭证
   C. 根据记账凭证和有关原始凭证或汇总原始凭证登记明细账
   D. 根据记账凭证逐笔登记总账

5. 编制汇总记账凭证时,要求( )。
   A. 收款凭证以借方科目为主,按对应的贷方科目归类汇总
   B. 付款凭证以贷方科目为主,按对应的借方科目归类汇总
   C. 转账凭证以借方科目为主,按对应的贷方科目归类汇总
   D. 转账凭证以贷方科目为主,按对应的借方科目归类汇总

6. 采用科目汇总表账务处理程序时,月末应将( )与总分类账进行核对。
   A. 现金日记账   B. 明细分类账   C. 科目汇总表   D. 银行存款日记账

7. 汇总记账凭证账务处理程序下,记账凭证一般应采用( )形式。
   A. 一借一贷   B. 一借多贷   C. 一贷多借   D. 多借多贷

8. 账务处理程序,又称会计核算组织程序或会计核算形式,是指(　　)相结合的方式,包括账簿组织和记账程序。
   A. 会计凭证　　　　　B. 会计账簿　　　　　C. 会计档案　　　　　D. 财务报表
9. 在记账凭证账务处理程序下,登记账簿应根据(　　)。
   A. 收款凭证　　　　　B. 付款凭证　　　　　C. 转账凭证　　　　　D. 原始凭证
10. 以记账凭证为依据,按有关科目贷方设置,按借方科目归类汇总填制的有(　　)。
    A. 汇总收款凭证　　　　　　　　　　B. 汇总付款凭证
    C. 汇总转账凭证　　　　　　　　　　D. 科目汇总表

三、判断题

1. 科目汇总表和汇总记账凭证都是在记账凭证的基础上汇总形成的,因此它都可以反映账户间的对应关系。（　　）
2. 任何账务处理程序的第一步必须将所有原始凭证都汇总编制为汇总原始凭证。（　　）
3. 编制科目汇总表,不仅可以起到试算平衡的作用,还可反映账户之间的对应关系。（　　）
4. 科目汇总表账务处理程序下,总分类账须逐日逐笔地登记。（　　）
5. 在汇总记账凭证账务处理程序下,现金日记账可以根据汇总收付款凭证登记。（　　）
6. 在汇总记账凭证账务处理程序下,若某一贷方科目的转账凭证数量不多时,可以根据转账凭证登记总分类账。（　　）
7. 记账凭证账务处理程序的优点之一是具有试算平衡的作用,有利于保证总分类账登记的正确性。（　　）
8. 科目汇总表账务处理程序下,总分类账均应依据科目汇总表登记。（　　）
9. 在汇总记账凭证账务处理程序下,要求编制的记账凭证必须是一借一贷。（　　）
10. 各种账务处理程序的主要区别是其所采用的账簿的格式结构不同。（　　）

第九章 财产清查

学习目标

(一) 知识目标

目标1 理解财产清查在会计核算中的作用

目标2 了解财产清查的工作环节

目标3 熟悉财产清查的账务处理

(二) 技能目标

目标1 能够说出各种财产盘存制度的优缺点

目标2 知道对货币资金、实物、应收账款等资产的清查方法

目标3 能够进行财产清查的账务处理

第一节 财产清查概述

第九章第一节

财产清查及盘存制度

反映和监督财产物资的保管和使用情况,保护企业、单位财产物资的安全完整,并提高各项财产物资的使用效果,是会计核算的重要任务。但由于种种客观或主观原因,往往会出现某些财产物资的账面结存数额与实际结存数额发生差异,造成账实不符。究其原因主要有:

(1) 财产物资在保管过程中发生了自然损耗。

(2) 在收发财产物资时,由于计量、检验不准确而发生品种数量或质量上的差错。

(3) 在凭证和账簿中,出现漏记、重记、错记或计算上的错误。

(4) 由于管理不善、制度不严造成的财产损坏、丢失、被盗。

(5) 由于结算凭证传递不及时而造成未达账项。

(6) 由于自然灾害和意外事故造成了财产物资损失等。

一、财产清查的概念与意义

财产清查是指通过对货币资金、实物资产和往来款项等财产物资进行盘点或核对,确定其实存数,查明账存数与实存数是否相符的一种专门方法。

企业应当建立健全财产物资清查制度,加强管理,以保证财产物资核算的真实性和完整性。具体而言,财产清查的意义主要有:

(1) 保证账实相符,提高会计资料的准确性。

(2) 切实保障各项财产物资的安全完整。
(3) 加速资金周转,提高资金使用效益。

二、财产清查的种类

根据清查的范围、实施的时间等方面的不同,财产清查可以进行不同的分类。

(一) 按照清查范围分类

1. 全面清查

全面清查是对全部财产进行的盘点与核对。

全面清查范围大、内容多、时间长、参与人员多。需要进行全面清查的情况通常主要有:年终决算之前;单位撤销、合并或改变隶属关系之前;中外合资、国内合资之前;企业股份制改制之前;开展全面的资产评估、清产核资之前;单位主要领导调离工作之前等。

2. 局部清查

局部清查是指根据需要对部分财产物资进行盘点与核对。

局部清查主要是对货币资金、存货等流动性较大的财产的清查。局部清查范围小、内容少、参与人员少,但专业性较强。局部清查一般包括下列清查内容:现金每日清点一次;银行存款每月至少同银行核对一次;债权债务每年至少核对一至两次;各项存货应有计划、有重点地抽查;贵重物品每月清查一次等。

(二) 按照清查的时间分类

1. 定期清查

定期清查是指按照预先计划安排的时间对财产进行的盘点和核对。定期清查一般在年末、季末、月末进行。定期清查可以是全面清查,也可以是局部清查。

2. 不定期清查

不定期清查是指事前不规定清查日期,而是根据特殊需要临时进行的盘点和核对。不定期清查可以是全面清查,也可以是局部清查,应根据实际需要来确定清查的对象和范围。

不定期清查一般是局部清查,如更换财产物资保管人员进行的有关财产物资的清查、发生意外灾害等非常损失进行的损失情况的清查、有关部门进行的临时性检查等。

不定期清查也可以是全面清查,如单位撤销、合并或改变隶属关系之前;企业股份制改制之前;单位主要领导调离工作之前等。

上述定期清查、不定期清查,既可以是全面清查,也可以是局部清查;同理,全面清查、局部清查,既可以是定期清查,也可以是不定期清查。

企业在编制年度财务会计报告前,应当全面清查财产、核实债务。各单位应定期将会计账簿记录与实物、款项实有数额及有关资料相互核对,保证会计账簿记录与实物及款项实有数额相符。

(三) 按照清查的执行系统分类

1. 内部清查

内部清查是指由本单位内部自行组织清查工作小组所进行的财产清查工作。大多数财产清查都是内部清查。

2. 外部清查

外部清查是指由上级主管部门、审计机关、司法部门、注册会计师根据国家有关规定或情况需要对本单位所进行的财产清查。一般来讲,进行外部清查时应有本单位相关人员参加。

三、财产清查的一般程序

财产清查既是会计核算的一种专门方法,又是财产物资管理的一项重要制度。企业必须有计划、有组织地进行财产清查。

(一) 财产清查的准备工作

财产清查的准备工作包括组织准备和业务准备。

1. 组织准备

成立财产清查领导小组,在总会计师及有关主管厂长的领导下,成立由财会部门牵头,由设备、技术、生产、行政及各有关部门参加的财产清查领导小组,具体负责财产清查的领导和组织工作。

2. 业务准备

为做好财产清查工作,财会部门和有关业务部门应做的各项业务准备工作主要有:

(1) 财会部门应在财产清查之前将所有的经济业务登记入账,并将有关账簿登记齐全,结出余额。总分类账中反映货币资金、财产物资和债权债务的有关账户应与所属明细分类账、日记账核对清楚,先做到账账相符,账证相符,才能为财产清查提供可靠依据。

(2) 财产物资保管和使用等部门应登记好所经管的各种财产物资明细账,结出余额,并与财会部门的有关总账、明细账核对相符。同时,财产物资保管人员应将其所保管的各种财产物资堆放整齐,挂上标签,标明品种、规格和结存数量,以便进行实物盘点。

(3) 财产清查小组应组织有关部门准备好计量器具和有关清查登记用的表册。

(二) 财产清查的一般程序

财产清查一般包括以下程序:

(1) 建立财产清查组织。

(2) 组织清查人员学习有关政策规定,掌握有关法律、法规和相关业务知识,以提高财产清查工作的质量。

(3) 确定清查对象、范围,明确清查任务。

(4) 制定清查方案,具体安排清查内容、时间、步骤、方法,以及必要的清查前的准备。

(5) 清查时本着先清查数量、核对有关账簿记录等,后认定质量的原则进行。

(6) 填制盘存清单。

(7) 根据盘存清单,填制实物、往来账项清查结果报告表。

四、财产物资盘存制度

在会计实务中,确定财产物资增加、减少及结存数额的方法,称为盘存制度或盘存法。

　　财产物资的盘存制度是指在日常会计核算中采用什么方法确定各项财产物资的盘存数。企业财产物资的盘存制度通常有以下两种：永续盘存制和实地盘存制。

　　1. 永续盘存制

　　永续盘存制又称账面盘存制，就是通过设置存货明细账，对日常发生的存货增加或减少，都必须根据会计凭证在账簿中进行连续登记，并随时在账面上结算各项存货的结存数并定期与实际盘存数对比，确定存货盘盈盘亏的一种制度。永续盘存制可以通过存货的明细账记录。具体做法是：收入某项财产物资时，根据有关的会计凭证将收入的数量和金额记在有关明细账的收入栏；当发出某项财产物资时，将支出的数量和金额记在有关的明细账支出栏，并及时计算出该财产物资在明细账上的结存数量和金额。计算公式如下：

$$账面期末结存数 = 账面期初结存数 + 本期增加数 - 本期减少数$$

　　由于永续盘存制能够随时反映某一存货在一定会计期间内收入、发出及结存的详细情况，有利于加强对存货的管理与控制。但是，相对于定期盘存制而言，永续盘存制下存货明细账的会计核算工作量较大，尤其是月末一次结转销售成本或耗用成本时，存货结存成本及销售或耗用成本的计算工作比较集中；采用这种方法需要将财产清查的结果同账面结存进行核对，在账实不符的情况下还需要对账面记录进行调整。

　　2. 实地盘存制

　　实地盘存制又称定期盘存制，是指会计期末通过对财产物资进行实地盘点确定期末结存数量的方法。就是以期末具体盘点实物的结果为依据来确定财产物资的结存数量的方法。该方法是在期末通过盘点实物来确定财产物资结存数量，并据以倒轧出发出数量。具体做法是：平时只登记财产物资收入数，不登记财产物资发出数，期末通过实地盘点，确定结存数量，并倒轧发出数量及金额，完成账簿记录，使账实相符。在实地盘存制下，本期减少数的计算公式如下：

$$期初结存数 + 本期增加数 - 期末结存数 = 本期减少数$$

　　实地盘存制的优点是核算工作比较简单，工作量较小。其缺点是手续不够严密，不能通过账簿随时反映和监督各项财产物资的收、发、结存情况，反映的数字不精确，仓库管理中尚有多发少发、物资毁损、盗窃、丢失等情况，在账面上均无反映，而全部隐藏在本期的发出数内，不利于存货的管理，也不利于监督检查。因此，实地盘存制只适应数量大、价值低、收发频繁的存货。与永续盘存制比较没有安全性。实地盘存制的适用范围一般只是用于核算那些价值低和数量不稳定、损耗大的鲜活商品。

【例 9-1·单项选择题】　财产清查是通过对货币资金、实物资产和往来款项的盘点或核对，来查明其（　　）是否相符的一种专门方法。

　　A. 账簿记录与会计凭证　　　　B. 有关会计账簿之间
　　C. 账面记载与实存数量、金额　　D. 账簿记录与会计报表

【答案】　C

【例 9-2·多项选择题】　财产清查的对象包括（　　）。

　　A. 货币资金　　B. 实物资产　　C. 债权　　D. 债务

【答案】　ABCD

【例 9-3·单项选择题】　财产清查按其范围不同，可以分为（　　）。

A. 内部清查和外部清查　　　　　B. 资产清查与债务核对
C. 定期清查和不定期清查　　　　D. 全面清查和局部清查

【答案】 D

【例 9-4·多项选择题】 下列各项中,需要进行全面财产清查的情况是( )。
A. 年终决算之前　　　　　　　　B. 企业股份制改制之前
C. 进行全面资产评估时　　　　　D. 单位主要领导调离时

【答案】 ABCD

【例 9-5·多项选择题】 全面清查一般在年终进行,但在单位( )时,也要进行全面清查。
A. 撤销、合并　　　　　　　　　B. 主要负责人调离
C. 清产核资或资产重组　　　　　D. 改变隶属关系

【答案】 ABCD

【例 9-6·多项选择题】 局部清查的范围是( )。
A. 银行存款　　　　　　　　　　B. 固定资产
C. 现金　　　　　　　　　　　　D. 贵重物品

【答案】 ABCD

【例 9-7·判断题】 定期清查,可以是全面清查,也可以是局部清查。 ( )

【答案】 √

【例 9-8·多项选择题】 不定期清查一般适用于( )的情况。
A. 更换财产物资保管人员　　　　B. 有关部门进行的临时性检查
C. 单位主要领导调离工作之前　　D. 单位撤销、合并或改变隶属关系之前

【答案】 ABCD

【例 9-9·单项选择题】 对于发生自然灾害或贪污盗窃受损的财产物资进行财产清查,通常采用( )。
A. 定期清查　　　　　　　　　　B. 分期清查
C. 不定期清查　　　　　　　　　D. 集中清查

【答案】 C

【例 9-10·单项选择题】 因更换出纳人员而对现金进行盘点和核对,属于( )。
A. 全面清查和不定期清查
B. 全面清查和定期清查
C. 局部清查和不定期清查
D. 局部清查和定期清查

【答案】 C

【例 9-11·多项选择题】 财产清查的意义有( )。
A. 提高会计资料的准确性
B. 保护财产物资的安全完整
C. 确保财产物资的有效使用
D. 保证账实相符

【答案】 ABCD

第二节 财产清查的方法

第九章第二节　　财产清查方法

由于货币资金、实物、往来款项的特点各有不同,在进行财产清查时,应采用与其特点和管理要求相适应的方法。

一、货币资金的清查方法

(一)库存现金的清查

库存现金的清查是采用实地盘点法确定库存现金的实存数,然后与现金日记账的账面余额相核对,确定账实是否相符。

对库存现金盘点前,出纳人员必须将有关业务在现金日记账中全部登记完毕。

现金清查主要包括两种情况:

第一,由出纳人员每日清点库存现金实有数并与现金日记账结余额核对。这是出纳人员所做的经常性的现金清查工作。

第二,清查小组对库存现金进行定期或不定期的清查,注意:

(1) 现金盘点时,出纳人员必须在场。现金由出纳人员经手盘点,清查人员从旁监督。在清查过程中,不能用白条抵库,也就是不能用不具有法律效力的借条、收据等抵充库存现金。

(2) 盘点后,根据现金盘点结果,编制"现金盘点报告表"。"现金盘点报告表"是反映现金实有数和调整账簿记录的原始凭证,应由盘点人和出纳人员共同签章方能生效。

(3) "库存现金盘点报告表"兼有"盘存单"和"实存账存对比表"的作用,是反映库存现金实有数和调整账簿记录的原始凭证,其一般格式如表9-1所示。

表9-1　　　　　　　　　　库存现金盘点报告表

单位名称:　　　　　　　　　　　年　月　日

实存金额	账存金额	对比结果		备注
		盘盈	盘亏	

处理意见:

清查小组签字:　　　　　　　　　　　　　　　　　　　　　　　　出纳签字:

（二）银行存款的清查

银行存款的清查是采用与开户银行核对账目的方法进行的，即将本单位银行存款日记账的账簿记录与开户银行转来的对账单逐笔进行核对，来查明银行存款的实有数额。在同银行核对账目之前，应将企业的银行存款业务全部记入银行存款日记账。银行存款的清查一般在月末进行。

1. 银行存款日记账与银行对账单不一致的原因

将截至清查日所有银行存款的收付业务都登记入账后，对发生的错账、漏账应及时查清更正，再与银行的对账单逐笔核对。如果两者余额相符，通常说明没有错误；如果两者余额不相符，即银行存款日记账与开户银行转来的对账单核对出双方余额不一致，一个原因是本单位与银行之间的一方或双方同时记账有错误，发现错误后应及时更正：属于银行的错误，应及时通知银行更正；属于本单位的错误，应按错账更正方法进行更正；另一个原因就是出现了未达账项。

未达账项是指企业和银行之间，由于记账时间不一致而发生的一方已经入账，而另一方尚未入账的事项。未达账项一般分为以下四种情况：

（1）企业已收款入账，银行尚未收款入账（企收银未收，导致企业账面的存款数额大于银行对账单数额）。

（2）企业已付款入账，银行尚未付款入账（企付银未付，导致企业账面的存款数额小于银行对账单数额）。

（3）银行已收款入账，企业尚未收款入账（银收企未收，导致企业账面的存款数额小于银行对账单数额）。

（4）银行已付款入账，企业尚未付款入账（银付企未付，导致企业账面的存款数额大于银行对账单数额）。

上述任何一种未达账项的存在，都会使企业和银行存款日记账的余额与银行开出的对账单的余额不符。但随着时间的推移，凭证传递到达后，此种差异随着另一方的入账会自动消失。因此，未达账项本身不是一种错误。所以，在与银行对账时首先应查明是否存在未达账项，如果存在未达账项，就应该编制"银行存款余额调节表"，据以调节双方的账面余额，确定企业银行存款实有数。

2. 银行存款清查的步骤

银行存款的清查按以下四个步骤进行。

（1）将本单位银行存款日记账与银行对账单，以结算凭证的种类、号码和金额为依据，逐日逐笔核对。凡双方都有记录的，用铅笔在金额旁打上记号"√"，如表 9-2 和表 9-3 所示。

（2）找出未达账项（即银行存款日记账和银行对账单中没有打"√"的款项）。

（3）将日记账和对账单的月末余额及找出的未达账项填入"银行存款余额调节表"，并计算出调整后的余额。

（4）将调整平衡的"银行存款余额调节表"，经主管会计签章后，呈报开户银行。

凡有几个银行户头以及开设有外币存款户头的单位，应分别按存款户头开设"银行存款日记账"。每月月底，应分别将各户头的"银行存款日记账"与各户头的"银行对账单"核对，并分别编制各户头的"银行存款余额调节表"。

银行存款余额调节表的编制,是以双方账面余额为基础,各自分别加上对方已收款入账而己方尚未入账的数额,减去对方已付款入账而己方尚未入账的数额。其计算公式如下:

企业银行存款日记账余额＋银行已收企业未收款－银行已付企业未付款
＝银行对账单存款余额＋企业已收银行未收款－企业已付银行未付款

银行存款日记账和银行对账单分别如表9-2和表9-3所示。

表9-2 银行存款日记账

2019年		凭证号数	对方科目	摘要	√	收入(借方)金额	付出(贷方)金额	结存金额
月	日							
2	28			本月合计		32 000	10 000	213 200
3	1	收01		收到货款		57 000√		270 200
3	2	付01		购材料			22 200√	248 000
3	3	付02		支付劳务费			5 000	243 000
3	4	收02		出售A设备		15 000		258 000
3	5	收03		出售多余材料		8 000√		266 000
3	6	付03		支付运费			1 000	265 000
3	7	付04		支付购料费			30 000	235 000
3	8	收04		送存现金		6 700√		241 700
3	31	付05		付电费			11 700	230 000

表9-3 银行对账单

2019年		凭证号数	摘要	借方	贷方	金额
月	日					
2	28		上月结余	32 000	10 000	213 200
3	1	收01	收到货款		57 000√	270 200
3	2	付01	付货款	22 200√		248 000
3	5	收02	收材料款		8 000√	256 000
3	8	收03	收现		6 700√	262 700
3	10	付02	代付水费	1 500		261 200
3	12	付03	代付托收款	7 000		254 200
3	14	收04	利息收入		490	254 690
3	14	付04	息税	96		254 594
3	31		余额			254 594

编制银行存款余额调节表的具体方法可分为三步:

第一步:分别列出银行存款日记账和银行对账单未勾对的经济事项,即未达账项,如表9-4和表9-5所示。

表 9-4　　　　　　　　　　未勾对到的银行存款日记账

2019 年		凭证号数	对方科目	摘要	√	收入（借方）金额	付出（贷方）金额
月	日						
3	3	付02		支付劳务费			5 000
3	4	收02		出售 A 设备		15 000	
3	6	付03		支付运费			1 000
3	7	付04		支付购料费			30 000
3	31	付05		付电费			11 700
		合计				15 000	47 700
		合计数的含义				企业已收,银行未收的未达账项	企业已付,银行未付的未达账项

表 9-5　　　　　　　　　　未勾对到的银行对账单

2019 年		凭证号数	摘要	借方	贷方
月	日				
3	10	付02	代付水费	1 500	
3	12	付03	代付托收款	7 000	
3	14	收04	利息收入		490
3	14	付04	息税	96	
		合计		8 596	490
		合计数的含义		银行已付,企业未付的未达账项	银行已收,企业未收的未达账项

第二步:根据表 9-4、表 9-5 分别计算各种未达账项的汇总数:

　　企业已收银行未收的未达账项 = 15 000(元)

　　企业已付银行未付的未达账项 = 5 000 + 1 000 + 30 000 + 11 700 = 47 700(元)

　　银行已收企业未收的未达账项 = 490(元)

　　银行已付企业未付的未达账项 = 1 500 + 7 000 + 96 = 8 596(元)

第三步:填列银行存款余额调节表,如表 9-6 所示。

表 9-6　　　　　　　　　　银行存款余额调节表
编制单位:　　　　　　　　　2019 年 3 月 31 日　　　　　　　　　单位:元

银行存款日记账	金额	银行对账单	金额
账面余额	230 000	账面余额	254 594
加:银行已收,企业未收款项	490	加:企业已收,银行未收款项	15 000
减:银行已付,企业未付款项	8 596	减:企业已付,银行未付款项	47 700
调节后余额	221 894	调节后余额	221 894

调节后的银行存款日记账余额与银行对账单余额相符(等于企业实际拥有的银行存款数),说明企业与银行对存款的记录均无误。

3. 银行存款余额调节表的作用

(1) 银行存款余额调节表是一种对账记录或对账工具,只能用来核对企业与银行双方账面记录有无差错,不能作为调整账面记录的依据,即不能根据银行存款余额调节表中的未达账项来调整银行存款账面记录,未达账项只有在收到有关凭证后才能进行有关的账务处理。银行存款余额调节表只是为了核对银行存款余额而编制的一个工作底稿,不能作为实际记账的凭证。因而"银行存款余额调节表"不属于原始凭证。

(2) 调节后的余额如果相等,通常说明企业和银行的账面记录一般没有错误,该余额通常为企业可以动用的银行存款实有数。

(3) 随着双方的凭证入账,该未达账项会自动消失,故在编制银行存款余额调节表时不需要对未达账项进行账务处理。

(4) 调节后的余额如果不相等,通常说明一方或双方记账有误,需进一步追查,查明原因后予以更正和处理。

【例9-12】 甲企业于2019年6月末收到银行转来的对账单,对账单余额为24 720元,企业银行存款日记账余额为23 640元。经过核对,发现有以下未达账项:

(1) 银行收到乙企业转来的购货款2 700元,已入账,但甲企业尚未收到银行转来的收账通知单。

(2) 甲企业开出转账支票支付运输费210元,已入账,但银行尚未收到此转账支票,还没有付款。

(3) 银行收到电信局转来的结算凭证,已将360元的费用支付入账,甲企业尚未收到银行转来的付款通知单。

(4) 甲企业预付丙企业的购货款2 250元,开出转账支票并已入账,银行尚未办理。

(5) 甲企业收到丁单位转来的购货支票一张,金额4 500元已入账,银行尚未收到此转账支票。

(6) 银行结算利息,将甲企业应收的利息780元直接划归甲企业并入账,甲企业尚未收到银行的收账通知单。

根据上述未达账项,编制银行存款余额表如表9-7所示。

表9-7　　　　　　　　　银行存款余额调节表
2019年6月30日

银行存款日记账	金额	银行对账单	金额
日记账余额	23 640	对账单余额	24 720
加:银行已收企业未收	2 700	加:企业已收银行未收	4 500
加:银行已收企业未收	780	减:企业已付银行未付	210
减:银行已付企业未付	360	减:企业已付银行未付	2 250
调节后余额	26 760	调节后余额	26 760

二、实物资产的清查方法

实物资产主要包括固定资产、存货等。实物资产的清查就是对实物资产在数量和质量上所进行的清查。

由于实物的形态、体积、重量、码放方式等不同,采用的清查方法也不同。常用的清查方法主要有实地盘点法和技术推算法。

1. 实地盘点法

实地盘点法是指在财产物资存放现场逐一清点数量或用计量仪器确定其实存数的一种方法。这种方法适用于容易清点或计量的财产物资以及现金等货币资金的清查。例如,对原材料、包装物、库存商品、固定资产等的清查。此方法数字准确可靠,但工作量较大。

2. 技术推算法

技术推算法是指利用技术方法推算财产物资实存数的方法,适用于煤炭、砂石等大宗物资大量成堆难以逐一清点的财产物资的清查。此方法盘点数字不够准确,但工作量较小。

对各项财产物资的盘点结果,应逐一填制盘存单,并同账面余额记录核对,确认盘盈盘亏数,填制实存账存对比表,作为调整账面记录的原始凭证。

实物资产清查时,实物资产的保管员必须在场,并参加盘点工作。

盘点结束后,将"盘点单"的实存数额与账面结存数额核对,若某些财产物资账实不符,应填制"实存账存对比表",确定财产物资盘盈盘亏数额。实存账存对比表是财产清查的重要报表,是调节账簿记录的原始凭证,也是分析差异原因、明确经济责任的重要依据,须认真填报。

实物资产清查的主要单据如表 9-8 至表 9-11 所示。

表 9-8   账存实存对比表

编号	名称及规格	计量单位	单价	实存		账存		盘盈		盘亏		备注
				数量	金额	数量	金额	数量	金额	数量	金额	

盘点人签章: 实物负责人签字: 复核: 制表人:

表 9-9   存 货 盘 点 表

财产类别:
存放地点: 年 月 日   第   页

编号	名称	规格型号	计量单位	数量	单价	金额	备注

盘点人签章: 实物负责人签章:

表 9-10　　　　　　　　　　　积压变质报告单

财产类别：
存放地点：　　　　　　　　　　　年　月　日

编号	名称	规格	计量单位	单价	实存数量	金额	情况说明	处理意见

审批意见：

盘点人：　　　　　　　　　　　　　　　　　　　　实物负责人：

表 9-11　　　　　　　　　　　固定资产盘点表

编制单位：　　　　　　　　　　　年　月　日

固定资产类别		个别固定资产账面情况				存放地点	实物负责人	盘点结果					
		固定资产名称	数量	单价	金额	已折旧额			计量单位	数量	单价	金额	盘盈	盘亏	备注
生产用	在用													
	未用													
	不需用													
	季节性停用													
非生产用	在用													
	未用													
	不需用													

审批意见：

盘点小组签字：　　　　复核人：　　　　　　　　　　　填表人：

三、往来款项的清查方法

往来款项是指单位与其他单位或个人之间的各种应收应付款项。往来款项主要包括应收、应付款项和预收、预付款项等。

往来款项的清查一般采用发函询证的方法进行核对。即通过寄送函件清单同对方经济往来单位核对账目的方法。按每一个经济往来单位编制"往来款项对账清单"(一式两份,其中一份作为回联单),寄送各经济往来单位,对方经核对相符后,在回联单上加盖公章寄回,表示已核对无误;如果经核对内容或数字不相符,对方应在回联单上注明情况,或另抄对账单回复本单位,以进一步查明原因,再进行核对,直到相符为止。往来款项的清查结束后,应将清查结果编制"往来款项的清查结果报告表",填列各项债权债务的余额。对于有争执的款项以及无法收回的款项,应在报告单上详细列明情况,以便及时采取措施进行处理,避免或减少坏账损失。对不同情况的往来款项详细说明情况,报请清查小组或上级处理。"往来款项对账清单""往来款项的清查结果报告表"不能作为调账的原始凭证。

应收账款往来对账单如表9-12和表9-13所示。

表9-12 应收账款往来对账单

××××单位,现列示我单位与贵单位的往来款项,请贵单位核实。

往来款项原因	往来款项发生时间	信用截止期	经办人	应收款金额	备注
往来单位意见					

清查单位盖章: 往来单位盖章: 年 月 日

表9-13 应收账款清查报告表
年 月 日

户名	账面结余金额	清查情况		不同意承付的原因	不同意承付金额的分析				备注
		同意承付金额	不同意承付金额		按合同拒付	争议中账项	无希望收回	其他	
领导审批意见									

复核: 报告人: 会计:

【例9-13·单项选择题】 现金清查时,在盘点结束后,应根据盘点结果,编制( )。

A. 盘存单   B. 实存账存对比表
C. 现金盘点报告表   D. 对账单

【答案】 C

【例9-14·多项选择题】 关于现金清查,下列说法中,正确的有( )。

A. 库存现金清查的主要方法是实地盘点法
B. 出纳人员每日清点库存现金实有数,并与现金日记账的账面余额核对
C. 根据现金盘点报告表,调整现金日记账的账面记录
D. 库存现金的清查只需要检查账实是否相符

【答案】 ABC

【例9-15·判断题】 现金盘点报告表由盘点人员、出纳人员及其相关负责人签名盖章,并据以调整现金日记账的账面记录。( )

【答案】 √

【例9-16·单项选择题】 下列资产中,可以采用发函询证方法进行清查的是( )。
A. 库存现金　　B. 银行存款　　C. 固定资产　　D. 应收账款

【答案】 D

【解析】 选项A应该采用实地盘点法,选项B银行存款应该采用和银行对账单核对的方式进行盘点,选项C应该采用实地盘点的方法,选项D应该采用向债务人发函询证方法进行清查

【例9-17·单项选择题】 银行存款的清查,就是将( )进行核对。
A. 银行存款日记账和总分类账
B. 银行存款日记账和银行存款收付款凭证
C. 银行存款日记账和银行对账单
D. 银行存款总分类账与银行存款收付款凭证

【答案】 C

【例9-18·单项选择题】 在记账无误的情况下,银行对账单与银行存款日记账账面余额不一致的原因是( )。
A. 应付账款　　B. 应收账款　　C. 外埠存款　　D. 未达账款

【答案】 D

【例9-19·单项选择题】 "未达账项"是指由于会计凭证传递引起的( )。
A. 双方登记金额不一致的账项
B. 一方重复记账的账项
C. 一方已经入账,而另一方尚未登记入账的账项
D. 双方均尚未入账的账项

【答案】 C

【例9-20·多项选择题】 下列各项中,属于未达账项的有( )。
A. 企业收到支票存入银行,并已记银行存款增加,银行尚未记账
B. 银行代企业付水电费,企业尚未入账
C. 企业开出一张支票支付购料款,并记银行存款减少,银行未接到支票
D. 银行收到某单位给企业的汇款,已记银行存款增加,企业尚未收到通知

【答案】 ABCD

【例9-21·判断题】 银行存款余额调节表编制完成后,可以作为调整企业和银行存款余额的原始凭证。( )

【答案】 ×

【例9-22·判断题】 银行存余额调节表调整后的余额是企业当时实际可以动用的存款数额。 （ ）

【答案】 √

【例9-23·多项选择题】 企业对实物资产的清查可以采用的方法是(   )。

A. 实地盘点法　　B. 函证法　　C. 技术推算法　　D. 倒轧法

【答案】 AC

【例9-24·多项选择题】 在财产清查中,采用实地盘点方法清查的资产主要有(   )。

A. 库存商品　　B. 固定资产　　C. 库存现金　　D. 银行存款

【答案】 ABC

【例9-25·单项选择题】 财产清查中,对煤炭、砂石等量大、成堆存放而价值又不高,难以逐一清点的财产物资所采用的清查方法是(   )。

A. 实地盘点法　　B. 查询核对法　　C. 技术推算法　　D. 抽查检验法

【答案】 C

第三节　财产清查结果的处理

第九章第三节　财产清查结果的账务处理

一、财产清查结果处理的要求

对于财产清查中发现的问题,如财产物资的盘盈、盘亏、毁损或其他各种损失,应核实情况,调查分析产生的原因,按照国家有关法律、法规的规定,进行相应的处理。

财产清查结果处理的具体要求有:①分析产生差异的原因和性质,提出处理建议;②积极处理多余积压财产,清理往来款项;③总结经验教训,建立和健全各项管理制度;④及时调整账簿记录,保证账实相符。

二、财产清查结果处理的步骤与方法

对于财产清查结果的处理可分为以下两种情况。

1. 审批之前的处理

根据"清查结果报告表""盘点报告表"等已经查实的数据资料,填制记账凭证,记入有关账簿,使账簿记录与实际盘存数相符,同时根据权限,将处理建议报股东大会或董事会,或经理(厂长)会议或类似机构批准。

2. 审批之后的处理

企业清查的各种财产的损溢,应于期末前查明原因,并根据企业的管理权限,经股东大会或董事会,或经理(厂长)会议或类似机构批准后,在期末结账前处理完毕。企业应严格按照有关部门对财产清查结果提出的处理意见进行账务处理,填制有关记账凭证,登记有关账簿,并追回由于责任者原因造成的财产损失。

企业清查的各种财产的损溢,如果在期末结账前尚未经批准,在对外提供财务报表时,先按上述规定进行处理,并在附注中作出说明;其后批准处理的金额与已处理金额不一致的,调整财务报表相关项目的年初数。

三、财产清查结果的账务处理

（一）设置"待处理财产损溢"账户

为了反映和监督企业在财产清查过程中查明的各种财产物资的盘盈、盘亏、毁损及其处理情况，应设置"待处理财产损溢"账户（但固定资产盘盈和毁损分别通过"以前年度损益调整""固定资产清理"账户核算）。该账户属于双重性质的资产类账户，下设"待处理流动资产损溢"和"待处理非流动资产损溢"两个明细分类账户进行明细分类核算。

该账户的借方登记财产物资的盘亏数、毁损数和批准转销的财产物资盘盈数；贷方登记财产物资的盘盈数和批准转销的财产物资盘亏及毁损数。企业清查的各种财产的盘盈、盘亏和毁损应在期末结账前处理完毕，所以"待处理财产损溢"账户在期末结账后没有余额。

（二）库存现金清查结果的账务处理

1. 库存现金盘盈的账务处理

库存现金盘盈时，应及时办理库存现金的入账手续，调整库存现金账簿记录，即按盘盈的金额借记"库存现金"账户，贷记"待处理财产损溢——待处理流动资产损溢"账户。

对于盘盈的库存现金，应及时查明原因，按管理权限报经批准后，按盘盈的金额，借记"待处理财产损溢——待处理流动资产损溢"账户，按需要支付或退还他人的金额，贷记"其他应付款"账户，按无法查明原因的金额，贷记"营业外收入"账户。

2. 库存现金盘亏的账务处理

库存现金盘亏时，应及时办理盘亏的确认手续，调整库存现金账簿记录，即按盘亏的金额，借记"待处理财产损溢——待处理流动资产损溢"账户，贷记"库存现金"账户。

对于盘亏的库存现金，应及时查明原因，按管理权限报经批准后，按可收回的保险赔偿和过失人赔偿的金额，借记"其他应收款"账户，按管理不善等原因造成净损失的金额，借记"管理费用"账户，按自然灾害等原因造成净损失的金额，借记"营业外支出"账户，按原记入"待处理财产损溢——待处理流动资产损溢"账户借方的金额，贷记本账户。

【例9-26】某公司于2019年5月份进行库存现金清查，其清查结果及账务处理为：

（1）库存现金清查中发现库存现金溢余3 500元，会计分录为：

借：库存现金　　　　　　　　　　　　　　　　　　　　　　　　3 500
　　贷：待处理财产损溢——待处理流动资产损溢　　　　　　　　　　　　3 500

经核查，其中有1 500元为出纳人员王丽个人的现金放入企业保险箱后忘记了，另外的2 000元反复核查无法查明原因，报经批准转作营业外收入处理，会计分录为：

借：待处理财产损溢——待处理流动资产损溢　　　　　　　　　　　3 500
　　贷：营业外收入　　　　　　　　　　　　　　　　　　　　　　　　2 000
　　　　其他应付款——王丽　　　　　　　　　　　　　　　　　　　　1 500

（2）库存现金清查中发现库存现金短缺2 500元，会计分录为：

借：待处理财产损溢——待处理流动资产损溢　　　　　　　　　　　2 500
　　贷：库存现金　　　　　　　　　　　　　　　　　　　　　　　　　2 500

经查,该短款中500元属于出纳人员王丽的责任,应由出纳人员赔偿,另外的2 000元无法查明原因,则会计分录为:

借:其他应收款——王丽　　　　　　　　　　　　　　　　　　　　　　500
　　管理费用　　　　　　　　　　　　　　　　　　　　　　　　　　2 000
　　贷:待处理财产损溢——待处理流动资产损溢　　　　　　　　　　　2 500

(三) 存货清查结果的账务处理

1. 存货盘盈的账务处理

存货盘盈时,应及时办理存货入账手续,调整存货账簿的实存数。盘盈的存货应按其重置成本作为入账价值,借记"原材料""库存商品"等账户,贷记"待处理财产损溢——待处理流动资产损溢"账户。

对于盘盈的存货,应及时查明原因,按管理权限报经批准后,冲减管理费用,即按其入账价值,借记"待处理财产损溢——待处理流动资产损溢"账户,贷记"管理费用"账户。

2. 存货盘亏的账务处理

存货盘亏时,应按盘亏的金额,借记"待处理财产损溢——待处理流动资产损溢"账户,贷记"原材料""库存商品"等账户。材料、产成品、商品采用计划成本(或售价)核算的,应同时结转成本差异(或商品进销差价)。涉及增值税的,还应进行相应处理。

对于盘亏的存货,应及时查明原因,按管理权限报经批准后,按可收回的保险赔偿和过失人赔偿的金额,借记"其他应收款"账户,按管理不善等原因造成净损失的金额,借记"管理费用"账户,按自然灾害等原因造成净损失的金额,借记"营业外支出"账户,按原记入"待处理财产损溢——待处理流动资产损溢"账户借方的金额,贷记本账户。

【例9-27】 某企业在财产清查中,查明盘盈材料一批,按同类材料估计确定其成本为1 000元。

(1) 报经批准前,应根据"实存账存对比表",作如下会计分录:

借:原材料　　　　　　　　　　　　　　　　　　　　　　　　　　　1 000
　　贷:待处理财产损溢——待处理流动资产损溢　　　　　　　　　　　1 000

(2) 经查,上述材料盘盈系平时收发计量误差所致,经批准冲减管理费用。应作如下会计分录:

借:待处理财产损溢——待处理流动资产损溢　　　　　　　　　　　　1 000
　　贷:管理费用　　　　　　　　　　　　　　　　　　　　　　　　1 000

【例9-28】 根据实存账存对比表,A材料实际结存数比账面数少了100件,成本5 000元,B材料实际结存数比账面数少了20件,成本200元。经调查发现A材料的盘亏保管人员有责任,决定由保管人员王某赔偿损失的40%,其余部分属于收发差错;B材料损失属于意外损失(假设不考虑增值税)。会计分录为:

(1) 盘亏时:

借:待处理财产损溢——待处理流动资产损溢　　　　　　　　　　　　5 200
　　贷:原材料——A材料　　　　　　　　　　　　　　　　　　　　5 000
　　　　　　——B材料　　　　　　　　　　　　　　　　　　　　　200

(2) 经批准处理时：

借：其他应收款——王某　　　　　　　　　　　　　　　　　　　　2 000
　　管理费用　　　　　　　　　　　　　　　　　　　　　　　　　3 000
　　营业外支出　　　　　　　　　　　　　　　　　　　　　　　　 200
　　贷：待处理财产损溢——待处理流动资产损溢　　　　　　　　　　　　5 200

（四）固定资产清查结果的账务处理

1. 固定资产盘盈的账务处理

企业在财产清查过程中盘盈的固定资产，经查明确属企业所有，按管理权限报经批准后，应根据盘存凭证填制固定资产交接凭证，经有关人员签字后送交企业会计部门，填写固定资产卡片账，并作为前期差错处理，通过"以前年度损益调整"账户核算。盘盈的固定资产通常按其重置成本作为入账价值，借记"固定资产"账户，贷记"以前年度损益调整"账户。涉及增值税、所得税和盈余公积的，还应按相关规定处理。

2. 固定资产盘亏的账务处理

固定资产盘亏时，应及时办理固定资产注销手续，按盘亏固定资产的账面价值，借记"待处理财产损溢——待处理非流动资产损溢"账户，按已提折旧额，借记"累计折旧"账户，按其原价，贷记"固定资产"账户。涉及增值税和递延所得税的，还应按相关规定处理。

对于盘亏的固定资产，应及时查明原因，按管理权限报经批准后，按过失人及保险公司应赔偿额，借记"其他应收款"账户，按盘亏固定资产的原价扣除累计折旧和过失人及保险公司赔偿后的差额，借记"营业外支出"账户，按盘亏固定资产的账面价值，贷记"待处理财产损溢——待处理非流动资产损溢"账户。

【例9-29】某企业财产清查中，发现盘亏设备一台，其账面原价为50 000元，已提折旧15 000元。

（1）根据"实存账存对比表"，对盘亏设备应作如下会计分录：

借：待处理财产损溢　　　　　　　　　　　　　　　　　　　　　35 000
　　累计折旧　　　　　　　　　　　　　　　　　　　　　　　　15 000
　　贷：固定资产　　　　　　　　　　　　　　　　　　　　　　　　50 000

（2）固定资产盘亏经审批，同意作为损失，列作营业外支出处理，应作如下会计分录：

借：营业外支出　　　　　　　　　　　　　　　　　　　　　　　35 000
　　贷：待处理财产损溢　　　　　　　　　　　　　　　　　　　　　35 000

【例9-30】某企业在财产清查中，盘盈账外机器一台，估计价值3 000元。企业所得税税率25%，按10%比例计提法定盈余公积。会计处理如下：

借：固定资产　　　　　　　　　　　　　　　　　　　　　　　　3 000
　　贷：以前年度损益调整　　　　　　　　　　　　　　　　　　　　3 000

计算调整所得税：

$$所得税 = 3\,000 \times 25\% = 750(元)$$

借：以前年度损益调整　　　　　　　　　　　　　　　　　　　　　750
　　贷：应交税费——应交企业所得税　　　　　　　　　　　　　　　　750

计算调整盈余公积和未分配利润：

$$盈余公积 = (3\,000 - 750) \times 10\% = 225(元)$$

$$未分配利润 = 3\,000 - 750 - 225 = 2\,025(元)$$

借：以前年度损益调整　　　　　　　　　　　　　　　　　　　　2 250
　　贷：盈余公积　　　　　　　　　　　　　　　　　　　　　　　　225
　　　　利润分配——未分配利润　　　　　　　　　　　　　　　　2 025

（五）结算往来款项盘存的账务处理

在财产清查过程中发现的长期未结算的往来款项，应及时清查。对于经查明确实无法支付的应付款项可按规定程序报经批准后，转作营业外收入。

对于无法收回的应收款项则作为坏账损失冲减坏账准备。坏账是指企业无法收回或收回的可能性极小的应收款项。由于发生坏账而产生的损失，称为坏账损失。

企业通常应将符合下列条件之一的应收款项确认为坏账：①债务人死亡，以其遗产清偿后仍然无法收回；②债务人破产，以其破产财产清偿后仍然无法收回；③债务人较长时间内未履行其偿债义务，并有足够的证据表明无法收回或者收回的可能性极小。

企业对有确凿证据表明确实无法收回的应收款项，经批准后作为坏账损失。

对于已确认为坏账的应收款项，并不意味着企业放弃了追索权，一旦重新收回，应及时入账。

企业设置"坏账准备"账户核算提取的坏账准备，该账户属于资产类账户，是"应收账款"等账户的备抵调整账户。其借方登记确认坏账损失数，冲销多提坏账准备金；贷方登记计提坏账准备金和收回已转销坏账数。期末贷方余额，表示已提未转销坏账准备金。

注意：

平时"坏账准备"账户可能出现借方余额也可能出现贷方余额，但"坏账准备"账户年末余额一定为贷方余额，并且等于本年估计坏账损失。

企业一般按应收账款余额百分比法计提坏账准备。

余额百分比法是以期末应收账款余额的一定百分比，估计坏账损失，计提坏账准备的方法。即：

$$估计坏账损失 = 应收款项余额 \times 估计坏账率$$

当期应提坏账准备＝估计坏账损失－计提前"坏账准备"账户的贷方余额（借方余额则加），计算结果为正数则为补提数；计算结果为负数则为冲回数。坏账损失账务处理如下：

(1) 期末计提坏账损失时：

借：信用减值损失——坏账损失
　　贷：坏账准备

(2) 实际发生坏账时：

借：坏账准备
　　贷：应收账款

(3) 已确认的坏账又收回时：

借：银行存款
　　贷：坏账准备

或　借：应收账款
　　　贷：坏账准备

　　借：银行存款
　　　贷：应收账款

(4) 期末冲回多提坏账损失时：

借：坏账准备
　　贷：信用减值损失——坏账损失

期末补提坏账损失时：

借：信用减值损失——坏账损失
　　贷：坏账准备

【例9-31】某企业2017年期初"坏账准备"账户余额2 000元,本期实际发生坏账损失3 000元,年末应收账款余额为800 000元；2018年,实际发生坏账损失1 000元,年末应收账款余额为1 000 000元；2019年,收回已核销的坏账损失1 600元,年末应收账款余额为460 000元。坏账准备计提百分比为0.5%。会计处理如下：

(1) 2017年,实际发生坏账损失3 000元时：

借：坏账准备　　　　　　　　　　　　　　　　　　　　　　　　3 000
　　贷：应收账款　　　　　　　　　　　　　　　　　　　　　　　3 000

(2) 2017年年末计提坏账准备时：

　　估计坏账损失＝应收款项余额×估计坏账率＝800 000×0.5%＝4 000(元)
　　当期应提坏账准备＝估计坏账损失－"坏账准备"账户的贷方余额
　　　　　　　　　　＝4 000＋3 000－2 000＝5 000(元)

借：信用减值损失——坏账损失　　　　　　　　　　　　　　　　5 000
　　贷：坏账准备　　　　　　　　　　　　　　　　　　　　　　　5 000

(3) 2018年实际发生坏账损失1 000元时：

借：坏账准备　　　　　　　　　　　　　　　　　　　　　　　　1 000
　　贷：应收账款　　　　　　　　　　　　　　　　　　　　　　　1 000

(4) 2018年年末计提坏账准备时：

　　估计坏账损失＝1 000 000×0.5%＝5 000(元)
　　当期应提坏账准备＝5 000＋1 000－4 000＝2 000(元)

借：信用减值损失——坏账损失　　　　　　　　　　　　　　　　2 000
　　贷：坏账准备　　　　　　　　　　　　　　　　　　　　　　　2 000

(5) 2019年,收回已核销的坏账损失1 600元时：

借：应收账款 1 600
　　贷：坏账准备 1 600
借：银行存款 1 600
　　贷：应收账款 1 600

(6) 2019 年年末，计提坏账准备时：

估计坏账损失 = 460 000 × 0.5% = 2 300(元)

当期应提坏账准备 = 2 300 - 1 600 - 5 000 = -4 300(元)

借：坏账准备 4 300
　　贷：信用减值损失——坏账损失 4 300

【例 9-32】 在财产清查中，查明确实无法交付的购货款项 500 元，经批准转为营业外收入。会计分录为：

借：应付账款 500
　　贷：营业外收入 500

【例 9-33·判断题】 企业固定资产盘亏，一般情况下，经过规定程序批准后，应转入"营业外支出"账户。（　）

【答案】 √

【例 9-34·单项选择题】 单位财产清查中查明的固定资产盘盈，应通过（　）账户核算。

A. "待处理财产损溢" 　　B. "营业外支出"
C. "其他应收款" 　　D. "以前年度损益调整"

【答案】 D

【例 9-35·单项选择题】 现金长款属于无法查明的其他原因，根据管理权限报经审批后，应记入（　）账户。

A. "管理费用" 　　B. "营业外收入"
C. "营业外支出" 　　D. "其他应付款"

【答案】 B

【例 9-36·单项选择题】 财产清查中查明的属于定额内合理损耗的生产用原材料的盘亏，报经审批后应列作（　）。

A. 制造费用　　B. 生产成本　　C. 营业外支出　　D. 管理费用

【答案】 D

【例 9-37·单项选择题】 "待处理财产损溢"账户年末（　）。

A. 可能有借方余额 　　B. 可能有贷方余额
C. 无余额 　　D. 以上都不对

【答案】 C

【例 9-38·判断题】 在实地盘存下，本期发出数 = 期初结存数 + 本期收入数 - 期末实存数。（　）

【答案】 √

练习题

一、单项选择题

1. 财产清查是通过实地盘点、函证核对,查明( )是否相符的一种方法。
   A. 账证　　　　　　　　　　　　B. 账账
   C. 账存数与实存数　　　　　　　D. 账表

2. 下列各项中,属于对银行存款进行清查时应该采用的方法是( )。
   A. 定期盘点法　　　　　　　　　B. 实地盘存法
   C. 与银行核对账目法　　　　　　D. 和往来单位核对账目法

3. 对银行存款的清查一般采用( )。
   A. 实地盘点法　　　　　　　　　B. 核对账目法
   C. 技术推算法　　　　　　　　　D. 询证法

4. "待处理财产损溢"账户属于( )账户。
   A. 损益类　　B. 资产类　　C. 成本类　　D. 所有者权益类

5. 固定资产盘盈时,在未报经批准之前,不能记入( )账户。
   A. "固定资产"　　　　　　　　　B. "累计折旧"
   C. "待处理财产损溢"　　　　　　D. "营业外收入"

6. 下列各项中,属于对往来款项进行清查时应该采用的方法是( )。
   A. 定期盘点法　　　　　　　　　B. 实地盘存法
   C. 与银行核对账目法　　　　　　D. 和往来单位核对账目法

7. 各种应收款,应付款的清查方法一般采用( )。
   A. 实地盘点法　　B. 核对账项　　C. 询证法　　D. 技术测定法

8. 若某企业期末银行日记账余额为 80 000 元,银行送来的对账单为 82 425 元;经对未达账项调节后余额为 83 925 元,则企业在银行的实有存款是( )元。
   A. 82 425　　B. 80 000　　C. 83 925　　D. 24 250

9. 采用实地盘存制,平时对财产物资的记录( )。
   A. 只登记收入数,不登记发出数　　B. 只登记发出数,不登记收入数
   C. 先登记收入数,后登记发出数　　D. 先登记发出数,后登记收入数

10. 根据管理上的需要,贵重材料要( )。
    A. 进行轮流清查或重点清查
    B. 每日盘点一次
    C. 至少每月盘点一次
    D. 每日与银行核对

二、多项选择题

1. 既属于不定期清查,又属于全面清查的有( )。
   A. 年度决算之前的清查
   B. 单位撤销、合并或改变隶属关系时的清查
   C. 开展清产核资时的清查
   D. 更换仓库保管员时的清查

2. 定期清查一般是在（　　）。
   A. 年度终了时　　　　　　　　　　B. 单位撤销时
   C. 月末结账时　　　　　　　　　　D. 更换现金保管人员时
3. 未达账项通常有（　　）等几种情况。
   A. 银行已收款入账而企业未入账
   B. 银行已付款而企业未入账
   C. 企业已付款入账而银行未入账
   D. 企业已收款入账而银行未入账
4. 财产物资清查中，常用的方法有（　　）。
   A. 全面清查　　　　　　　　　　　B. 技术推算盘点
   C. 实地盘点　　　　　　　　　　　D. 余额调节
5. 当财产物资发生的盘亏和损失在报经批准后，应转入的账户有（　　）。
   A. "管理费用"　　　　　　　　　　B. "营业外支出"
   C. "其他应收款"　　　　　　　　　D. "待处理财产损溢"
6. 对于无法收回的应收账款，不应记入（　　）账户。
   A. "待处理财产损溢"　　　　　　　B. "管理费用"
   C. "坏账准备"　　　　　　　　　　D. "营业外支出"
7. 存货盘存制度一般有（　　）。
   A. 永续盘存制　　B. 实地盘存制　　C. 权责发生制　　D. 收付实现制
8. 下列表格中，（　　）可用作原始凭证，调整账簿记录。
   A. 实存账存对比表　　　　　　　　B. 现金盘点报告表
   C. 未达账项登记表　　　　　　　　D. 银行存款余额调节表
9. 实地盘点法一般适用于（　　）的清查。
   A. 各项实物财产物资　　　　　　　B. 库存现金
   C. 银行存款　　　　　　　　　　　D. 应收账款
10. 询证法一般适用于（　　）的清查。
    A. 债权债务　　　　　　　　　　　B. 银行存款
    C. 出租出借包装物　　　　　　　　D. 委托加工材料

三、判断题

1. 在一般情况下，全面清查既可以是定期清查，也可以是不定期清查。（　　）
2. 一般情况下，全部清查是定期清查，局部清查是不定期清查。（　　）
3. 银行存款日记账与银行对账单余额不一致主要是由记账错误和未达账项所造成的。
   （　　）
4. 对于未达账项应编制银行存款余额调节表，同时将未达账项编制记账凭证。（　　）
5. 对财产清查结果的处理一般分两步，即审批前先调整账面的记录，审批后转入有关账户。
   （　　）
6. "待处理财产损溢"账户是损益类账户。（　　）
7. 财产清查的范围是存放在本企业的各项财产物资。（　　）
8. 企业在银行的实有存款应是银行对账单上列明的余额。（　　）

9. 对于无法收回的应收款,应先记入"待处理财产损溢"账户,批准后转入有关账户。（ ）
10. 自然灾害造成的毁损,扣除保险公司赔款和残值,计入管理费用。（ ）

四、业务计算题

（一）练习银行存款余额调节表的编制

2019年9月30日,唯一商店与工商银行的对账单经逐笔对账后,有以下资料需要调节：

1. 银行对账单9月30日的余额为68 680元,企业的银行存款账面余额为57 840元。
2. 到9月30日止,银行未兑现的企业签发的支票计有：
   ⅷ7332125 1 200元；ⅷ7332131 1 200元；ⅷ7332138 1 390元；
   ⅷ7332147 6 956元；ⅷ7332149 6 254元。
3. 9月18日,统一商店存入银行的3 600元误记在本企业账上。
4. 9月19日,唯一商店开出ⅷ7332120支票为支付光大厂货款1 800元,因漏写用途遭银行拒付后由企业补填盖章后重新向银行兑取。
5. 9月20日,企业将收到的货款6 408元解送银行时错记为6 048元。
6. 9月22日,银行将应收唯一商店的利息错记在本企业存款户上,计680元。
7. 9月30日,银行将企业托收的华大商店支票2 400元因存款不足退回。
8. 9月30日,存入银行的销货款6 840元,银行未及入账。
9. 银行收到企业托收货款4 000元时已届月末,以致企业未收到银行的收账通知。
10. 本月份银行已扣除借款利息1 690元,代付9月份电话费2 500元及华大商店支票退票手续费10元。

要求：根据以上资料,编制2019年9月30日唯一商店的银行存款余额调节表(见表9-14)。

表9-14　　　　　　　　　　　银行存款余额调节表

单位名称：　　　　　　　　　　　年　月　日　　　　　　　　　　单位：

项　目	金　额	项　目	金　额
企业账面的存款金额		银行对账单存款余额	
调节后的存款余额		调节后的存款余额	

（二）财产清查结果的账务处理

1. 温州市茶山有限公司在2019年年末财产清查中,发现以下问题：
   (1) 盘亏设备一台,账面原值5 000元,已提折旧2 000元。
   (2) 账外机器一台,估值2 900元。
   (3) 甲材料盘盈400元。
   (4) 乙材料盘亏1 000元,增值税进项税额为130元。
   (5) 发现账外A产品5件,单位成本100元。
   (6) 外单位欠货款2 500元超过3年。

（7）应付外单位购料款 5 000 元,该单位已撤销。
2. 上述各项盘盈、盘亏及损失,经查属实,报请上级部门审核批准,作如下处理:
　（1）盘亏设备属保管不善造成,责成过失人赔偿 30%,其余由企业核销。
　（2）盘盈机器尚可使用,属于以前年度生产资金形成。
　（3）盘盈甲材料和 A 产品均属收发计量错误所致。
　（4）盘亏乙材料有 300 元属定额内损耗,其余属自然灾害造成,由保险公司赔偿 300 元。
　（5）可作为坏账列账(该单位计提坏账准备金)。
　（6）确实无法支付的款项转销。
要求:根据清查结果,作审批前的会计分录;同时根据报请批准的结果,作审批后的会计分录。

第十章 财务报表

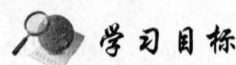 学习目标

（一）知识目标

目标1　了解会计报表的分类和编制要求

目标2　明确会计报表的结构及内在勾稽关系

目标3　懂得会计报表的基本编制过程

（二）技能目标

目标1　了解会计报表的分类和编制要求

目标2　明确会计报表的结构及内在勾稽关系

目标3　懂得会计报表的基本编制过程

第一节　财务报表概述

第十章第一节

一、财务报表的概念与分类

（一）财务报表的概念

财务报表是对企业财务状况、经营成果和现金流量的结构性表述，是企业对外提供的反映其某一特定日期的财务状况和某一会计期间的经营成果、现金流量等会计信息的文件。

财务报表至少应当包括下列组成部分：①资产负债表；②利润表；③现金流量表；④所有者权益变动表；⑤附注。财务报表上述组成部分具有同等的重要程度。

（1）资产负债表：反映企业某一特定日期财务状况的报表，属于静态报表。

（2）利润表：反映企业在一定期间经营成果及其分配情况的报表，属于动态会计报表。

（3）现金流量表：反映企业一定期间现金及现金等价物流入和流出情况的报表，属于动态会计报表。

（4）所有者权益变动表：反映构成所有者权益的各组成部分当期的增减变动情况的报表。

（5）会计报表附注是对会计报表项目的补充说明，是为了便于会计报表使用者理解会计报表的内容而对会计报表的编制基础、编制依据、编制原则和方法及主要项目等所做的解释。

资产负债表、利润表和现金流量表是企业对外报送的三大基本会计报表。

(二) 财务报表的分类

1. 财务报表按其编报期间不同分为中期财务报表和年度财务报表

半年度、季度、月度财务报表统称为中期财务报表。

月报要求简明扼要,及时反映;年报要求揭示完整,反映全面;季报和半年报在会计信息的详细程度方面,介于两者之间。各期间财务报表编制的时间要求和基本内容是:

(1) 月度财务会计报告。在每月终了时编制,应于月份终了后 6 日内报出,至少应当包括资产负债表和利润表。

(2) 季度财务报表。在每季终了时编制,应于季度终了后 15 日内报出,包括的内容与月度财务报表基本相同。

(3) 半年度财务报表。在上半年终了时编制,应于 60 天内报出,一般包括资产负债表、利润表、现金流量表。

(4) 年度财务报表。在每年度终了时编制,应于年度终了后 4 个月内报出,包括财务报表的全部内容。

2. 财务报表按其编报主体不同分为个别财务报表和合并财务报表

个别报表是指在以母公司和子公司组成的具有控股关系的企业集团中,由母公司和子公司各自为主体分别单独编制的报表,用于分别反映母公司和子公司本身各自的财务状况和经营成果。

合并报表是以母公司和子公司组成的企业集团为一会计主体,以母公司和子公司单独编制的个别财务报表为基础,由母公司编制的综合反映企业集团经营成果、财务状况及其资金变动情况的财务报表。

二、财务报表编制的基本要求

(一) 以持续经营为基础编制

企业应当以持续经营为基础,根据实际发生的交易或事项,按照《企业会计准则——基本准则》和其他各项会计准则的规定进行确认和计量,在此基础上编制财务报表。以持续经营为基础编制财务报表不再合理,企业应当采用其他基础编制财务报表,并在附注中声明财务报表未以持续经营为基础编制的事实、披露未以持续经营为基础编制的原因和财务报表的编制基础。

(二) 按正确的会计基础编制

除现金流量表按照收付实现制原则编制外,企业应当按照权责发生制原则编制财务报表。

(三) 至少按年编制财务报表

企业至少应当按年编制财务报表。年度财务报表涵盖的期间短于 1 年的,应当披露年度财务报表的涵盖期间、短于 1 年的原因以及报表数据不具可比性的事实。

(四)项目列报遵守重要性原则

重要性是指在合理预期下,财务报表某项目的省略或错报会影响使用者据此作出经济决策的,该项目具有重要性。

重要性应当根据企业所处的具体环境,从项目的性质和金额两方面予以判断,且对各项目重要性的判断标准一经确定,不得随意变更。判断项目性质的重要性,应当考虑该项目在性质上是否属于企业日常活动、是否显著影响企业的财务状况、经营成果和现金流量等因素;判断项目金额大小的重要性,应当考虑该项目金额占资产总额、负债总额、所有者权益总额、营业收入总额、营业成本总额、净利润、综合收益总额等直接相关项目金额的比重或所属报表单列项目金额的比重。

性质或功能不同的项目,应当在财务报表中单独列报,但不具有重要性的项目除外。

性质或功能类似的项目,其所属类别具有重要性的,应当按其类别在财务报表中单独列报。

某些项目的重要性程度不足以在资产负债表、利润表、现金流量表或所有者权益变动表中单独列示,但对附注却具有重要性,则应当在附注中单独披露。

《企业会计准则第30号——财务报表列报》规定在财务报表中单独列报的项目,应当单独列报。其他会计准则规定单独列报的项目,应当增加单独列报项目。

(五)保持各个会计期间财务报表项目列报的一致性

财务报表项目的列报应当在各个会计期间保持一致,除会计准则要求改变财务报表项目的列报或企业经营业务的性质发生重大变化后,变更财务报表项目的列报能够提供更可靠、更相关的会计信息外,不得随意变更。

(六)各项目之间的金额不得相互抵销

财务报表中的资产项目和负债项目的金额、收入项目和费用项目的金额、直接计入当期利润的利得项目和损失项目的金额不得相互抵销,但其他会计准则另有规定的除外。

一组类似交易形成的利得和损失应当以净额列示,但具有重要性的除外。

资产或负债项目按扣除备抵项目后的净额列示,不属于抵销。

非日常活动产生的利得和损失,以同一交易形成的收益扣减相关费用后的净额列示更能反映交易实质的,不属于抵销。

(七)至少应当提供所有列报项目上一个可比会计期间的比较数据

当期财务报表的列报,至少应当提供所有列报项目上一个可比会计期间的比较数据,以及与理解当期财务报表相关的说明,但其他会计准则另有规定的除外。

财务报表的列报项目发生变更的,应当至少对可比期间的数据按照当期的列报要求进行调整,并在附注中披露调整的原因和性质,以及调整的各项目金额。对可比数据进行调整不切实可行的,应当在附注中披露不能调整的原因。

(八)应当在财务报表的显著位置披露编报企业的名称等重要信息

企业应当在财务报表的显著位置(如表首)至少披露下列各项:①编报企业的名称;②资

产负债表日或财务报表涵盖的会计期间;③人民币金额单位;④财务报表是合并财务报表的,应当予以标明。

三、财务报表编制前的准备工作

在编制财务报表前,需要完成下列工作:

(1) 严格审核会计账簿的记录和有关资料。

(2) 进行全面财产清查、核实债务,并按规定程序报批,进行相应的会计处理。

(3) 按规定的结账日进行结账,结出有关会计账簿的余额和发生额,并核对各会计账簿之间的余额。

(4) 检查相关的会计核算是否按照国家统一的会计制度的规定进行。

(5) 检查是否存在因会计差错、会计政策变更等原因需要调整前期或本期相关项目的情况等。

【例10-1·单项选择题】下列各项中,不属于中期报表的是( )。

A. 年报 B. 月报
C. 季报 D. 半年报

【答案】 A

【例10-2·单项选择题】 财务会计报告的主体和核心是( )。

A. 会计报表

B. 会计报表附注

C. 指标体系

D. 资产负债表

【答案】 A

【例10-3·多项选择题】 财务会计报告反映的内容主要包括企业( )。

A. 某一特定日期的财务状况

B. 某一会计期间的经营成果

C. 某一会计期间的成本费用

D. 某一会计期间的现金流量

【答案】 ABD

【例10-4·多项选择题】 财务会计报告使用者包括( )等。

A. 债务人 B. 出资人
C. 银行   D. 税务机关

【答案】 BCD

【例10-5·多项选择题】 财务会计报告中的会计报表至少应当包括( )等报表。

A. 资产负债表

B. 成本报表

C. 利润表

D. 现金流量表

【答案】 ACD

【例10-6·多项选择题】 根据国家统一会计制度的规定,单位对外提供的财务会计报告应当由单位有关人员签字并盖章。下列各项中,应当在单位对外提供的财务会计报告上签字并盖章的有(   )。

A. 单位负责人
B. 总会计师
C. 会计机构负责人
D. 单位内部审计人员

【答案】 ABC

【例 10-7·多项选择题】 财务会计报告包括(   )。

A. 会计报表
B. 会计报表附注
C. 财务情况说明书
D. 其他应当在财务会计报告中披露的相关信息和资料

【答案】 ABD

第二节 资产负债表

第十章第二节

资产负债表

一、资产负债表的概念与作用

资产负债表是反映企业在某一特定日期的财务状况的财务报表。

资产负债表是静态报表。它是根据"资产＝负债＋所有者权益"的等式来编制的,又称财务状况表。资产负债表是企业的主要财务报表之一,是所有独立核算的企业单位都必须对外报送的会计报表。

资产负债表的作用主要有:

(1) 可以提供某一日期资产的总额及其结构,表明企业拥有或控制的资源及其分布情况。

(2) 可以提供某一日期的负债总额及其结构,表明企业未来需要用多少资产或劳务清偿债务以及清偿时间。

(3) 可以反映所有者所拥有的权益,据以判断资本保值、增值的情况以及对负债的保障程度。

通过资产负债表有关内容的分析,可以帮助报表使用者全面了解企业的资产状况、盈利能力,分析单位的债务偿还能力,从而为未来的经济决策提供参考消息。

二、资产负债表的列示要求

(一) 资产负债表列报总体要求

1. 分类别列报

资产负债表应当按照资产、负债和所有者权益三大类别分类列报。

2. 资产和负债按流动性列报

资产和负债应当按照流动性分为流动资产和非流动资产、流动负债和非流动负债列示。

3. 列报相关的合计、总计项目

资产负债表中的资产类至少应当列示流动资产和非流动资产的合计项目；负债类至少应当列示流动负债、非流动负债以及负债的合计项目；所有者权益类应当列示所有者权益的合计项目。

资产负债表应当分别列示资产总计项目、负债和所有者权益的总计项目，并且这两者的金额应当相等。

（二）资产的列报

资产负债表中的资产类至少应当单独列示反映下列信息的项目：①货币资金；②以公允价值计量且其变动计入当期损益的金融资产；③应收款项；④预付款项；⑤存货；⑥被划分为持有待售的非流动资产及被划分为持有待售的处置组中的资产；⑦可供出售金融资产；⑧持有至到期投资；⑨长期股权投资；⑩投资性房地产；⑪固定资产；⑫生物资产；⑬无形资产；⑭递延所得税资产。

（三）负债的列报

资产负债表中的负债类至少应当单独列示反映下列信息的项目：①短期借款；②以公允价值计量且其变动计入当期损益的金融负债；③应付款项；④预收款项；⑤应付职工薪酬；⑥应交税费；⑦被划分为持有待售的处置组中的负债；⑧长期借款；⑨应付债券；⑩长期应付款；⑪预计负债；⑫递延所得税负债。

（四）所有者权益的列报

资产负债表中的所有者权益类至少应当单独列示反映下列信息的项目：①实收资本（或股本）；②资本公积；③盈余公积；④未分配利润。

三、我国企业资产负债表的一般格式

资产负债表通常有两种格式，即报告式和账户式。我国资产负债表的格式采用账户式，具体为：

（1）资产负债表分为左、右两方，左侧为资产，右侧为负债和所有者权益，资产总额等于负债加所有者权益合计数额。

（2）左侧资产内部各个项目按照各项资产的流动性的大小或变现能力的强弱进行排列。流动性越大，变现能力越强的资产项目越往前排；反之，越往后排。

（3）右侧所有者权益和负债两项按照求偿权的先后顺序进行排列。负债列于所有者权益之前。

资产负债表由表头和表体两部分组成。表头部分应列明报表名称、编表单位名称、资产负债表日和人民币金额单位；表体部分反映资产、负债和所有者权益的内容。其中，表体部分是资产负债表的主体和核心，各项资产、负债和所有者权益按流动性排列，所有者权益项目按稳定性排列。我国企业资产负债表的格式一般如表10-1所示。

表 10-1　　　　　　　　　　　　　资 产 负 债 表

会企 01 表

编制单位：　　　　　　　　　　　　　__年__月__日　　　　　　　　　　　　　单位:元

资　　　产	期末余额	上年年末余额	负债和所有者权益（或股东权益）	期末余额	上年年末余额
流动资产：			流动负债：		
货币资金			短期借款		
交易性金融资产			交易性金融负债		
衍生金融资产			衍生金融负债		
应收票据			应付票据		
应收账款			应付账款		
应收款项融资			预收款项		
预付款项			合同负债		
其他应收款			应付职工薪酬		
存货			应交税费		
合同资产			其他应付款		
持有待售资产			持有待售负债		
一年内到期的非流动资产			一年内到期的非流动负债		
其他流动资产			其他流动负债		
流动资产合计			流动负债合计		
非流动资产：			非流动负债：		
债权投资			长期借款		
其他债权投资			应付债券		
长期应收款			其中:优先股		
长期股权投资			永续债		
其他权益工具投资			租赁负债		
其他非流动金融资产			长期应付款		
投资性房地产			预计负债		
固定资产			递延收益		
在建工程			递延所得税负债		
生产性生物资产			其他非流动负债		
油气资产			非流动负债合计		
使用权资产			负债合计		
无形资产			所有者权益(或股东权益)：		
开发支出			实收资本(或股本)		
商誉			其他权益工具		
长期待摊费用			其中:优先股		
递延所得税资产			永续债		
其他非流动资产			资本公积		
非流动资产合计			减:库存股		
			其他综合收益		
			专项储备		
			盈余公积		
			未分配利润		
			所有者权益(或股东权益)合计		
资产总计			负债和所有者权益（或股东权益）总计		

四、资产负债表编制的基本方法

资产负债表的各项目均需填列"年初余额"和"期末余额"两栏数字。

(一)"期末余额"栏的填列方法

资产负债表"期末余额"栏内各项数字,一般应根据资产、负债和所有者权益类账户的期末余额填列,具体方法如下。

1. 根据总账账户期末余额直接填列

资产负债表中有些项目的"期末余额"可以根据有关总账账户的期末余额直接填列,如"交易性金融资产""固定资产清理""递延所得税资产""短期借款""交易性金融负债""应付票据""应付职工薪酬""应交税费""递延所得税负债""预计负债""实收资本""资本公积""盈余公积"等项目。这些项目中,"应交税费"等负债项目,如果其相应账户出现借方余额,应以"－"号填列;"固定资产清理"等资产项目,如果其相应的账户出现贷方余额,也应以"－"号填列。

2. 根据总账账户期末余额计算填列

资产负债表中有些项目的"期末余额"需要根据有关总账账户的期末余额计算填列。

例如,"货币资金"项目,应根据"库存现金""银行存款"和"其他货币资金"等账户的期末余额合计填列。

又如,"未分配利润"项目,应根据"本年利润"账户和"利润分配"账户的期末余额计算填列,如为未弥补亏损,则在本项目内以"－"号填列,年末结账后,"本年利润"账户已无余额,"未分配利润"项目应根据"利润分配"账户的年末余额直接填列,贷方余额以正数填列,如为借方余额,应以"－"号填列。

3. 根据明细账户期末余额分析计算填列

资产负债表中有些项目的"期末余额"需要根据有关明细账户的期末余额分析计算填列。

(1)"应收账款"项目,应根据"应收账款"账户和"预收账款"账户所属明细账户的期末借方余额合计数,减去"坏账准备"账户中有关应收账款计提的坏账准备期末余额后的金额填列。

(2)"预付款项"项目,应根据"预付账款"账户和"应付账款"账户所属明细账户的期末借方余额合计数,减去"坏账准备"账户中有关预付款项计提的坏账准备期末余额后的金额填列。

(3)"应付账款"项目,应根据"应付账款"账户和"预付账款"账户所属明细账户的期末贷方余额合计数填列。

(4)"预收款项"项目,应根据"预收账款"账户和"应收账款"账户所属明细账户的期末贷方余额合计数填列。

4. 根据总账科目和明细科目余额分析计算填列

例如,"长期待摊费用"项目,根据"长期待摊费用"账户期末余额扣除其中将于1年内摊销的数额后的金额填列,将于1年内摊销的数额填列在"一年内到期的非流动资产"项目内。

又如,"长期借款"和"应付债券"项目,应根据"长期借款"和"应付债券"账户的期末余

额,扣除其中在资产负债表日起1年内到期的部分后的金额填列。

5. 根据总账科目余额减去其备抵项目后的净额填列

(1)"固定资产"项目,应根据"固定资产"账户的期末余额减去"累计折旧""固定资产减值准备"账户期末余额后的净额填列。

(2)"无形资产"项目,应根据"无形资产"账户的期末余额减去"累计摊销""无形资产减值准备"账户期末余额后的净额填列。

(3)"在建工程""长期股权投资"和"持有至到期投资"项目,均应根据其相应总账账户的期末余额减去其相应减值准备后的净额填列。

(4)"应收票据""应收股利""应收利息""其他应收款"项目,应根据各相应账户的期末余额,减去"坏账准备"账户中相应各项目计提的坏账准备期末余额后的金额填列。

6. 综合运用上述方法填列

例如,"存货"项目,应根据"材料采购(或在途物资)""原材料""周转材料""库存商品""委托加工物资""生产成本"等账户的期末余额之和,减去"存货跌价准备"账户期末余额后的金额填列。

(二)"年初余额"栏的填列方法

本表的"年初余额"栏通常根据上年年末有关项目的期末余额填列,且与上年年末资产负债表"期末余额"栏一致。如果企业上年度资产负债表规定的项目名称和内容与本年度不一致,应当对上年年末资产负债表相关项目的名称和数字按照本年度的规定进行调整,填入"年初余额"栏。

(三)各项目的填列方法

1. 资产项目的填列方法

(1)"货币资金"项目。本项目应根据"库存现金""银行存款""其他货币资金"账户期末余额的合计数填列。

(2)"交易性金融资产"项目。本项目反映资产负债表日企业分类为以公允价值计量且其变动计入当期损益的金融资产,以及企业持有的指定为以公允价值计量且其变动计入当期损益的金融资产的期末账面价值。本项目应根据"交易性金融资产"账户的相关明细账户的期末余额分析填列。自资产负债表日起超过1年到期且预期持有超过1年的以公允价值计量且其变动计入当期损益的非流动金融资产的期末账面价值,在"其他非流动金融资产"项目反映。

(3)"应收票据"项目。本项目应根据"应收票据"账户的期末余额,减去"坏账准备"账户中有关应收票据计提的坏账准备期末余额后的金额填列。

(4)"应收账款"项目。本项目应根据"应收账款"和"预收账款"账户所属各明细账户的期末借方余额合计减去"坏账准备"账户中有关应收账款计提的坏账准备期末余额后的金额填列。例如,"应收账款"账户所属明细账户期末有贷方余额的,应在"预收款项"项目内填列。

(5)"应收款项融资"项目。本项目反映资产负债表日以公允价值计量且其变动计入其他综合收益的应收票据和应收账款等。

(6)"预付款项"项目。本项目应根据"预付账款"和"应付账款"账户所属各明细账户的期末借方余额合计数,减去"坏账准备"账户中有关预付款项计提的坏账准备期末余额后的金额填列。比如,"预付账款"账户所属各明细账户期末有贷方余额的,应在"应付账款"项目内填列。

(7)"其他应收款"项目。本项目应根据"应收利息""应收股利"和"其他应收款"账户的期末余额合计数,减去"坏账准备"账户中相关坏账准备期末余额后的金额填列。其中的"应收利息"仅反映相关金融工具已到期可收取但于资产负债表日尚未收到的利息。基于实际利率法计提的金融工具的利息应包含在相应金融工具的账面余额中。

(8)"存货"项目。本项目应根据"材料采购""原材料""低值易耗品""库存商品""周转材料""委托加工物资""委托代销商品""生产成本"等账户的期末余额合计,减去受托代销商品款""存货跌价准备"账户期末余额后的金额填列。材料采用计划成本核算,以及库存商品采用计划成本核算或售价核算的企业,还应按加或减材料成本差异、商品进销差价后的金额填列。

(9)"持有待售资产"项目。本项目反映资产负债表日划分为持有待售类别的非流动资产及划分为持有待售类别的处置组中的流动资产和非流动资产的期末账面价值。本项目应根据"持有待售资产"账户的期末余额,减去"持有待售资产减值准备"账户的期末余额后的金额填列。

(10)"一年内到期的非流动资产"项目。本项目通常反映预计自资产负债表日起1年内变现的非流动资产。对于按照相关会计准则采用折旧(或摊销、折耗)方法进行后续计量的固定资产、使用权资产、无形资产和长期待摊费用等非流动资产,折旧(或摊销、折耗)年限(或期限)只剩1年或不足1年的,或预计在1年内(含1年)进行折旧(或摊销、折耗)的部分,不得归类为流动资产,仍在各该非流动资产项目中填列,不转入"一年内到期的非流动资产"项目。

(11)"债权投资"项目。本项目反映资产负债表日企业以摊余成本计量的长期债权投资的期末账面价值。本项目应根据"债权投资"账户的相关明细账户期末余额,减去"债权投资减值准备"账户中相关减值准备的期末余额后的金额分析填列。自资产负债表日起1年内到期的长期债权投资的期末账面价值,在"一年内到期的非流动资产"项目反映。企业购入的以摊余成本计量的1年内到期的债权投资的期末账面价值,在"其他流动资产"项目反映。

(12)"其他债权投资"项目。本项目反映资产负债表日企业分类为以公允价值计量且其变动计入其他综合收益的长期债权投资的期末账面价值。本项目应根据"其他债权投资"账户的相关明细账户的期末余额分析填列。自资产负债表日起1年内到期的长期债权投资的期末账面价值,在"一年内到期的非流动资产"项目反映。企业购入的以公允价值计量且其变动计入其他综合收益的1年内到期的债权投资的期末账面价值,在"其他流动资产"项目反映。

(13)"长期股权投资"项目。本项目应根据"长期股权投资"账户的期末余额,减去"长期股权投资减值准备"账户的期末余额后的金额填列。

(14)"其他权益工具投资"项目。本项目反映资产负债表日企业指定为以公允价值计量且其变动计入其他综合收益的非交易性权益工具投资的期末账面价值。本项目应根据

"其他权益工具投资"账户的期末余额填列。

(15)"固定资产"项目。本项目应根据"固定资产"账户的期末余额,减去"累计折旧"和"固定资产减值准备"账户期末余额后的金额填列。

(16)"在建工程"项目。本项目应根据"在建工程"账户的期末余额,减去"在建工程减值准备"账户期末余额后的金额填列。

(17)"使用权资产"项目。本项目反映资产负债表日承租人企业持有的使用权资产的期末账面价值。本项目应根据"使用权资产"账户的期末余额,减去"使用权资产累计折旧"和"使用权资产减值准备"账户的期末余额后的金额填列。

(18)"工程物资"项目。本项目应根据"工程物资"账户的期末余额填列。

(19)"固定资产清理"项目。本项目应根据"固定资产清理"账户的期末借方余额填列,如"固定资产清理"账户期末为贷方余额,以"一"号填列。

(20)"无形资产"项目。本项目应根据"无形资产"账户的期末余额,减去"累计摊销"和"无形资产减值准备"账户期末余额后的金额填列。

(21)"开发支出"项目。本项目应当根据"研发支出"账户中所属的"资本化支出"明细账户的期末余额填列。

(22)"长期待摊费用"项目。本项目反映企业已经发生但应由本期和以后各期负担的分摊期限在1年以上的各项费用。长期待摊费用中在1年内(含1年)摊销的部分,在资产负债表"一年内到期的非流动资产"项目填列。本项目应根据"长期待摊费用"账户的期末余额减去将于1年内(含1年)摊销的数额后的金额填列。

(23)"其他非流动资产"项目。本项目反映企业除长期股权投资、固定资产、在建工程、工程物资、无形资产等以外的其他非流动资产。本项目应根据有关账户的期末余额填列。

2. 负债项目的填列方法

(1)"短期借款"项目。本项目反映企业向银行或其他金融机构等借入的期限在1年以下(含1年)的各种借款。本项目应根据"短期借款"账户的期末余额填列。

(2)"交易性金融负债"项目。本项目反映资产负债表日企业承担的交易性金融负债,以及企业持有的指定为以公允价值计量且其变动计入当期损益的金融负债的期末账面价值。本项目应根据"交易性金融负债"账户的相关明细账户的期末余额填列。

(3)"应付票据"项目。本项目反映企业购买材料、商品和接受劳务供应等而开出、承兑的商业汇票,包括银行承兑汇票和商业承兑汇票。本项目应根据"应付票据"账户的期末余额填列。

(4)"应付账款"项目。本项目反映企业因购买材料、商品和接受劳务供应等经营活动应支付的款项。本项目应根据"应付账款"和"预付账款"账户所属各明细账户的期末贷方余额合计数填列;比如,"应付账款"账户所属明细账户期末有借方余额的,应在"预付款项"项目内填列。

(5)"预收款项"项目。本项目反映企业按照购货合同规定预付给供应单位的款项。本项目应根据"预收账款"和"应收账款"账户所属各明细账户的期末贷方余额合计数填列。比如,"预收账款"账户所属各明细账户期末有借方余额,应在资产负债表"应收账款"项目内填列。

(6)"应付职工薪酬"项目。本项目反映企业根据有关规定应付给职工的工资、职工福利、社会保险费、住房公积金、工会经费、职工教育经费、非货币性福利、辞退福利等各种薪酬。外商投资企业按规定从净利润中提取的职工奖励及福利基金,也在本项目列示。

(7)"应交税费"项目。本项目反映企业按照税法规定计算应交纳的各种税费,包括增值税、消费税、所得税、资源税、土地增值税、城市维护建设税、房产税、土地使用税、车船税、教育费附加、矿产资源补偿费等。企业代扣代缴的个人所得税,也通过本项目列示。企业所交纳的税金不需要预计应交数的,如印花税、耕地占用税等,不在本项目列示。本项目应根据"应交税费"账户的期末贷方余额填列;如"应交税费"账户期末为借方余额,应以"一"号填列。

(8)"应付利息"项目。本项目反映企业按照规定应当支付的利息,包括分期付息到期还本的长期借款应支付的利息、企业发行的企业债券应支付的利息等。本项目应当根据"应付利息"账户的期末余额填列。

(9)"应付股利"项目。本项目反映企业分配的现金股利或利润。企业分配的股票股利,不通过本项目列示。本项目应根据"应付股利"账户的期末余额填列。

(10)"其他应付款"项目。本项目应根据"应付利息""应付股利"和"其他应付款"账户的期末余额合计数填列。其中的"应付利息"仅反映相关金融工具已到期应支付但于资产负债表日尚未支付的利息。基于实际利率法计提的金融工具的利息应包含在相应金融工具的账面余额中。

(11)"持有待售负债"项目。本项目反映资产负债表日处置组中与划分为持有待售类别的资产直接相关的负债的期末账面价值。该项目应根据"持有待售负债"账户的期末余额填列。

(12)"一年内到期的非流动负债"项目。本项目反映企业非流动负债中将于资产负债表日后1年内到期部分的金额,如将于1年内偿还的长期借款。本项目应根据有关账户的期末余额填列。

(13)"长期借款"项目。本项目反映企业向银行或其他金融机构借入的期限在1年以上(不含1年)的各项借款。本项目应根据"长期借款"账户的期末余额填列。

(14)"应付债券"项目。本项目反映企业为筹集长期资金而发行的债券本金和利息。本项目应根据"应付债券"账户的期末余额填列。

(15)"其他非流动负债"项目。本项目反映企业除长期借款、应付债券等项目以外的其他非流动负债。本项目应根据有关账户的期末余额填列。其他非流动负债项目应根据有关账户期末余额减去将于1年内(含1年)到期偿还后的余额填列。非流动负债各项目中,将于1年内(含1年)到期的非流动负债,应在"一年内到期的非流动负债"项目内单独反映。

(16)"租赁负债"项目。本项目反映资产负债表日承租人企业尚未支付的租赁付款额的期末账面价值。该项目应根据"租赁负债"科目的期末余额填列。自资产负债表日起1年内到期应予以清偿的租赁负债的期末账面价值,在"一年内到期的非流动负债"项目反映。

(17)"长期应付款"项目。本项目反映资产负债表日企业除长期借款和应付债券以外的其他各种长期应付款项的期末账面价值。该项目应根据"长期应付款"账户的期末余额,减去相关的"未确认融资费用"账户的期末余额后的金额,以及"专项应付款"账户的期末余额填列。

(18)"递延收益"项目。本项目中摊销期限只剩1年或不足1年的,或预计在1年内(含

1年)进行摊销的部分,不得归类为流动负债,仍在该项目中填列,不转入"一年内到期的非流动负债"项目。

(19)"合同资产"和"合同负债"项目。企业应按照《企业会计准则第 14 号——收入》(财会〔2017〕22 号)的相关规定根据本企业履行履约义务与客户付款之间的关系在资产负债表中列示合同资产或合同负债。"合同资产"和"合同负债"项目,应分别根据"合同资产"和"合同负债"账户的相关明细账户的期末余额分析填列,同一合同下的合同资产和合同负债应当以净额列示,其中净额为借方余额的,应当根据其流动性在"合同资产"或"其他非流动资产"项目中填列,已计提减值准备的,还应减去"合同资产减值准备"账户中相关的期末余额后的金额填列;其中净额为贷方余额的,应当根据其流动性在"合同负债"或"其他非流动负债"项目中填列。

由于同一合同下的合同资产和合同负债应当以净额列示,企业也可以设置"合同结算"账户(或其他类似账户),以核算同一合同下属于在某一时段内履行履约义务涉及与客户结算对价的合同资产或合同负债,并在此账户下设置"合同结算——价款结算"账户反映定期与客户进行结算的金额,设置"合同结算——收入结转"账户反映按履约进度结转的收入金额。资产负债表日,"合同结算"账户的期末余额在借方的,根据其流动性在"合同资产"或"其他非流动资产"项目中填列;期末余额在贷方的,根据其流动性在"合同负债"或"其他非流动负债"项目中填列。

(20)按照《企业会计准则第 14 号——收入》(财会〔2017〕22 号)的相关规定确认为资产的合同取得成本,应当根据"合同取得成本"账户的明细账户初始确认时摊销期限是否超过 1 年或一个正常营业周期,在"其他流动资产"或"其他非流动资产"项目中填列,已计提减值准备的,还应减去"合同取得成本减值准备"账户中相关的期末余额后的金额填列。

(21)按照《企业会计准则第 14 号——收入》(财会〔2017〕22 号)的相关规定确认为资产的合同履约成本,应当根据"合同履约成本"账户的明细账户初始确认时摊销期限是否超过 1 年或一个正常营业周期,在"存货"或"其他非流动资产"项目中填列,已计提减值准备的,还应减去"合同履约成本减值准备"账户中相关的期末余额后的金额填列。

(22)按照《企业会计准则第 14 号——收入》(财会〔2017〕22 号)的相关规定确认为资产的应收退货成本,应当根据"应收退货成本"账户是否在 1 年或一个正常营业周期内出售,在"其他流动资产"或"其他非流动资产"项目中填列。

(23)按照《企业会计准则第 14 号——收入》(财会〔2017〕22 号)的相关规定确认为预计负债的应付退货款,应当根据"预计负债"账户下的"应付退货款"明细账户是否在 1 年或一个正常营业周期内清偿,在"其他流动负债"或"预计负债"项目中填列。

(24)企业按照《企业会计准则第 22 号——金融工具确认和计量》(财会〔2017〕7 号)的相关规定对贷款承诺、财务担保合同等项目计提的损失准备,应当在"预计负债"项目中填列。

3. 所有者权益项目的填列方法

(1)"实收资本(或股本)"项目。本项目反映企业各投资者实际投入的资本(或股本)总额。本项目应根据"实收资本"(或"股本")账户的期末余额填列。

(2)"资本公积"项目。本项目反映企业资本公积的期末余额。本项目应根据"资本公积"账户的期末余额填列。

(3)"盈余公积"项目。本项目反映企业盈余公积的期末余额。本项目应根据"盈余公积"账户的期末余额填列。

(4)"未分配利润"项目。本项目反映企业尚未分配的利润。本项目应根据"本年利润"账户和"利润分配"账户的余额计算填列。未弥补的亏损在本项目内以"一"号填列。

(5)"其他权益工具"项目。本项目反映资产负债表日企业发行在外的除普通股以外分类为权益工具的金融工具的期末账面价值。对于资产负债表日企业发行的金融工具,分类为金融负债的,应在"应付债券"项目填列,对于优先股和永续债,还应在"应付债券"项目下的"优先股"项目和"永续债"项目分别填列;分类为权益工具的,应在"其他权益工具"项目填列,对于优先股和永续债,还应在"其他权益工具"项目下的"优先股"项目和"永续债"项目分别填列。

(6)"专项储备"项目。本项目反映高危行业企业按国家规定提取的安全生产费的期末账面价值。本项目应根据"专项储备"账户的期末余额填列。

第三节 利 润 表

第十章第三节　　利润表

一、利润表的概念与作用

利润表是反映企业在一定会计期间的经营成果的财务报表。

利润表的作用主要有:

(1)反映一定会计期间收入的实现情况。

(2)反映一定会计期间的费用耗费情况。

(3)反映企业经济活动成果的实现情况,据以判断资本保值增值等情况。

二、利润表的列示要求

利润表列示的基本要求如下:

(1)企业在利润表中应当对费用按照功能分类,分为从事经营业务发生的成本、管理费用、销售费用和财务费用等。

(2)利润表至少应当单独列示反映下列信息的项目,但其他会计准则另有规定的除外:①营业收入;②营业成本;③税金及附加;④管理费用;⑤销售费用;⑥财务费用;⑦投资收益;⑧公允价值变动损益;⑨资产减值损失;⑩非流动资产处置损益;⑪所得税费用;⑫净利润;⑬其他综合收益各项目分别扣除所得税影响后的净额;⑭综合收益总额。金融企业可以根据其特殊性列示利润表项目。

(3)其他综合收益项目应当根据其他相关会计准则的规定分为以后会计期间不能重分类进损益的其他综合收益项目和以后会计期间在满足规定条件时将重分类进损益的其他综合收益项目两类列报。

(4)在合并利润表中,企业应当在净利润项目之下单独列示归属于母公司所有者的损益和归属于少数股东的损益,在综合收益总额项目之下单独列示归属于母公司所有者的综合收益总额和归属于少数股东的综合收益总额。

三、我国企业利润表的一般格式

利润表的格式主要有多步式利润表和单步式利润表两种。在我国,企业应当采用多步式利润表,将不同性质的收入和费用分别进行对比,以便得出一些中间性的利润数据,帮助使用者理解企业经营成果的不同来源。

企业可以分如下三个步骤编制利润表:

第一步,以营业收入为基础,减去营业成本、税金及附加、销售费用、管理费用、财务费用、资产减值损失,加上公允价值变动收益(减去公允价值变动损失)和投资收益(减去投资损失),计算出营业利润。

$$营业利润 = 营业收入 - 营业成本 - 税金及附加$$
$$- 销售费用、管理费用和财务费用 - 资产减值损失$$
$$+ 投资收益(减损失) + 公允价值变动收益(减损失)$$

第二步,以营业利润为基础,加上营业外收入,减去营业外支出,计算出利润总额。

$$利润总额 = 营业利润 + 营业外收入 - 营业外支出$$

第三步,以利润总额为基础,减去所得税费用,计算出净利润(或净亏损)。

$$净利润 = 利润总额 - 所得税$$

利润表通常包括表头和表体两部分。表头应列明报表名称、编表单位名称、财务报表涵盖的会计期间和人民币金额单位等内容;利润表的表体,反映形成经营成果的各个项目和计算过程。我国企业利润表的格式一般如表10-2所示。

表10-2　　　　　　　　　　　利　润　表

会企02表

编制单位:　　　　　　　　　__年__月　　　　　　　　　　　单位:元

项　目	本期金额	上期金额
一、营业收入		
减:营业成本		
税金及附加		
销售费用		
管理费用		
研发费用		
财务费用		
其中:利息费用		
利息收入		
加:其他收益		
投资收益(损失以"-"号填列)		
其中:对联营企业和合营企业的投资收益		

(续表)

项　　目	本期金额	上期金额
以摊余成本计量的金融资产终止确认收益(损失以"－"号填列)		
净敞口套期收益(损失以"－"号填列)		
公允价值变动收益(损失以"－"号填列)		
信用减值损失(损失以"－"号填列)		
资产减值损失(损失以"－"号填列)		
资产处置收益(损失以"－"号填列)		
二、营业利润(亏损以"－"号填列)		
加:营业外收入		
减:营业外支出		
三、利润总额(亏损总额以"－"号填列)		
减:所得税费用		
四、净利润(净亏损以"－"号填列)		
(一)持续经营净利润(净亏损以"－"号填列)		
(二)终止经营净利润(净亏损以"－"号填列)		
五、其他综合收益的税后净额		
(一)不能重分类进损益的其他综合收益		
1. 重新计量设定受益计划变动额		
2. 权益法下不能转损益的其他综合收益		
3. 其他权益工具投资公允价值变动		
4. 企业自身信用风险公允价值变动		
……		
(二)将重分类进损益的其他综合收益		
1. 权益法下可转损益的其他综合收益		
2. 其他债权投资公允价值变动		
3. 金融资产重分类计入其他综合收益的金额		
4. 其他债权投资从用减值准备		
5. 现金流量套期储备		
6. 外币财务报表折算差额		
……		
六、综合收益总额		
七、每股收益		
(一)基本每股收益		
(二)稀释每股收益		

四、利润表编制的基本方法

(一)"本期金额"栏的填列方法

"本期金额"栏根据"主营业务收入""主营业务成本""税金及附加""销售费用""管理费用""财务费用""资产减值损失""公允价值变动损益""投资收益""营业外收入""营业外支出""所得税费用"等账户的发生额分析填列。

其中,"营业利润""利润总额""净利润"等项目根据该表中相关项目计算填列。

(二)"上期金额"栏的填列方法

"上期金额"栏应根据上年该期利润表"本期金额"栏内所列数字填列。如果上年该期利润表规定的各个项目的名称和内容同本期不一致,应对上年该期利润表各项目的名称和数字按本期的规定进行调整,填入利润表"上期金额"栏内。

(三)利润表各项目的填列方法

利润表中各项目的数据来源主要是根据损益类账户的发生额分析填列。

1. "本年金额"栏的填报方法

(1)"营业收入"项目。本项目反映企业经营主要业务和其他业务所确认的收入总额。本项目应根据"主营业务收入"和"其他业务收入"账户的发生额分析填列。

(2)"营业成本"项目。本项目反映企业经营主要业务和其他业务所发生的成本总额。本项目应根据"主营业务成本"和"其他业务成本"账户的发生额分析填列。

(3)"税金及附加"项目。本项目反映企业经营业务应负担的消费税、城市建设维护税、资源税、土地增值税和教育费附加等。本项目应根据"税金及附加"账户的发生额分析填列。

(4)"销售费用"项目。本项目反映企业在销售商品过程中发生的包装费、广告费等费用和为销售本企业商品而专设的销售机构的职工薪酬、业务费等经营费用。本项目应根据"销售费用"账户的发生额分析填列。

(5)"管理费用"项目。本项目反映企业为组织和管理生产经营发生的管理费用。本项目应根据"管理费用"账户的发生额分析填列。

(6)"研发费用"项目。本项目反映企业进行研究与开发过程中发生的费用化支出,以及计入管理费用的自行开发无形资产的摊销。本项目应根据"管理费用"账户下的"研究费用"明细账户的发生额,以及"管理费用"账户下的"无形资产摊销"明细账户的发生额分析填列。

(7)"财务费用"项目。本项目反映企业筹集生产经营所需资金等而发生的筹资费用。本项目应根据"财务费用"账户的发生额分析填列。

(8)"其他收益"项目。本项目反映计入其他收益的政府补助,以及其他与日常活动相关且计入其他收益的项目。本项目应根据"其他收益"账户的发生额分析填列。企业作为个人所得税的扣缴义务人,根据《中华人民共和国个人所得税法》收到的扣缴税款手续费,应作为其他与日常活动相关的收益在本项目中填列。

(9)"投资收益"项目。本项目反映企业以各种方式对外投资所取得的收益。本项目应根据"投资收益"账户的发生额分析填列;如为投资损失,以"一"号填列。

(10)"以摊余成本计量的金融资产终止确认收益"项目。本项目反映企业因转让等情形导致终止确认以摊余成本计量的金融资产而产生的利得或损失。本项目应根据"投资收益"账户的相关明细账户的发生额分析填列;如为损失,以"一"号填列。

(11)"净敞口套期收益"项目。本项目反映净敞口套期下被套期项目累计公允价值变动转入当期损益的金额或现金流量套期储备转入当期损益的金额。本项目应根据"净敞口套期损益"账户的发生额分析填列;如为套期损失,以"一"号填列。

(12)"公允价值变动收益"项目。本项目反映企业应当计入当期损益的资产或负债公允价值变动收益。本项目应根据"公允价值变动损益"账户的发生额分析填列;如为净损失,以"一"号填列。

(13)"信用减值损失"项目。本项目反映企业按照《企业会计准则第 22 号——金融工具确认和计量》(财会〔2017〕7 号)的要求计提的各项金融工具信用减值准备所确认的信用损失。本项目应根据"信用减值损失"账户的发生额分析填列。

(14)"资产减值损失"项目。本项目反映企业各项资产发生的减值损失。本项目应根据"资产减值损失"账户的发生额分析填列。

(15)"资产处置收益"项目。本项目反映企业出售划分为持有待售的非流动资产(金融工具、长期股权投资和投资性房地产除外)或处置组(子公司和业务除外)时确认的处置利得或损失,以及处置未划分为持有待售的固定资产、在建工程、生产性生物资产及无形资产而产生的处置利得或损失。债务重组中因处置非流动资产(金融工具、长期股权投资和投资性房地产除外)产生的利得或损失和非货币性资产交换中换出非流动资产(金融工具、长期股权投资和投资性房地产除外)产生的利得或损失也包括在本项目内。本项目应根据"资产处置损益"账户的发生额分析填列;如为处置损失,以"一"号填列。

(16)"营业利润"项目。本项目反映企业实现的营业利润。如为亏损,本项目以"一"号填列。

(17)"营业外收入"项目。本项目反映企业发生的与经营业务无直接关系的各项收入。本项目应根据"营业外收入"账户的发生额分析填列。

(18)"营业外支出"项目。本项目反映企业发生的与经营业务无直接关系的各项支出。本项目应根据"营业外支出"账户的发生额分析填列。

(19)"利润总额"项目。本项目反映企业实现的利润。如为亏损,本项目以"一"号填列。

(20)"所得税费用"项目。本项目反映企业应从当期利润总额中扣除的所得税费用。本项目应根据"所得税费用"账户的发生额分析填列。

(21)"净利润"项目。本项目反映企业实现的净利润。如为亏损,本项目以"一"号填列。

(22)"(一)持续经营净利润"和"(二)终止经营净利润"项目。本项目分别反映净利润中与持续经营相关的净利润和与终止经营相关的净利润;如为净亏损,以"一"号填列。这两个项目应按照《企业会计准则第 42 号——持有待售的非流动资产、处置组和终止经营》的相关规定分别列报。

(23)"其他权益工具投资公允价值变动"项目。本项目反映企业指定为以公允价值计量且其变动计入其他综合收益的非交易性权益工具投资发生的公允价值变动。本项目应根据"其他综合收益"账户的相关明细账户的发生额分析填列。

(24)"企业自身信用风险公允价值变动"项目。本项目反映企业指定为以公允价值计量且其变动计入当期损益的金融负债,由企业自身信用风险变动引起的公允价值变动而计入其他综合收益的金额。本项目应根据"其他综合收益"账户的相关明细账户的发生额分析填列。

(25)"其他债权投资公允价值变动"项目。本项目反映企业分类为以公允价值计量且其变动计入其他综合收益的债权投资发生的公允价值变动。企业将一项以公允价值计量且其变动计入其他综合收益的金融资产重分类为以摊余成本计量的金融资产,或重分类为以公允价值计量且其变动计入当期损益的金融资产时,之前计入其他综合收益的累计利得或损失从其他综合收益中转出的金额作为该项目的减项。本项目应根据"其他综合收益"账户下的相关明细账户的发生额分析填列。

(26)"金融资产重分类计入其他综合收益的金额"项目。本项目反映企业将一项以摊余成本计量的金融资产重分类为以公允价值计量且其变动计入其他综合收益的金融资产时,计入其他综合收益的原账面价值与公允价值之间的差额。本项目应根据"其他综合收益"账户下的相关明细账户的发生额分析填列。

(27)"其他债权投资信用减值准备"项目。本项目反映企业按照《企业会计准则第22号——金融工具确认和计量》(财会〔2017〕7号)第十八条分类为以公允价值计量且其变动计入其他综合收益的金融资产的损失准备。本项目应根据"其他综合收益"账户下的"信用减值准备"明细账户的发生额分析填列。

(28)"现金流量套期储备"项目。本项目反映企业套期工具产生的利得或损失中属于套期有效的部分。本项目应根据"其他综合收益"账户下的"套期储备"明细账户的发生额分析填列。

(29)"基本每股收益"和"稀释每股收益"项目。

【例10-8·单项选择题】 资产负债表是指反映企业（　　）的财务状况的会计报表。
A. 在某一会计期间　　　　　B. 在某一特定日期
C. 在一定时期内　　　　　　D. 在生产经营过程中
【答案】 B

【例10-9·单项选择题】 我国企业的资产负债表采用（　　）的格式。
A. 报告式　　B. 数量金额式　　C. 账户式　　D. 多步式
【答案】 C

【例10-10·单项选择题】 资产负债表是反映企业某一特定日期（　　）的会计报表。
A. 权益变动情况　　B. 财务状况　　C. 经营成果　　D. 现金流量
【答案】 B

【例10-11·单项选择题】 资产负债表中的资产项目是按资产的（　　）大小顺序排列的。
A. 流动性　　B. 重要性　　C. 变动性　　D. 盈利性
【答案】 A

【例10-12·单项选择题】 资产负债表是根据（　　）这一会计等式编制的

A. 收入－费用＝利润

B. 现金流入－现金流出＝现金净流量

C. 资产＋费用＝负债＋所有者权益＋收入

D. 资产＝负债＋所有者权益

【答案】 D

【例10-13·单项选择题】 资产负债表填列的依据是( )。

A. 总账各账户的余额

B. 总账各账户本期发生额

C. 有关总账各账户余额和某些明细账的余额

D. 总账发生额和明细账发生额

【答案】 C

【例10-14·单项选择题】 某企业期末"应收账款"账户为借方余额207 000元,其所属明细账户的借方余额合计为280 000元,所属明细账户贷方余额合计为73 000元,"坏账准备"账户为贷方余额1 000元,其中针对应收账款计提的坏账准备为680元,预收账款所属明细账户的借方余额合计为0。则该企业资产负债表中"应收账款"项目的期末数应是( )元。

A. 280 000   B. 279 320   C. 207 000   D. 206 320

【答案】 B

【例10-15·单项选择题】 2019年年末,某公司应收账款明细账借方余额合计为500 000元,假设预收账款余额为0,当年应收账款计提的坏账准备共计80 000元,则年末资产负债表上所列示的"应收账款"为( )元。

A. 500 000   B. 420 000   C. 560 000   D. 600 000

【答案】 B

【解析】 年末资产负债表上所列示的"应收账款"为420 000元(500 000－80 000)。

【例10-16·单项选择题】 东方公司2019年6月30日"固定资产"账户余额为960万元,"累计折旧"账户余额为190万元,"固定资产减值准备"账户余额为70万元,则东方公司2019年6月30日的资产负债表中,"固定资产"项目期末余额为( )万元。

A. 700   B. 770   C. 890   D. 960

【答案】 A

【例10-17·单项选择题】 资产负债表的下列项目中,需根据若干个总账账户余额相加计算填列的是( )。

A. 应收账款   B. 固定资产   C. 货币资金   D. 其他应收款

【答案】 C

【例10-18·单项选择题】 资产负债表的下列项目中,可以根据总账账户余额直接填列的是( )。

A. 应付职工薪酬   B. 存货

C. 长期借款   D. 预收账款

【答案】 A

【例10-19·多项选择题】 资产负债表中的"存货"项目,是指( )等的期末记录。

A. 代管物资 B. 材料采购、原材料
C. 库存商品 D. 生产成本

【答案】 BCD

【例10-20·多项选择题】 某企业期末"应付账款"账户为贷方余额260 000元,其所属明细账户的贷方余额合计为330 000元,所属明细账户的借方余额合计为70 000元;"预付账款"账户的借方余额为150 000元,其所属明细账户的借方余额合计为200 000元,所属明细账户的贷方余额合计为50 000元。则该企业资产负债表中"应付账款"和"预付账款"两个项目的期末数分别应为(　　)元。

A. 380 000　　B. 260 000　　C. 150 000　　D. 270 000

【答案】 AD

【例10-21·判断题】 "资产＝负债＋所有者权益"这一会计等式,是资产负债表的理论依据。(　　)

【答案】 √

【例10-22·判断题】 2019年3月31日,某公司"本年利润"账户的贷方余额为153 000元,"利润分配"账户的贷方余额为96 000元,则当日编制的资产负债表中,"未分配利润"项目的"期末余额"应为57 000元。(　　)

【答案】 ×

【例10-23·判断题】 2019年12月31日,某公司"长期借款"账户贷方余额520 000元,其中,2020年7月1日到期的借款为200 000元,则当日编制的资产负债表中,"长期借款"项目的"期末余额"应为320 000元。(　　)

【答案】 √

【例10-24·不定项选择题】 2019年3月31日,南方公司有关账户期末余额及相关经济业务如下:

(1)"库存现金"账户借方余额2 000元,"银行存款"账户借方余额350 000元,"其他货币资金"账户借方余额500 000元。

(2)"应收账款"总账账户借方余额350 000元,其所属明细账户借方余额合计为480 000元,所属明细账户贷方余额合计130 000元,"坏账准备"账户贷方余额为30 000元(均系应收账款计提)。

(3)"固定资产"账户借方余额8 700 000元,"累计折旧"账户贷方余额2 600 000元,"固定资产减值准备"账户贷方余额为600 000元。

(4)"应付账款"总账账户贷方余额240 000元,其所属明细账户贷方余额合计为350 000元,所属明细账户借方余额合计为110 000元。

(5)"预付账款"总账账户借方余额130 000元,其所属明细账户借方余额合计为160 000元,其所属明细账贷方余额合计为30 000元。

(6)本月实现营业收入为2 000 000元,营业成本为1 500 000元,税金及附加为240 000元,期间费用为100 000元,营业外收入为20 000元,适用所得税税率25%。

要求:根据上述资料,回答下列题目:

(1)南方公司2019年3月31日资产负债表中"货币资金"项目"期末余额"栏的金额是(　　)元。

A. 852 000　　　　B. 2 000　　　　C. 352 000　　　　D. 502 000

【答案】 A

【解析】 "库存现金"账户借方余额＋"银行存款"账户借方余额＋"其他货币资金"账户借方余额＝2 000＋350 000＋500 000＝852 000(元)

(2) 南方公司2019年3月31日资产负债表中"应收账款"和"预收账款"两个项目"期末余额"栏的金额分别是(　　)元。

A. 480 000　　　　B. 450 000　　　　C. 350 000　　　　D. 130 000

【答案】 BD

【解析】 "应收账款"项目期末余额＝"应收账款"所属明细账户借方余额－坏账准备＝480 000－30 000＝450 000(元)

"预收账款"项目期末余额＝"应收账款"所属明细账户贷方余额＝130 000(元)

(3) 南方公司2019年3月31日资产负债表中"固定资产"项目"期末余额"栏的金额是(　　)元。

A. 8 700 000　　　B. 6 100 000　　　C. 5 500 000　　　D. 6 700 000

【答案】 C

【解析】 "固定资产"项目"期末余额"＝"固定资产"账户借方余额8 700 000元－"累计折旧"账户贷方余额2 600 000元－"固定资产减值准备"账户贷方余额＝8 700 000－2 600 000－600 000＝5 500 000(元)

(4) 南方公司2019年3月31日资产负债表中"应付账款"和"预付账款"两个项目"期末余额"栏的金额分别是(　　)元。

A. 240 000　　　　B. 380 000　　　　C. 270 000　　　　D. 130 000

【答案】 BC

【解析】 "应付账款"项目期末余额＝"应付账款"和"预付账款"两个明细账户贷方余额之和＝350 000＋30 000＝380 000(元)

"预付账款"项目期末余额＝"应付账款"和"预付账款"两个明细账户借方余额之和＝110 000＋160 000＝270 000(元)

(5) 南方公司2019年3月"利润表"中的营业利润、利润总额和净利润"本期金额"栏的金额分别是(　　)元。

A. 160 000　　　　B. 180 000　　　　C. 120 000　　　　D. 135 000

【答案】 ABD

【解析】 营业利润＝营业收入－营业成本－税金及附加－期间费用＝2 000 000－1 500 000－240 000－100 000＝160 000(元)

利润总额＝营业利润＋营业外收入＝160 000＋20 000＝180 000(元)

净利润＝利润总额－所得税费用＝180 000－180 000×25％＝135 000(元)

练习题

一、单项选择题

1. 会计报表中项目的数字其直接来源是(　　)。

A. 原始凭证　　　B. 记账凭证　　　C. 日记账　　　D. 账簿记录

2. 财务会计报告是反映会计主体财务状况、经营成果和现金流量的书面文件,是由( )组成的。
   A. 资产负债表和利润表
   B. 资产负债表、利润表、现金流量表、附表、附注、财务情况说明书
   C. 资产＝负债＋所有者权益
   D. 会计报表和财务情况说明书

3. 我国利润表的格式为( )。
   A. 单步式   B. 多步式
   C. 单步式和多步式   D. 平衡式

4. 资产负债表中报表项目( )。
   A. 都是根据账户余额填列
   B. 都是根据发生额填列
   C. 根据上述A、B项填列
   D. 大多数项目可以直接根据账户余额填列,少数报表项目需要根据有关账户发生额分析计算后才能填列

5. ( )是反映企业在一定时期内经营成果的会计报表。
   A. 资产负债表   B. 利润表   C. 会计报表   D. 现金流量表

6. 资产负债表中,"应收账款"项目应根据( )填列。
   A. "应收账款"总分类账户期末余额
   B. "应收收款"总分类账户所属各明细分类账户的期末余额
   C. "应收账款"和"预收账款"总分类账所属各明细分类账户的期末借方余额合计－坏账准备
   D. "应收账款"和"预收账款"总分类账所属各明细分类账户的期末贷方余额合计

7. 多步式利润表是通过多步计算当期损益,通常把利润计算分解为( )。
   A. 营业利润、利润总额、净利润
   B. 毛利、营业利润和应税利润额
   C. 营业收入、营业利润和可分配利润
   D. 毛利、营业利润和利润总额

8. 利润表是反映企业( )经营成果及其分配情况的报表。
   A. 一定期间内   B. 特定日期   C. 相邻期间内   D. 相邻日期

9. 关于财务会计报告,下列论述中,错误的是( )。
   A. 能总括、综合、清晰、明了地反映会计主体的经营状况、财务成果和现金流量
   B. 其信息的使用者包括上级主管机关、投资者、债权人和内部经营管理者
   C. 为加快会计报表的编制和报送速度,可先编制会计报表,然后再进行账证、账账、账实核对,以保证会计信息的真实性
   D. 会计报表可以按不同标准进行分类

二、多项选择题

1. 会计报表按反映的经济内容分类有( )。
   A. 资产负债表   B. 利润表
   C. 现金流量表   D. 财务情况说明书

2. 财务会计报告的使用者有（　　）。
   A. 投资者 　　　　　　　　　　　　B. 债权人
   C. 企业内部管理人员和广大职工群众　D. 上级主管部门和财税部门
3. 会计报表的编制必须做到（　　）。
   A. 数字真实　　　　　　　　　　　B. 计算准确
   C. 不涂改　　　　　　　　　　　　D. 内容完整和编报及时
4. 资产负债表中，流动资产项目包括（　　）。
   A. 货币资金和交易性金融资产　　　B. 原材料
   C. 应收及预付账款　　　　　　　　D. 一年内到期的长期债券投资
5. 下列应该包括在资产负债表"存货"项目中的是（　　）。
   A. "工程物资"　　　　　　　　　　B. "在途物资"
   C. "委托代销商品"　　　　　　　　D. "周转材料"
6. 下列各项中，不影响营业利润的是（　　）。
   A. 管理费用　　B. 生产费用　　C. 营业外收入　　D. 所得税费用
7. 下列账户中，可能影响资产负债表中"应付账款"项目金额的有（　　）。
   A. "应收账款"　B. "预收账款"　C. "应付账款"　D. "预付账款"

三、判断题

1. 在实际工作中，为使会计报表及时报送，企业可以提前结账。（　）
2. 利润表是反映企业在一定期间的经营成果的报表。（　）
3. 资产负债表左、右两方的项目，都是根据有关总账或明细账的期末余额直接填列的。（　）
4. 资产负债表中，资产的排列顺序是根据重要性原则确定的。（　）
5. 资产负债表中，"应收账款"项目的期末数应根据"应收账款"账户的余额直接填列。（　）
6. 企业年度利润表中"利润总额"项目应该和年末年初净资产的差额相等。（　）
7. 资产负债表的格式有单步式和多步式。（　）
8. 企业在编制会计报表前，一般应该进行账证、账账、账实核对，并进行期末账项调整，以保证会计信息的有用性。（　）
9. 作为利润表编制基础的平衡公式是"收入－费用＝利润"。（　）

四、综合分析题

（一）计算题

温州工贸有限公司2019年12月末部分会计科目余额如表10-3所示。

表10-3　　　　　　　　　　部分账户余额表

总账科目			所属明细科目		
科目	借方	贷方	科目	借方	贷方
应收账款	4 000		A公司 B公司	5 000	1 000
预付账款	1 500		C公司 D公司	1 750	250

(续表)

总账科目			所属明细科目		
科目	借方	贷方	科目	借方	贷方
其他应收款	500				
应付账款		3 500	E公司 F公司	400	3 900
预收账款		1 250	G公司 H公司	150	1 400
其他应付款	200				
应交税费		350			
应付利润		450			
利润分配		500	未分配利润		500

要求（根据以上资料，计算该企业本月末资产负债表有关项目的金额）：

1. 资产类项目：

    应收账款＝

    预付款项＝

    其他应收款＝

2. 负债类项目：

    应付账款＝

    预收款项＝

    其他应付款＝

    未交税金＝

    未付利润＝

3. 所有者权益类项目：

    未分配利润＝

（二）练习工业企业资产负债表和利润表的编制。

1. 飞虎厂2019年6月底各账户期末余额如表10-4所示。

表10-4　　　　　　　账户期末余额表

账户名称	借方余额	账户名称	贷方余额
库存现金	350	短期借款	61 000
银行存款	76 700	应付账款	4 050
应收账款	7 000	其他应付款	8 700
其他应收款	750	应付职工薪酬	7 000
原材料	417 665	应付利息	4 100
生产成本	36 000	应交税费	69 675
库存商品	50 400	累计折旧	230 500
长期待摊费用	7 500	本年利润	176 625
固定资产	628 500	实收资本	721 000
利润分配	95 785	盈余公积	38 000
合计	1 320 650	合计	1 320 650

2. 有关明细资料：
   (1) 应交税费 69 675 元，包括：所得税 58 875 元，增值税 10 800 元。
   (2) 各损益账户累计余额有："主营业务收入"1 286 400 元，"主营业务成本"944 280 元，"税金及附加"64 320 元，"销售费用"12 600 元，"其他业务收入"35 000 元，"其他业务成本"31 500 元，"营业外收入"800 元，"营业外支出"12 000 元，"管理费用"15 800 元，"财务费用"6 200 元。
   (3) "利润分配"账户中包括提取盈余公积 31 557 元，应付利润 64 228 元。

要求：

1. 根据资料编制资产负债表（见表 10-5）。

表 10-5　　　　　　　　　　　　　　资产负债表

会企 01 表

编制单位：　　　　　　　　　　　　　　　　__ 年 __ 月 __ 日　　　　　　　　　　　　　　　　单位：元

资　产	期末余额	上年年末余额	负债和所有者权益（或股东权益）	期末余额	上年年末余额
流动资产：			流动负债：		
货币资金			短期借款		
交易性金融资产			交易性金融负债		
衍生金融资产			衍生金融负债		
应收票据			应付票据		
应收账款			应付账款		
应收款项融资			预收款项		
预付款项			合同负债		
其他应收款			应付职工薪酬		
存货			应交税费		
合同资产			其他应付款		
持有待售资产			持有待售负债		
一年内到期的非流动资产			一年内到期的非流动负债		
其他流动资产			其他流动负债		
流动资产合计			流动负债合计		
非流动资产：			非流动负债：		
债权投资			长期借款		
其他债权投资			应付债券		
长期应收款			其中：优先股		
长期股权投资			永续债		
其他权益工具投资			租赁负债		
其他非流动金融资产			长期应付款		
投资性房地产			预计负债		

(续表)

资　产	期末余额	上年年末余额	负债和所有者权益（或股东权益）	期末余额	上年年末余额
固定资产			递延收益		
在建工程			递延所得税负债		
生产性生物资产			其他非流动负债		
油气资产			非流动负债合计		
使用权资产			负债合计		
无形资产			所有者权益(或股东权益):		
开发支出			实收资本(或股本)		
商誉			其他权益工具		
长期待摊费用			其中:优先股		
递延所得税资产			永续债		
其他非流动资产			资本公积		
非流动资产合计			减:库存股		
			其他综合收益		
			专项储备		
			盈余公积		
			未分配利润		
			所有者权益(或股东权益)合计		
资产总计			负债和所有者权益（或股东权益）总计		

2. 根据资料编制利润表(见表10-6)。

表10-6　　　　　　　　利　润　表

会企02表

编制单位：　　　　　　　__年__月　　　　　　　单位:元

项　目	本期金额	上期金额
一、营业收入		
减:营业成本		
税金及附加		
销售费用		
管理费用		
研发费用		
财务费用		
其中:利息费用		
利息收入		
加:其他收益		

(续表)

项　　　　目	本期金额	上期金额
投资收益(损失以"－"号填列)		
其中:对联营企业和合营企业的投资收益		
以摊余成本计量的金融资产终止确认收益(损失以"－"号填列)		
净敞口套期收益(损失以"－"号填列)		
公允价值变动收益(损失以"－"号填列)		
信用减值损失(损失以"－"号填列)		
资产减值损失(损失以"－"号填列)		
资产处置收益(损失以"－"号填列)		
二、营业利润(亏损以"－"号填列)		
加:营业外收入		
减:营业外支出		
三、利润总额(亏损总额以"－"号填列)		
减:所得税费用		
四、净利润(净亏损以"－"号填列)		
(一)持续经营净利润(净亏损以"－"号填列)		
(二)终止经营净利润(净亏损以"－"号填列)		
五、其他综合收益的税后净额		
(一)不能重分类进损益的其他综合收益		
1.重新计量设定受益计划变动额		
2.权益法下不能转损益的其他综合收益		
3.其他权益工具投资公允价值变动		
4.企业自身信用风险公允价值变动		
……		
(二)将重分类进损益的其他综合收益		
1.权益法下可转损益的其他综合收益		
2.其他债权投资公允价值变动		
3.金融资产重分类计入其他综合收益的金额		
4.其他债权投资从用减值准备		
5.现金流量套期储备		
6.外币财务报表折算差额		
……		
六、综合收益总额		
七、每股收益		
(一)基本每股收益		
(二)稀释每股收益		

第十一章 会计档案

> 学习目标
>
> 目标1 掌握会计档案的内容
> 目标2 掌握会计档案的保管期限
> 目标3 掌握会计档案的交接手续
> 目标4 掌握会计档案的销毁手续

第一节 会计档案概述

第十一章第一节

一、会计档案的概念

会计档案是指会计凭证、会计账簿和财务会计报告等会计核算专业材料，它是记录和反映单位经济业务的重要史料和证据。

各单位(包括国家机关、社会团体、企业、事业单位、按规定应当建账的个体工商户和其他组织)必须根据《会计档案管理办法》的规定，加强对会计档案管理工作的领导，建立会计档案的立卷、归档、保管、查阅和销毁等管理制度，保证会计档案保管、有序存放、方便查阅，严防毁损、散失和泄密。各级人民政府财政部门和档案行政管理部门共同负责会计档案工作的指导、监督和检查。

二、会计档案的内容

会计档案具体包括以下内容：

(1) 会计凭证类：包括原始凭证、记账凭证、汇总凭证、其他会计凭证。

(2) 会计账簿类：包括总账、明细账、日记账、固定资产卡片、辅助账簿、其他会计账簿。

(3) 财务会计报告类：包括月度、季度、半年度、年度财务会计报告，包括会计报表、附表、附注及文字说明，其他财务会计报告。

(4) 其他会计资料类：包括银行存款余额调节表、银行对账单、会计档案移交清册、会计档案保管清册、会计档案销毁清册以及其他应当保存的会计核算专业资料。

需要注意的是，预算、计划、制度等文件材料，不属于会计档案，应当作为文书档案进行管理。

采用电子计算机进行会计核算的单位，应当保存打印出的纸质会计档案。具备采用磁介质保存会计档案条件的单位，应将保存在磁介质上的会计数据、程序文件及其他会计核算资料,视同会计档案一并管理。

第二节 会计档案保管

一、会计档案的归档

根据《会计档案管理办法》,各单位当年形成的会计档案,应由会计机构按照归档的要求,负责整理立卷,装订成册,编制会计档案保管清册。

当年形成的会计档案,在会计年度终了后,可暂由本单位财务会计部门保管1年。期满之后,应由财务会计部门编制移交清册,移交本单位的档案机构统一保管;未设立档案机构的,应当在会计机构内部指定专人保管,但出纳人员不得兼管会计档案。

移交本单位档案机构保管的会计档案,原则上应当保持原卷册的封装,一般不得拆封。个别需要拆封重新整理的,档案机构应当会同会计机构和经办人员共同拆封整理,以分清责任。

二、会计档案的保管期限

会计档案的重要程度不同,其保管期限也有所不同。

各种会计档案的保管期限,根据其特点,分为永久、定期两类。永久档案即长期保管,不可以销毁的档案;定期档案根据保管期限分为10年和30年。各类会计档案的保管原则上应当按照表11-1和表11-2所列期限执行,表中会计保管期限为最低保管期限。会计档案的保管期限,从会计年度终了后的第一天算起,即下一年度的1月1日算起。

《会计档案管理办法》规定了我国企业和其他组织、预算单位等会计档案的保管期限,该办法规定的会计档案的保管期限为最低保管期限,具体见表11-1和表11-2。

表11-1　　　　　　　企业和其他组织会计档案保管期限表

序号	档案名称	保管期限	备注
一	会计凭证		
1	原始凭证	30年	
2	记账凭证	30年	
二	会计账簿		
3	总账	30年	
4	明细账	30年	
5	日记账	30年	
6	固定资产卡片		固定资产报废清理后保管5年
7	其他辅助性账簿	30年	
三	财务会计报告		包括各级主管部门汇总财务会计报告
8	月度、季度、半年度财务会计报告	10年	
9	年度财务会计报告	永久	

(续表)

序号	档 案 名 称	保管期限	备 注
四	其他会计资料		
10	银行存款余额调节表	10年	
11	银行对账单	10年	
12	纳税申报表	10年	
13	会计档案移交清册	30年	
14	会计档案保管清册	永久	
15	会计档案销毁清册	永久	
16	会计档案鉴定意见书	永久	

表11-2　　财政总预算、行政单位、事业单位和税收会计档案保管期限表

序号	档 案 名 称	保管期限			备 注
		财政总预算	行政单位事业单位	税收会计	
一	会计凭证				
1	国家金库编送的各种报表及缴库退库凭证	10年		10年	
2	各收入机关编送的报表	10年			
3	行政单位和事业单位的各种会计凭证		30年		包括：原始凭证、记账凭证和传票汇总表
4	财政总预算拨款凭证和其他会计凭证	30年			包括：拨款凭证和其他会计凭证
二	会计账簿				
5	日记账		30年	30年	
6	总账	30年	30年	30年	
7	税收日记账（总账）			30年	
8	明细分类、分户账或登记簿	30年	30年	30年	
9	行政单位和事业单位固定资产卡片				固定资产报废清理后保管5年
三	财务会计报告				
10	政府综合财务报告	永久			下级财政、本级部门和单位报送的保管2年
11	部门财务报告		永久		所属单位报送的保管2年
12	财政总决算	永久			下级财政、本级部门和单位报送的保管2年
13	部门决算		永久	永久	所属单位报送的保管2年
14	税收年报（决算）			永久	

(续表)

序号	档案名称	保管期限			备注
		财政总预算	行政单位事业单位	税收会计	
15	国家金库年报(决算)	10年			
16	基本建设拨、贷款年报(决算)	10年			
17	行政单位和事业单位会计月、季度报表		10年		所属单位报送的保管2年
18	税收会计报表			10年	所属税务机关报送的保管2年
四	其他会计资料				
19	银行存款余额调节表	10年	10年		
20	银行对账单	10年	10年	10年	
21	会计档案移交清册	30年	30年	30年	
22	会计档案保管清册	永久	永久	永久	
23	会计档案销毁清册	永久	永久	永久	
24	会计档案鉴定意见书	永久	永久	永久	

注：税务机关的税务经费会计档案保管期限，按行政单位会计档案保管期限规定办理。

三、会计档案的查阅和复制与交接

(一) 会计档案的查阅和复制

各单位应建立健全会计档案的查阅、复制登记制度。各单位保存的会计档案不得借出。如有特殊需要，经本单位负责人批准，可以提供查阅或者复制，并办理登记手续。查阅或者复制会计档案的人员，严禁在会计档案上涂画、拆封或抽换。借出的会计档案，会计档案管理人员要按期如数收回，并办理注销借阅手续。

(二) 会计档案的交接

(1) 单位因撤销、解散、破产或者其他原因而终止的，在终止和办理注销登记手续之前形成的会计档案，应当由终止单位的业务主管部门或财产所有者代管或移交有关档案馆代管。

(2) 单位分立后原单位存续的，其会计档案应当由分立后的存续方统一保管，其他方可查阅、复制与其业务相关的会计档案。

(3) 单位分立后原单位解散的，其会计档案应当经各方协商后，由其中一方代管或移交档案馆代管，各方可查阅、复制与其业务相关的会计档案。

(4) 单位分立中未结清的会计事项，所涉及的原始凭证应当单独抽出由业务相关方保存，并按规定办理交接手续。

(5) 单位因业务移交其他单位所涉及的会计档案，应当由原单位保管，承接业务单位可查阅、复制与其业务相关的会计档案，对其中未结清的会计事项所涉及的原始凭证，应当单独抽出由业务承接单位保存,并按规定办理交接手续。

(6) 单位合并后原各单位解散或一方存续其他方解散的,原各单位的会计档案应当由合并后的单位统一保管;单位合并后原各单位仍存续的,其会计档案仍应由原各单位保管。

(7) 建设单位在项目建设期间形成的会计档案,应当在办理竣工决算后移交给建设项目的接受单位,并按规定办理交接手续。

(8) 单位之间交接会计档案的,交接双方应当办理会计档案交接手续。移交会计档案的单位应当编制会计档案移交清册,列明应当移交的会计档案名称、卷号、册数、起止年度和档案编号、应保管期限、已保管期限等内容。

(9) 交接会计档案时,交接双方应当按照会计档案移交清册所列内容逐项交接,并由交接双方的单位负责人负责监交。交接完毕后,交接双方经办人和监交人应当在会计档案移交清册上签名或者盖章。

(10) 我国境内所有单位的会计档案不得携带出境。驻外机构和境内单位在境外设立的企业(简称境外单位)的会计档案,应当按照《会计档案管理办法》和有关规定进行管理。

四、会计档案的销毁

会计档案保管期满需要销毁的,可以按照以下程序销毁:

(1) 由本单位档案机构提出销毁意见,编制会计档案销毁清册,列明:销毁会计档案的名称、卷号、册数、起止年度和档案编号、应保管期限、已保管期限、销毁时间等内容。

(2) 单位负责人在会计档案销毁清册上签署意见。

(3) 销毁会计档案时,应当由单位档案机构和会计机构共同派员监销。国家机关销毁会计档案时,应当由同级财政部门、审计部门派员参加监销。财政部门销毁会计档案时,应当由同级审计部门派员参加监销。

(4) 监销人在销毁会计档案前,应当按照会计档案销毁清册所列内容清点核对所要销毁的会计档案;销毁后,应当在会计档案销毁清册上签名盖章,并将监销情况报告本单位负责人。

对于保管期满但未结清的债权债务原始凭证以及涉及其他未了事项的原始凭证,不得销毁,应单独抽出,另行立卷,由档案部门保管到未了事项完结时为止。单独抽出立卷的会计档案应当在会计档案销毁清册和会计档案保管清册中列明。

正在项目建设期间的建设单位,其保管期满的会计档案不得销毁。

提示:会计档案的销毁是一项严肃的工作,各单位必须严格按照《会计法》和《会计档案管理办法》的规定进行。故意销毁依法应当保存的会计凭证、会计账簿、财务会计报告的行为,以及授意、指使、强令会计机构、会计人员及其他人员故意销毁依法应当保存的会计凭证、会计账簿、财务会计报告的行为,都是违法行为。

【例11-1·单项选择题】 会计档案的保管期限,应从(　　)。
A. 移交档案管理部门之日算起　　B. 会计年度终了后的第一天算起
C. 年度会计报表签发日算起　　　D. 下一会计年度首月末之日算起
【答案】 B

【例11-2·单项选择题】 根据《会计档案管理办法》,各种明细账、日记账的保管期限为(　　)年。

A. 5　　　　　　B. 10　　　　　　C. 30　　　　　　D. 25

【答案】 C

【例 11-3·单项选择题】 根据《会计档案管理办法》规定,保管期限为 10 年的账簿是(　　)。

A. 纳税申报表　　B. 现金总账　　C. 应收账款总账　　D. 固定资产总账

【答案】 A

【例 11-4·单项选择题】 企业年度财务会计报告的保管期限为(　　)。

A. 10 年　　　　B. 永久　　　　C. 15 年　　　　D. 25 年

【答案】 B

【例 11-5·单项选择题】 会计档案是指记录和反映经济业务事项的重要(　　)。

A. 历史资料和证据　　　　　　B. 凭证
C. 材料　　　　　　　　　　　D. 依据和资料

【答案】 A

【例 11-6·单项选择题】 下列会计资料中,不属于会计档案的是(　　)。

A. 总账　　　　　　　　　　　B. 明细账
C. 银行存款日记账　　　　　　D. 购销合同

【答案】 D

【例 11-7·单项选择题】 下列会计档案中,需要保管 10 年的是(　　)。

A. 备查账　　　　　　　　　　B. 明细账
C. 银行存款余额调节表　　　　D. 科目汇总表

【答案】 C

【例 11-8·单项选择题】 会计凭证一般(　　)装订一次。

A. 每周　　　　B. 半月　　　　C. 每月　　　　D. 每季

【答案】 C

【例 11-9·单项选择题】 单位当年形成的会计档案,在会计年度终了后,可暂由本单位会计机构保管(　　)年。期满之后,应由会计机构编制移交清册,移交本单位的档案机构统一保管。

A. 10　　　　　B. 20　　　　　C. 1　　　　　D. 15

【答案】 C

【例 11-10·单项选择题】 财政部门销毁会计档案时,应当由(　　)派员参加监销。

A. 上级审计部门　　B. 下级审计部门　　C. 同级审计部门　　D. 公安部门

【答案】 C

【例 11-11·单项选择题】 其他单位如果因特殊原因需要使用会计档案时,经本单位负责人批准(　　)。

A. 可以查阅或复印
B. 只可以查阅不能复制
C. 不可查阅和复制
D. 可以借阅

【答案】 A

【例 11-12·单项选择题】 企业总账的保管期限为（　　）年。
A. 10　　　　　B. 20　　　　　C. 1　　　　　D. 30
【答案】 D

【例 11-13·单项选择题】 行政事业单位的各种会计凭证的保管期限为（　　）。
A. 30 年　　　B. 永久　　　C. 5 年　　　D. 25 年
【答案】 A

【例 11-14·多项选择题】 会计档案的内容是指会计档案的范围,具体包括（　　）。
A. 会计凭证　　B. 会计账簿　　C. 财务会计报告　　D. 其他会计核算资料
【答案】 ABCD

【例 11-15·多项选择题】 保管期限为 10 年的会计档案有（　　）。
A. 月度财务报告　　　　　　B. 季度财务会计报告
C. 月、季财务会计报告文字分析　　D. 固定资产卡片
【答案】 ABC

【例 11-16·多项选择题】 企业的下列会计档案中,保管期限为 30 年的有（　　）。
A. 存货总账　　B. 长期投资总账　　C. 银行对账单　　D. 固定资产卡片
【答案】 AB

【例 11-17·单项选择题】 会计档案的保管期限是指会计档案应予保管的时间,可分为永久和定期两类。定期保管期限分为 30 年和（　　）年。
A. 3　　　　　B. 5　　　　　C. 10　　　　　D. 15
【答案】 C

【例 11-18·多项选择题】 企业和其他组织的会计档案永久保管的有（　　）。
A. 会计档案销毁清册　　　　B. 会计移交清册
C. 会计档案保管清册　　　　D. 年度财务会计报告
【答案】 ACD

【例 11-19·多项选择题】 企业和其他组织的会计档案保管期限为 10 年的有（　　）。
A. 银行对账单　　　　　　　B. 会计移交清册
C. 记账凭证　　　　　　　　D. 银行存款余额调节表
【答案】 AD

【例 11-20·多项选择题】 企业和其他组织的会计档案保管期限为 30 年的有（　　）。
A. 会计档案销毁清册　　　　B. 会计移交清册
C. 记账凭证　　　　　　　　D. 汇总凭证
【答案】 BCD

【例 11-21·多项选择题】 单独抽出立卷的会计档案应当在（　　）中列明。
A. 会计档案销毁清册　　　　B. 账簿扉页
C. 会计档案保管清册　　　　D. 会计移交清册
【答案】 AC

【例 11-22·多项选择题】 单位销毁会计档案时,应由单位（　　）共同派员监销。
A. 审计部门　　B. 司法部门　　C. 档案机构　　D. 会计机构
【答案】 CD

【例11-23·多项选择题】 会计档案销毁清册中应列明所销毁会计档案的（　　）等内容。

A. 起止年度和档案编号　　　　B. 应保管期限
C. 已保管期限　　　　　　　　D. 销毁时间

【答案】 ABCD

【例11-24·判断题】 会计档案是指会计核算的依据。（　　）

【答案】 ×

【例11-25·判断题】 会计档案的保管期限,从会计年度终了的最后一天算起。（　　）

【答案】 ×

【例11-26·判断题】 为方便会计档案保管,可以根据需要对其拆封重新整理。（　　）

【答案】 ×

【例11-27·判断题】 会计档案只为本单位使用,单位保存的会计档案可以借出。（　　）

【答案】 ×

【例11-28·判断题】 故意销毁依法应当保存的会计凭证、会计账簿、财务会计报告的行为,以及授意、指使、强令会计机构、会计人员及其他人员故意销毁依法应当保存的会计凭证、会计账簿、财务会计报告的行为,不是违法行为。（　　）

【答案】 ×

【例11-29·判断题】 财政部门销毁会计档案时,应当由上级财政部门派员监销。（　　）

【答案】 ×

【例11-30·判断题】 保管期满但尚未结清的债权债务原始凭证,不得销毁,应单独抽出立卷。（　　）

【答案】 √

【例11-31·判断题】 当年形成的会计档案,在会计年度终了的最后一天,应将会计档案全部移交档案部门,保证会计档案齐全完整。（　　）

【答案】 ×

【例11-32·判断题】 会计档案保管期满需要销毁的,由本单位档案机构提出销毁意见,编制会计档案销毁清册。（　　）

【答案】 √

【例11-33·判断题】 正在项目建设期间的建设单位,其保管期满的会计档案也不得销毁。（　　）

【答案】 √

练习题

一、单项选择题

1.《会计档案管理办法》由财政部、国家档案局联合发布,并于(　　)起正式实施。

A. 1999年1月1日　　　　　　B. 1999年7月1日

  C. 1999年10月1日   D. 2000年1月1日

2. 下列会计资料中,不属于会计档案的是（　　）。
  A. 记账凭证   B. 会计移交清册
  C. 年度财务计划   D. 银行对账单

3. 当年形成的会计档案,在会计年度终了后,可暂由本单位会计部门保管（　　）年。
  A. 1   B. 3   C. 5   D. 10

4. 档案部门接收保管的会计档案需要拆封重新整理时,正确的做法是（　　）。
  A. 由原封装人员拆封整理
  B. 由原财务会计部门拆封整理
  C. 由档案部门拆封整理
  D. 档案部门会同原财务会计部门和经办人员共同拆封整理

5. 会计档案管理办法规定的会计档案保管期限为（　　）。
  A. 最高保管期限   B. 最低期限
  C. 平均保管期限   D. 适当保管期限

6. 会计档案定期保管期限分为（　　）两档。
  A. 10年、30年
  B. 5年、25年
  C. 10年、25年
  D. 15年、30年

7. 定期保管的会计档案期限最长为（　　）年。
  A. 5   B. 10   C. 15   D. 30

8. 企业会计凭证、会计账簿、会计移交清册的保管期限为（　　）年。
  A. 5   B. 10   C. 15   D. 30

9. 现金日记账和银行存款日记账的保管期限为（　　）年。
  A. 5   B. 10   C. 15   D. 30

10. 企业月、季财务报告的保管期限为（　　）年。
  A. 3   B. 5   C. 10   D. 25

11. 会计档案保管清册、会计档案销毁清册的保管期限为（　　）。
  A. 永久   B. 15年   C. 10年   D. 30年

12. 企业年度财务报告（决算）的保管期限为（　　）。
  A. 10年   B. 15年   C. 30年   D. 永久

13. 银行存款余额调节表、银行对账单的保管期限为（　　）年。
  A. 5   B. 10   C. 15   D. 30

14. 行政事业单位的各种会计凭证、总账、明细账的保管期限为（　　）年。
  A. 5   B. 10   C. 15   D. 30

15. 行政事业单位的现金出纳账和银行存款账的保管期限为（　　）年。
  A. 5   B. 10   C. 15   D. 30

16. 企业销毁保管期满的会计档案时由（　　）派员监销。
  A. 本单位的档案机构和会计机构共同

B. 主管部门
  C. 同级财政部门
  D. 同级财政和审计部门
17. 按内部牵制原则的要求,会计机构中保管会计档案的人员,不得由（　　）兼任。
  A. 会计人员　　　　　　　　B. 会计机构负责人
  C. 出纳人员　　　　　　　　D. 会计主管人员
18. 国家机关销毁会计档案,应由（　　）派员参加监销。
  A. 单位档案机构和会计机构
  B. 同级财政、审计部门
  C. 主管部门
  D. 同级财政部门

二、多项选择题
1. 会计档案是指（　　）等会计核算专业材料,它是记录和反映单位经济业务的重要史料和证据。
  A. 会计凭证　　B. 会计账簿　　C. 财务会计报告　　D. 会计报表
2. 《会计档案管理办法》由（　　）根据《中华人民共和国会计法》《中华人民共和国档案法》的规定联合发布,并于1999年1月1日起正式实施。
  A. 财政部　　B. 国家档案局　　C. 国务院　　D. 审计部门
3. 各级（　　）共同负责会计档案工作的指导、监督和检查。
  A. 人民政府财政部门
  B. 档案行政管理部门
  C. 税务管理部门
  D. 审计管理部门
4. 会计档案具体包括（　　）。
  A. 会计凭证类　　　　　　　B. 会计账簿类
  C. 财务会计报告类　　　　　D. 其他类
5. 会计凭证类会计档案包括（　　）。
  A. 原始凭证　　B. 记账凭证　　C. 汇总凭证　　D. 其他会计凭证
6. 会计账簿类会计档案包括（　　）。
  A. 总账　　B. 明细账　　C. 日记账　　D. 固定资产卡片
7. 财务会计报告类会计档案是指月度、季度、年度财务会计报告,包括（　　）。
  A. 会计报表　　　　　　　　B. 附表
  C. 附注及文字说明　　　　　D. 其他财务会计报告
8. 其他类会计档案包括（　　）。
  A. 银行存款余额调节表
  B. 银行对账单
  C. 其他应当保存的会计核算专业资料
  D. 会计档案移交清册、会计档案保管清册、会计档案销毁清册
9. 下列各项中,不属于会计档案的有（　　）。

A. 会计人员的档案　　　　　　　　B. 购销合同
C. 年度财务计划　　　　　　　　　D. 银行对账单

10. 会计档案定期保管期限分为(　　)年。
A. 3　　　　B. 5　　　　C. 10　　　　D. 30

11. 需要永久保存的会计档案有(　　)。
A. 会计档案保管清册、会计档案销毁清册
B. 年度财务会计报告（决算）
C. 财政总预算
D. 行政和事业单位决算

12. 下列会计档案中,保管期限为30年的有(　　)。
A. 会计凭证类
B. 总账、明细账、日记账(不包括现金和银行存款日记账)、辅助账簿
C. 会计移交清册
D. 农牧业税结算凭证

13. 下列会计档案中,保管期限为30年的有(　　)。
A. 国家金库编送的各种报表及缴库退库凭证
B. 各收入机关编送的报表
C. 税收会计报表(包括票证报表)
D. 财政总预算保管行政单位和事业单位决算、税收年报、国家金库年报、基本建设拨贷款年报

14. 下列会计档案中,保管期限为10年的有(　　)。
A. 银行对账单
B. 银行存款余额调节表
C. 行政单位和事业单位月、季度报表
D. 财政总预算会计月、季度报表

15. 保管期满,不得销毁的会计档案有(　　)。
A. 未结清的债权债务原始凭证
B. 正在建设期间的建设单位的有关会计档案
C. 超过保管期限但尚未报废的固定资产购买凭证
D. 银行存款余额调节表

三、判断题

1. 银行存款余额调节表、银行对账单都是原始凭证。　　　　　　　　　　　(　　)
2. 各单位每年形成的会计档案,都应由会计机构按照归档的要求,负责整理立卷,装订成册,编制会计档案保管清册。　　　　　　　　　　　　　　　　　　　　　(　　)
3. 财会部门或经办人,必须在会计年度终了后的第一天,将应归档的会计档案全部移交档案部门,保证会计档案齐全完整。　　　　　　　　　　　　　　　　　　(　　)
4. 会计档案保管期限都是定期的。　　　　　　　　　　　　　　　　　　(　　)
5. 期满之后,应由会计机构编制移交清册,移交本单位的档案部门统一保管。未设立档案部门的,应当在会计机构内部指定专人保管。　　　　　　　　　　　　(　　)

6. 档案部门接收保管的会计档案,原则上应当保持原卷册的封装。 ( )
7. 移交本单位档案机构保管的会计档案,个别需要拆封重新整理的,档案机构应当会同财务会计部门和经办人员共同拆封整理,以分清责任。 ( )
8. 会计档案的保管期限,从会计年度终了后的第一天算起。 ( )
9. 外部人员查阅会计档案时,应持有单位正式介绍信,经本单位负责人批准后,方可办理查阅手续。 ( )
10. 查阅或者复制会计档案的人员,不得在案卷中涂画、标记和抽换,但可以根据需要对原卷册进行拆装。 ( )
11. 对保管期满需要销毁的会计档案,由财会部门提出销毁意见,编制《会计档案销毁清册》。 ( )
12. 会计档案保管期满需要销毁的,单位负责人应当在会计档案销毁清册上签署意见。 ( )
13. 会计档案销毁时,应由单位档案机构和会计机构共同派员监销。 ( )
14. 财政部门销毁会计档案,应由同级审计部门派员监销。 ( )
15. 监销人在销毁会计档案前,应当按照会计档案销毁清册所列内容清点核对所要销毁的会计档案;销毁后,应当在销毁清册上签名或盖章,并将监销情况报告本单位负责人。 ( )
16. 会计档案销毁后,会计人员应当在销毁清册上签名或盖章,并及时将销毁情况向本单位负责人报告。 ( )
17. 保管期满但尚未结清的债权债务原始凭证,不得销毁,应单独抽出立卷,永久保存。 ( )